公共哲学
PUBLIC PHILOSOPHY

第6卷

从经济看公私问题

[日] 佐佐木毅　　[韩] 金泰昌　主编　　崔世广　译

PUBLIC AND PRIVATE IN ECONOMY

人民出版社

总 序

公共哲学,作为一种崭新学问的视野

卞崇道　林美茂*

　　近年来,"公共哲学"(public philosophy)这一用语在我国学术界开始逐渐被人们所熟悉,这一方面来自于我国学术界对于国外前沿学术思潮的敏感反应,另一方面则与日本公共哲学研究者在我国的推介多少有关。其实,在半个多世纪前,"公共哲学"这一用语就在美国出现了,1955年著名新闻评论家、政论家李普曼(Walter Lippman)出版了一部名为《公共哲学》(*The Public Philosophy*)的著作,倡导并呼吁通过树立人们的公共精神来重建自由民主主义社会的秩序,他把这样的理论探索命名为"公共的哲学"。但是,此后,对公共哲学的探索在美国乃至西欧并没有取得较大的进展,尽管也有少数学者如阿伦特、哈贝马斯等相继对"公共性"问题做过一些理论探讨。另外,宗教社会学家贝拉等人也提出了

---

　　* 卞崇道:哲学博士,原中国社会科学院哲学研究所研究员,现任浙江树人大学教授,我国当代研究日本哲学的知名学者。
　　林美茂:哲学博士,中国人民大学哲学院副教授,主要研究领域:古希腊哲学,公共哲学,日本哲学。

以公共哲学"统合"长期以来被各种专业分割的社会科学。然而，把公共哲学作为一门探索新时代人类生存理念的学问来构筑，并没有在学术界受到普遍而应有的关注。

自20世纪90年代开始，东方的发达资本主义国家日本的学术界，却兴起了一场堪称公共哲学运动的学术探索。1997年，在京都论坛的将来世代综合研究所（现更名为公共哲学共働研究所）所长金泰昌教授和将来世代财团矢崎胜彦理事长的发起、倡导以及时任东京大学法学部部长（即法学院院长）、不久后出任东京大学校长的著名政治学家佐佐木毅教授的推动下，经过充分的准备，在京都成立了"公共哲学共同研究会"，并且于1998年4月在京都召开了第一次学术论坛，从此拉开了日本公共哲学运动的帷幕。该研究会后来更名为"公共哲学京都论坛"（Kyoto Forum For Public Philosophizing），迄今为止，该论坛召开了八十多次研讨会，其间还召开过数次国际性公共哲学研讨会，各个学科领域的著名学者、科学家、社会各界著名人士等已有1600多人参加过该论坛的讨论。研讨的成果已由东京大学出版会先后出版了"公共哲学系列"丛书第一期10卷、第二期5卷、第三期5卷，共20卷。这次由人民出版社推出的这一套10卷《公共哲学》译丛，采用的就是该丛书日文版的第一期10卷本。这套译丛的问世，是各卷的译者们在百忙的工作之中抽出宝贵的时间，经过了四年多辛勤努力的汗水结晶。

这套中译本《公共哲学》丛书，涵盖了公共哲学在人文、社会科学的各个领域的理论与现实的相关问题，其中包括了对政治、经济、共同体（日本和欧美等国家地区以及各类民间集团）、地球环境、科学技术以及公共哲学思想史等问题的综合考察。第1卷《公与私的思想史》以西欧、中国、伊斯兰世界、日本和印度为对象,主要由这些领域的专家从比较思想史的角度,就公私问题进行讨论。第2卷《社会科学中的公私问题》围绕政治学、社会学以及经济学各领域中的公私观的异同展开涉及多学科的讨论。第3卷《日本的公与私》从历史角度重新审视日本公私观念的原型及其变迁,并就现代有关公共性的学说展开深入的讨论。第4卷《欧美的公与私》以英、法、德、美等现代欧美国家为对象,探讨其以国家为中心的公共性向以市民为中心的公共性之转变是如何得以完成的问题;并且重点讨论了向类似欧盟那样的超国家公共性组织转换的可能性等问题。第5卷《国家·人·公共性》,在承认20世纪各国于民族统一性原则、总动员体制、意识形态政治、全能主义体制等方面存在着差异的前提下,围绕今后应该如何思考国家和个人的关系展开议论。第6卷《从经济看公私问题》是由具有代表性的日本经济学家们围绕着是否可以通过国家介入和控制私人利益来实现公共善以及应该如何看待日本的经济问题等进行了讨论。第7卷《中间团体开创的公共性》围绕介于国家和个人之间的家庭、町内会(町是日本城市中的街区,类似于中国的巷、胡同;町内会则是以町为单位成立的地区居民自治组织)、小区(community)、新的志愿者组织、非营利组织(NPO)、非政府组织(NGO)等新旧民间(中间)团体在日本能否开创出新的公共性问题进行了探讨。第8卷《科学技术与公共性》,主要由科学家、技术人员和制定有关政策的官员讨论科学技术中的公私问题,以及人类能否控制既给人类的生存、生活带来巨大的便利,同时又有可能导致人类灭亡的科学技术的问题。第9卷《地球环境与公共性》着重讨论了在单个国家无法解决的全球环境问题的今天,如何重新建立环境伦理、生命伦理和环境公共性的问题。第10卷《21世纪公共哲学的展望》由来自不同领域的专家学者从不同的

3

视角探讨着构建哲学、政治、经济和其他社会现象的学问——公共哲学——所必须关心的问题以及相关问题的研究现状。

　　这套丛书除了第 10 卷《21 世纪公共哲学的展望》之外，其他 9 卷的最大特点是打破了以往学术著作的成书结构，采用了由各个领域的一名著名学者提出论题，让其他来自不同领域的学者参与讨论互动，使相关问题进一步往纵向与横向拓展的方式，因此各章的内容基本上都是由"论题"、"围绕论题的讨论"、"拓展"等几个部分构成，克服了传统的学术仅仅建立在学者个人单独论述、发言的独白性局限，体现了"公共哲学"所应有的"对话性探索"之互动＝公共的追求。其实，作为学术著作的这种体例与风格，与日本的公共哲学京都论坛的首倡者、组织者、构建者金泰昌教授对该问题的认识有关①，也与日本构筑公共哲学的代表性学者、东京大学的山胁直司教授的学术理想相吻合。② 金泰昌教授认为，"公共哲

---

　　① 金泰昌教授是活跃在日本的韩国籍学者，他对于东西方哲学、政治学、社会学等领域的学术问题都很熟悉，年轻的时候留学美国，后来又转到欧洲各国，至今已经走过世界的近 60 个国家，从事学术交流、讲学活动。为了构筑公共哲学，他从 20 世纪 90 年代开始就把学术活动据点设在日本，致力于日本、中国、韩国学术界进行广泛的学术交流，为各个领域的学者之间搭起了一座跨学科的学术对话平台，希望能为东亚的三个国家的学术对话有所贡献。

　　② 山胁直司教授并不是一开始就参与京都论坛所筹划的关于公共哲学的构筑运动。所以，在《公共哲学》丛书 10 卷中的第 1 卷、第 2 卷、第 7 卷、第 9 卷里并没有他的相关论说。然而，自从他开始参与"公共哲学共働研究所"所组织的研讨会之后，在至今为止八十多次的会议中，他是参加次数最多的学者之一。本文把他作为代表性学者来把握在日本兴起的这场学术运动，一方面是因为他在 1996 年就已经在东京大学驹场校区的相关社会科学科学科的研究生院开设了"公共哲学"课程，与金泰昌所长在京都开始展开哲学构筑活动不谋而合。1998 年秋，由山胁教授编辑的《现代日本的公共哲学》一书出版了，金泰昌所长在京都的书店里看到了这本书之后马上托人与山胁教授取得联系，从此开始了他们之间关于构筑公共哲学问题的合作、交往与探讨至今。与金泰昌教授作为公共哲学运动的倡导者、

学"应该区别于由来已久的学者对学术的垄断,即由专家、学者单独发言,读者屈居于倾听地位的单向思想输出的学院派传统,让学问在一种互动关系中进行,达到一种动态的自足性完成。所以"公共哲学"中的"公共"应该是动词,不是名词或者形容词。公共哲学是一门"共媒—共働—共福"的学问。"共媒"就是相互媒介;"共働"的"働"字在日语中的意思是"作用",在这里就是相互作用;"共福",顾名思义就是共同幸福,公共哲学是为了探索一种让人们的共同幸福如何成为可能的学问。而山胁直司教授提倡并探索公共哲学的目标在于,如何打破19世纪中叶以来逐渐形成的学科分化、学者之间横向间隔的学术现状,让各个领域的学术跨学科横向对话,构筑新时代所需要的学术统合。那么,在这种思想和目标的基础上编辑而成的这套丛书,当然不可能采用传统的仅仅只是某个专家、学者单独著述的形式,而在书中展开跨领域、跨学科的学者之间的对话互动成为它的一大特色。

从上述的情况我们已经可以看出,关于"公共哲学"问题,无论作为一种学术概念,还是作为一门新兴的学科,都是一个产生的历史并不太长、尚未得以确立的学术领域。针对这种情况,我们认为有必要借这次出版该译丛的机会,通过国外关于公共哲学的理解,提出并尽可能澄清一些与此相关的最基本问题,为我国学术界今后的研究提供一些参考性思路。

5

组织者、推动者,致力于学术对话的社会实践活动的学术方式不同,山胁教授多年来致力于相关学术著作的著述,先后出版了介绍公共哲学的普及性著作《公共哲学是什么》(筑摩新书2004年版),面向专家、学者的学术专著《全球—区域公共哲学》(东京大学出版会2008年版),面向高中生的通俗读本《如何与社会相关——公共哲学的启发》(岩波书店2008年版)等,成为日本在公共哲学领域的代表性学者。

一、公共哲学究竟是怎样的学问

当我们谈到"公共哲学"的时候,首先面临的是"公共哲学是什么"问题。那是因为,近年来冠以"公共"之名的学术语言越来越多,而对于使用者来说其自身未必都是很清楚这个概念的真正内涵,更何况读者们对此更是模糊不清。所以,我们在此首先必须对相关思考进行一些相应的考察和梳理。

李普曼只是从西方自由民主制度下的自由公民的责任问题出发,提出了在现代民主社会中构建一种公共哲学的必要性。至于公共哲学是什么、是一种怎样的哲学的问题并没有给予明确的解答。之后,宗教社会学家贝拉等人为了统合各种专门的社会科学,再次提出构建公共哲学这个问题。他们以"作为公共哲学的社会科学"为理想,通过"公共哲学"的提倡来批判现存的分割性的学问体系。但是,对于公共哲学究竟是什么的问题,同样没有给出明确的定义。很显然,从"公共哲学"产生的背景与学问理念来看,在美国其中最根本的问题并没有得到解决。金泰昌教授甚至指出:李普曼著作中所谓的"公共哲学"之"公共"问题,与东方的"公"的意思基本相近,即其中包含了"国家"、"政府"等"被公认的存在"的意义。但是,对于我们东方人来说,"公"与"公共"的内涵是不同的。① 更进一步,我们不难注意到,李普曼的公共哲学的理念与西方古典的政治学、伦理学的问题难以区别,而贝拉等人所

---

① 汉字中"公"的意思,以及在中国传统文化思想中公和私的问题,沟口雄三教授在论文《中国思想史中的公与私》(参见《公共哲学》第 1 卷《公与私的思想史》)作了详细的介绍。还有请参见《中国的公与私》(沟口雄三等著,研文社 1995年版)以及日本传统思想中"公"与"私"的问题(请参见《公共哲学》第 3 卷《日本的公与私》)。

提倡的统括性学问,与黑格尔哲学中以哲学统合诸学问的追求几乎同出一辙。

当然,日本的学者也同样面临着如何界定"公共哲学是什么"的问题。作为日本探索、公共哲学代表性学者的山胁教授,他在《公共哲学是什么》(筑摩书房 2004 年 5 月初版)一书中,同样也避开了直接对于这个问题的明确界定,只是强调指出"公共性"概念、问题的探索属于公共哲学的基本问题,他把汉娜·阿伦特在《人的条件》一书中对于"公共性"概念所作的定义,作为哲学对公共性的最初定义,以此展开了他对于公共哲学的学说史的整理和论述。从山胁教授为 2002 年出版的《21 世纪公共哲学的展望》(本卷丛书的第 10 卷)中所写的"导言"——《全球—区域公共哲学的构想》一文看出他的关于公共哲学的立场。本"导言"在开头部分作了以下的表述:

> 公共哲学,似乎是由阿伦特和哈贝马斯的公共性理论以及李普曼、沙里文、贝拉、桑德尔、古定等人的提倡开始的在 20 世纪后半叶新出现的学问。其实,如果跨过他们的概念之界定,把公共哲学作为"哲学、政治、经济以及其他的社会现象从公共性的观点进行统合论述的学问"来把握的话,虽然这种把握只是暂定性的,但是即使没有使用这个名称,公共哲学在欧洲和日本都是一种拥有传统渊源的学问。

这种观点包含了以下两个方面的问题意识:一是公共哲学好像是崭新的学问,其实其拥有悠久的传统;二是公共哲学是一种从公共性的观点出发进行诸学问统合性论述的学问。

那么,为什么公共哲学好像是崭新的学问又不是崭新的学问呢?他认为,这种学问的兴起,是为了"打破 19 世纪中叶以来产生的学问的专门化与章鱼陶罐化后,使哲学与社会诸科学出现了分化的这种现状,从而进行统括性学问的传统复辟",以此作为这种学问追求的目标。当然,这里所说的统括性学问的"复辟"问题,与黑格尔的哲学追求有关。但是,他同时指出:公共哲学的立场不可能是黑格尔的欧洲中心主义的立场,而应该是追溯到康德的"世界市民"理念,只有这样的理念才是全球化时代相适应的统括性之崭新学问的目标。为此,他对公共哲学作出了如上所述那样暂定性的定义。很明显,山胁教授在承认公共哲学的崭新内容的同时又不把公共哲学作为崭新的学问的原因是,他不把这种学问作为与传统的学问不同的东西来理解与把握,而是通过对于"传统渊源"的学问再检讨,在克服费希特的"国民"和黑格尔的"欧洲中心主义"的同时,以斯多亚学派的"世界同胞"和康德的"世界市民"的理念为理想,重构黑格尔曾经追求过的统括性的学问,以此放在全球化时代的背景之下来构筑的哲学。这就是他所理解的公共哲学。在此,他创造了"全球—区域公共哲学"的问题概念,提出了在全球化时代构筑公共哲学的视野(全球性—地域性—现场性)和方法论(理想主义的现实主义与现实主义的理想主义)。

与山胁直司教授不同,在构筑现代公共哲学中起到中心作用的金泰昌教授的看法就不是那么婉转,他一贯认为公共哲学是一个崭新的学术领域、一门崭新的学问。并且,这种学问正是这个全球化时代中人们所体验的后现代意识形态才可能产生的学问,才可能开辟的崭新的知的地平线。金教授认为,西方的古典学问体系是以"普遍知"的追求为理想,寻求最为单纯的、单一的、具有广泛适用性和包容性的知识体系。但是,近代以后的学术界,意识到这种统括性的形而上学所潜在的危机,开始重视拥有多样性的"特殊知",诸学问根据学科开始了走细分化的道路,其结果出现了诸学问的学科之间的分割、断裂现象的问题。那么,公共哲学一方面要避免"普遍知"的统括性,另一方面也要克服学问的学科分化,实现学科之间的横向对话,构筑"共媒性"的学问。所以,与传统的"普遍知"和近代以来的"特殊知"不同,公共哲学是一种"共媒知"的探索。为此,2005 年 10 月 11 日他在清华大学所进行的一场"公共哲学是什么?"的对话与讲演中,针对学者们的提问,他提出了公共哲学的三个核心目标,那就是"公共的哲学"、"公共性的哲学"、"公共(作用)的哲学",并进一步指出三者之间相互联动的重要性。所谓公共的哲学,那就是从市民的立场思考、判断、行动、负责任的哲学;公共性的哲学,就是探索"公共性"是什么的问题之专家、学者所追求的哲学;公共(作用)的哲学,就是把"公共"作为动词把握,以"公"、"私"、"公共"之间的相克—相和—相生的三元相关思考为基轴,对自己—他者—世界进行相互联动把握的哲学,其目标是促进"活私开公—公私共创—幸福共创"的哲学。以此体现日本所进行的公共哲学研究与美国所提出的公共哲学的不同之处,强调日本的公共研究的独特性。①

上述山胁教授所提供的问题意识,对于我们进行公共哲学的研究,拥有许多启发性的要素,在一定的时期,将会为人们进行公共哲学的研究与探索,提供一种学术的方向性,这是其研究的重要意义所在。但是,他那暂定性的诸规定,并没有从正面回答"公共哲学是什么"的问题,只是在公共哲学的概念、问题还处于模糊的状态中,就进入了关于公共哲学的目标和学问视野的界定。其实,这种现象并不仅仅只是山胁教授一个人的问题,也是现在日本在

---

① 公共哲学共働研究所编:《公共良知人》,2005 年 1 月 1 号。

公共哲学的探索过程中所存在的共同问题。①

金泰昌教授的观点与山胁教授相比体现其为理念性的特征，其内容犹如一种公共哲学运动的宣言。这也充分体现了在日本构建公共哲学的过程中，他作为运动的组织者和领导者而存在的角色特征。确实，我们应该承认，金教授的见解简明易懂，可以接受的地方很多。特别是他提出的公共哲学所具有的三大特征性因素，对于打破19世纪中叶以来所形成的学问的闭塞现状，将会起到一种脚手架式的辅助作用。但是，问题是他的那种有关知的划分方式仍然只是停留在西方传统的学问分类之中，还没有超越西方人建立起来的学术框架。仅凭这些阐述，我们还无法理解他所说的"共媒知"与传统的"普遍知"有什么本质上的区别，而"共媒知"是否可以获得与"普遍知"对等的历史性意义的问题也根本不明确。当然，西方思想中所谓的"普遍知"是以绝对的符合逻辑理性并且是以可"形式化"（符合逻辑，通过文字形式的叙述）为基本前提的，而金教授所提倡的"共媒知"却没有规定其必须具有"普遍"适用的绝对合理性。与其如此，倒不如说，其作为"特殊知"之间的桥梁，多少带有追求东方式的"默契"的内涵，也就是"无须言说性"的认知。这种"默契知"的因素，从西方的理性主义来看属于"非理性"，但是，在东方世界中这种不求"形式知"，以"默契知"达到人与人之间、人与世界之间的沟通是得到人们承认的。

那么，很显然，无论在美国，还是在日本，所展开的至今为止的有关公共哲学的研究，明显地并没有对"公共哲学是什么"的问题给予明确的回答。根据至今为止的研究史来看，如果一定需要我

---

① 桂木隆夫著：《公共哲学究竟应该是什么——民主主义与市场的新视点》，东京：劲草书房2005年版。

们对公共哲学给予一个暂定性的定义的话,那么,只能模糊地说:公共哲学是一门探索公共性以及与此相关问题的学问。关于这个问题,我们觉得可能在相当长的一段历史中,仍然会不断被人们争论和探讨。

也许正是由于"公共哲学"的学术性概念的不明确,其研究对象、涵盖的范围也茫然不定,现在仍然被学院派的纯粹哲学研究者们所敬畏。在日本,东京大学的研究者们展开了积极而全方位的研究活动,而保持学院派传统的京都大学的学者们至今仍然保持静观的沉默态度。但是,我们与其不觉得一种学问的诞生,最初开始就应该都是在明确的概念的指引下进行的,倒不如说一般都是在其研究活动的展开过程中,其所探讨的问题意识、预期目标逐渐明确,方法论日益定型,通过研究成果的积累而达到对问题本质的把握。从泰勒士开始的古希腊学问的起源正是如此开始的。为了回答勒恩的提问,毕达哥拉斯也只能以"奥林匹亚祭典"的比喻来回答哲学家是怎样一种存在的问题。对哲学概念的定义,只是在后世的学者们整理学说史的过程中才慢慢得到比较明确把握的。

我们认为,对"公共哲学"的学术界定问题也会经过同样的过程。只有到了我们所有的人都能站在全球化的视阈和立场上思考、感受、共同体验一切现实生活的时候,所有的人理所当然地站在公共性存在的立场上享受人生、悲戚相关的时候,公共哲学在这种社会土壤中就会不明也自白的。对于"公共哲学是什么"的回答,应该属于这种社会在现实中得以实现的时候才可以充分给予的。这个回答其实与过去对于"哲学是什么"的回答一样,学者们在实践其原意为"爱智慧"的追求过程中,通过长期不懈的探索智慧的努力,才得以逐渐明确地把握的。当然,为了实现对于"公共哲学是什么"问题的本质把握,社会的意识改革与实际生活中的

11

坚持实践的探索追求是不可或缺的。要在全社会实现了上述的每一个社会构成员对于公共性问题的自我体验的目标,从现在开始循序渐进地努力是必不可少的。当思考公共性的问题成为人们自然而然地接受和体验的时候,"公共哲学"究竟应该是什么的答案将会自然地显现。从这个意义来说,现在日本所进行的公共哲学的探索,朝着自己所预设的暂定性的学术目标所作的研究和努力,也许可以说正是构筑一种崭新学问所能走的一条正道。

二、公共哲学是否属于一门崭新的学问

在这里,我们涉及一个重要的问题,在日本所展开的公共哲学研究,企图构筑一种崭新的学问。那么,我们必须进一步思考:日本的学术界所谓的公共哲学的崭新性是什么?究竟公共哲学是否属于一门崭新的学问?如果作为崭新的学问来看待的话,必须以哪些领域作为其研究对象?应该设定怎样的目标、采取怎样的方法进行探讨呢?

纵观日本的公共哲学研究,上述的金泰昌教授与山胁直司教授值得关注。笔者对金教授的学术理想虽然拥有共鸣,而从山胁教授的研究视野、所确定的研究领域和研究方法也能得到启发。但是,两者所表明的关于公共哲学的"崭新性"问题,笔者觉得其认识仍然比较暧昧,而有些方面,两者的观点也不尽相同。

如前所述,山胁教授的"公共哲学……似乎作为崭新的学问而出现"的发言,容易让人觉得他并不承认这种学问的"崭新性"。其实不然,他就是站在公共哲学是一门崭新的学问的前提下展开了相关的研究。他在《公共哲学》20卷丛书出版结束时于2006年8月发表的一篇短文中,明确地表明了公共哲学是一门崭新的学问的认识。他认为:公共哲学是一门发展中的学问,虽然学者之间

可能会有各种各样的见解,但是自己把其作为崭新学问的理由,除了认为它是一门"从公共性①的观点出发对于哲学、政治、经济以及其他的社会现象进行统合性论述的学问"之外,它的崭新性还可以从以下五个方面得以认识:(1)对于现存学问体系中存在的"社会现状的分析研究＝现实论"、"关于社会所企求的规范＝必然论"、"为了变革现状的政策＝可能论"之学科分割问题进行综合研究,特别是没有把其中的"必然论"与"现实论"和"可能论"分割开来进行研究是公共哲学的重要特征。(2)以提倡"公的存在"、"私的存在"、"公共的存在"进行相关把握的三元论,取代原来的"公的领域"与"私的领域"分开对待的"公私二元论"思考。(3)通过提倡"活泼每一个人使民众的公共得到开启,使政府之公得到尽可能的开放"之"活私开公"的社会根本理念,克服传统的"灭私奉公"或者"灭公奉私"的错误价值观。(4)把人们交流、交往活动中的性质进行抽象性把握,探索一种具有公开性、公正性、公平性、公益性之"公共性"理念,这也是公共哲学的实践性特征。(5)在公共哲学的构筑过程中,努力尝试着进行"公共关系"的社会思想史的重新再解释,这种研究也是这种学问的重要内容。②

　　与山胁教授不同,金教授邀请日本甚至世界各国著名学者会聚京都(或大阪),进行"公共哲学"对话式探讨的同时,积极到世界各国特别是韩国和中国行走,进行讲演和对话活动。到 2008 年

---

　　① 关于"公共性"、"公共圈"(öffentlichkeit, öffentlich, publicité, publicity)的问题,哈贝马斯在《公共性的结构转换》一书中,对于其历史形态的发展过程做了详细的梳理和研究。日本的"公共性"问题的探索,从哈贝马斯的研究中得到诸多的启示。

　　② 山胁直司著:《公共哲学的现状与将来——寄语〈公共哲学〉20 卷丛书的发行完成》(请参见 *UNIVERSITY PRESS*),东京大学出版会,2006 年第 8 期。

10 月为止,在中国就进行过十多次关于"公共哲学公共行动的旅行"。在这个过程中,每当人们问及公共哲学是否属于崭新的学问的时候,他都是明确地回答这是一门崭新的学问。但是,纵观其所表明的见解,其中所揭示的"崭新性"也都是停留在这种学问追求的"目标"和"方法"之上。他承认自己所说的这种学问的崭新性,并不是从根本的意义上来说的,而是"温故知新"的"新","是对学问的传统向适应于现在与将来的要求而进行的再解释、再构筑意义上"的崭新性问题。就这样,毫不犹豫地宣言公共哲学是一门崭新学问的金教授的见解,基本上与山胁教授的观点是一致的。只是他明确表示不赞同山胁教授的"统合知"的看法,公共哲学的目标应该是"共媒知"的追求。① 而针对山胁教授所提倡的"全球—地域(グローカル)"公共哲学的探索目标,他却提出了"全球—国家—地域(グローナカル)"公共哲学的学术视野。

上述的两位学者关于公共哲学"崭新性"的见解,基本体现了日本当代公共哲学研究的一种共有的特征。但是,我们面对这种观点,自然会产生下述极其朴素的疑问。

只要我们回顾一下人类思想史就不难发现,人类对于社会生活中的公共性问题的思考、探索的学问,古代社会就已经存在,并不是现在这个时代才产生的新问题。从古代希腊的城邦社会的城邦市民到希腊化时期的世界市民,从近代欧洲的市民国家到现代世界的国民国家,随着历史的发展,公共性的诸种问题在伦理学、政治学、经济学等领域中都被提起,并以某种形式被论述过。因此,并不一定要把公共哲学作为一种崭新的学问来理解,即使过去并没有使用过这个概念来论述,但是,其中所探讨的问题在本质上

---

① 公共哲学共働研究所编:《公共良知人》,2006 年 10 月 1 号。

是一致的。现在所谓的"公共哲学",只是从前的某个学问领域或者几个领域所被探讨的问题的重叠而已。如果这种理解可以说得通,那么现在所探索的"公共哲学"与过去的时代所被探讨过的有关"公共性问题的哲学",即使其所展开的和涵盖的范围不尽相同,其实那只是由于生存世界环境发生变化所带来的现象上的差异,从根本上来说,其问题的内核并没有多大的变化。那么,他们强调"公共哲学"属于一种崭新的学问领域的必要性和依据究竟何在呢?

更具体一点说,public 的概念中包含了"公共性"问题。这种情况下所谓的"公共性",就是相对于"个"(即"私")来说的"公"的意思。通常,从我们的常识来说,构成"个"之存在的要素是乡村、城市,进一步就是国家。把"个"之隐私的生活、行动、思想、性格、趣味等,敞开置放于谁都可以明白的"公"的场所的意思包含在 public 的语义之中。那么,public 本意就是以敞开之空间(场所)为前提的,即"öffentlich"的场所(行动、思想、文化的)。正因为如此,汉娜·阿伦特把"公共性"的概念,定义为"最大可能地向绝大多数人敞开"的世界。但是,个体的世界在敞开的程度上会由于时代的不同而存在着差异。随着时代的变迁,生活的世界也在逐渐地扩大。这种发展的过程到了现代社会,随着全球化的浪潮扩大成为世界性(或者地球)的规模出现在我们面前。因此,如果以个人(私)与社会(公)的对比来考虑这些问题的话,虽然其规模不同,但其根本点是一样的。所以,公共性问题自人类组成社会、共同体制度确立以来,从来就没有间断过、总是被思考和探讨的古典问题。对于个人(私)来说,公的规模从很小的村庄发展到小镇,从县、市发展到大都会,然后是国家,随着其规模扩大的历史进程,其构成员之每一个人之"个"的生存意识也要进行相应的变

15

革,这种一个又一个历史阶段的超越过程,就是人类历史的真实状况。因此,认为现代社会的公共性问题会在本质上出现或者说产生出崭新的内涵是值得怀疑的。

当然,金教授和山胁教授以及日本的公共哲学研究界,对于这种"私"与"公"的发展历史是明确的。正因为如此,金教授在谈到公共哲学之"崭新性"时,承认"如果采取严密的看法的话,这个世界上完全属于新的东西是没有的",强调对于这里所说的"崭新性",是一种"继往开来"意义上的认识。① 而山胁教授更是在梳理社会思想史中的古典公共哲学遗产的基础上展开了他的公共哲学的研究。然后,根据"全球—区域公共哲学"的理念,提出了构筑"应答性多层次的自己—他者—公共世界"的方法论,尝试着以此界定作为公共哲学的崭新内容。② 就这样,即使认识到提出公共哲学之"崭新性"就会遇到各种难以克服的问题,却还要强调并探索赋予公共哲学的崭新意义,日本的这种研究现象说明了什么呢?

如前所述,在人类历史的现实中,公与私的对比是随着规模的不断扩大而发生变化的。个人层次的自他的界限,是在向由个体所构成的社会的扩大过程中逐渐消除的。个体是置身于公的场合而获得生活的领域的。但是,这种情况下"个"性并没有消亡,而是成为新的"公"中所携带着的"个"的内核。也就是说,从对于"个"来说属于"公"的立场的"村",与其他"村"相比就会意识到自他的区别与对立,这时作为"公"之存在的"村"就转变为"私"

---

① 公共哲学共働研究所编:《公共良知人》,2006 年 10 月 1 号。

② 山胁直司著:《公共哲学是什么?》,东京:筑摩书房 2004 年版,第 207—226 页。

的立场。而"村"放在比村的规模更大的"公"(乡镇、县市、国家)的面前,其中的对立就自然消除。接着是乡镇、县市、国家也都是如此,最初作为个体的"个"性所面对的"公",而这种"公"将被更大的"公"所包摄而产生公私立场的转换。这种链条型动态结构,与亚里士多德《形而上学》中的"实体论"的结构极为相似。这就是自古以来人类社会进化的过程,基本上来自于人类本性中所潜在的自我中心(或者利他性)倾向所致。这也就是普罗泰哥拉思想中产生"人的尺度说"的根本所在。从这种意义上来看,普罗泰哥拉的哲学已经存在着公共哲学的端倪,"尺度说"思想应该属于公共哲学的先驱。

　　人类在国家这种最大的"公"的场所中寻求"公"的立场经过了几千年,现在却直面全球化的浪潮,从而使原来处于"公"的立场之国家面临着"私"的转变。因此,可以说全球化的产生来源于原来的"公"的立场的国家之"个"性的增强所致。即由于国家之"个"性的增强,由此产生了侵略、榨取、掠夺、环境恶化等生存危机状况的意识在世界各国中日益提高,为此,全球化的问题从原来的历史潜在因素显现出历史的表面,让人们无法拒绝地面对。当然,这种意识根据各国的发展情况不同而强弱有别。那么,新时代的"公共性"问题,要想获得拥有"崭新意义"的概念内涵,就需要各国各自扬弃自身的"个"性,也就是说强烈地意识到个的立场的基础之"公"性,实现站在"公"的立场思考、行动的一场意识形态革命。人的意识变革,不能仅仅停留在立法、政策的层面纸上谈兵。如果不能做到地球上的每一个人真正回到思考作为人的本性、在现实生活中实现把他者当做另外的一个不同的自己之"公"的意识,一切立法和政策都将是空谈,最多也只是国家之间的一时性的政治妥协而已,没有实质性的现实意义。只有实现了这种意识形态的变革,所有的人类在生活中极其平常地接受新的生存意识,崭新的公共性才会成为现实中人们的行为规范。现在日本所进行的公共哲学的研究,有意识地将其作为崭新的学问领域进行探索,应该就是以上述思考为前提而致。金教授的"活私开公"的理念提出和"公—私—公共世界"之三元论的提倡,山胁教授"学问改革"的目标和"全球—区域公共哲学"的构筑等等,都应该属于以新时代意识革命为目标而构筑起来的面向将来的理想。

但是,现在日本的公共哲学研究中所提出的"公"与"私"的关系,并没有明显地把"公"作为"私"的发展来把握。他们过于强调"公"是"私"的对立存在,缺少关于包含着"私"之性质的"公"的认识。因此,在那里所论述的"私"只是始终保持自我同一性之狭义的"私",对于包含着自我异质性的、内在于他者之中的另一个自己,即广义的"私",属于向"公"的发展与转化的问题,还没有得到充分的认识。这种意识结构,明显地受到西方近代以来个人与国家、与社会对立关系的把握与定立方式的影响。那么,在这种思考方式下所展开的公共哲学的研究,其中对于"公共性"问题的领域的圈定、目标的设立、方法论的构筑等,当然无法脱离西方理性主义之知的探索方法的束缚,为此,在这里所揭示的这种学问的"崭新性",只是一种旧体新衣式的转变,根本无法从本质上产生真正"崭新"的内容。

三、作为崭新学问的公共哲学所必须探索的根本问题

那么,我们能否把公共哲学作为完全崭新的学问来构筑呢?能否通过"公共哲学"来探索一种与至今为止在西方理性主义和形而上学的基础上建立起来的学问体系不同的、崭新的思维结构、思考方式并以此来重新认识和把握我们所面临的生存世界呢? 如

果设想这是可能的话，我们该以怎样的问题为探索对象？应该具备怎样的视阈和目标进行探索呢？对于我们现有的学问积累来说，要回答这些问题需要一种无畏的野心和面向无极之路的勇气。从我们自己现在的浅薄的学识出发，将会陷入一种已经精疲力尽却还要在茫茫大海中漂流的恐惧之中。一切的努力最终都会如海明威笔下的那位老人，拖回海滩的只是一架庞大的鱼骨。然而，我们明白，自己已经出海了。也就是说一旦把上述问题提出来了，就已经无法逃脱，就必须确立自己即使是不成熟也要确立的目标和展望。为此，我们想从以下三个方面，把握公共哲学作为崭新学问的可能性。

1. 首先必须明确公共哲学的构建问题已经在日本引起重视并开始展开全面探索的现实背景问题。一句话，这种学问的胎动与 20 世纪 80 年代前后伴随着信息技术的飞速发展、网络技术的出现与迅速普及、标志着全球化时代的全面到来的时代巨变有直接的关系。在全球化的大潮面前，至今为止处于被人们所依存的公的存在，几千年来，作为处于公的立场的国家，面对其他的国家时其内在的"个"性（私）逐渐增强，伴随着这种历史的进展而出现的弊端（侵略、榨取、战争、环境恶化等），特别是首先出现的经济全球联动、环境问题的跨国界波及等，让世界各国日益增强了现实的危机意识，无论个人还是国家，都面临着作为私的存在领域和公的存在领域该如何圈定的全新的挑战。那么，新时代出现的"公共性"问题，以区别于过去历史中的同类问题，凸显其迥然不同的内核，这些问题成了迫在眉睫的必须探讨的现实问题。人们希望从哲学的高度阐明这个新时代的"公共性"问题的内在性质和结构，为解决现实问题提供崭新的生存理念。

然而，从一般情况来看，现在学术界热切关注的全球化问题，

19

主要集中在政治学、经济学、环境科学等社会科学和自然科学的领域,从文化人类学的角度进行思考的并不太多。特别是从哲学的理性高度出发把握人类生存基础所发生的根本性变化的研究几乎没有。学者们在这个时代所呈现的表面现象上各执一端、盲人摸象式的高谈阔论的研究却很多。这就是现在学术界的现状。而在全球化问题日益显著的 20 世纪 90 年代开始在日本出现的"公共哲学"的研究胎动,虽然所涉及的研究领域是全方位的,可是其探索的热点同样也只是集中在政治学、经济学、宗教学、环境科学等社会科学诸领域中凸显的个别问题的个案研究,从高度的哲学理性进行知的探索,对于现实现象进行生存理性的抽象和反思的研究还没有真正出现。从哲学的角度(或者高度)思考全球化时代出现的问题,就必须超越一般的社会科学和自然科学中所探讨的问题表象,通过洞察人类生存的根本基础在这种时代中究竟发生了怎样的变化,这些变化意味着什么,通过前瞻性地揭示人类生存的本质,为人类提供究竟该如何生存的行为理念。那是因为,只要是哲学就必定要探讨人类该如何生存的根本问题,哲学是一种探讨世界观、提供方法论的基础学问,公共哲学作为哲学,同样离不开这样的学术本质。

　　20 世纪的人类历史,科学技术的进步促成了至今为止几千年来所形成的人类生存的基础发生了根本性的改变,使人类面临着全新的生存背景。为此,必须从根本上重新思考人类自身的生存问题,探索出一种可以适合日益到来的未来生存之崭新的思考方式、认识体系。之所以这么说,那是因为 20 世纪的科技发展从根本上改变了迄今为止的人类生存际遇和意识形态基础。核武器的开发利用,使人类的破坏力达到了极限。宇宙开发所带来的航空技术的发展,登月的成功,使人类的目光从地球转向了宇宙太空,从而打开了把地球作为浮游在宇宙太空中的一个村庄来认识的历史之门。网络技术的发展、利用和普及，使国界线逐渐丧失现实的意义。特别是网络上的虚拟空间的诞生，使人类的现实生存发生了根本的改变，从此虚拟空间与现实空间开始争夺占领人类的生存世界。最后不可忽视的是克隆技术的出现、开发、研究、利用，摧毁了至今为止人类作为人类生存的最后堡垒。也就是说，克隆技术使动物的无性繁殖成为可能，从而使人类获得了本来属于神才能具备的创造力。这些巨大的科学进步，使人类生存的根本之生命的意识、意义必须重新面对和认识。至今为止的人类构成社会基础的婚姻、家庭、所有制、共同体、国家的起源与存续，都必须开始重新认识和界定。我们已经进入了这样的崭新历史阶段，20世纪发生的全球化现象，来自于上述人类生存基础的根本性改变，这是最为根源的时代基础。哲学是一种关于根源性问题的探索。公共哲学中所关注的以"公共性"为核心概念的诸问题，必须深入到这种时代的根源性认识，只有这样，才能获得作为新时代的崭新学问的基础。

2. 对于崭新时代的思考、认识与把握，当然是从反省已经过去了的时代的历史开始的。为此，我们要对从古希腊开始产生的西方理性主义和形而上学以及中国先秦出现诸子百家思想的历史背景进行一次彻底的再认识，由此出发探索适应于后现代的生存时代可能诞生的学问，并对此进行体系的构筑。

确实我们应该承认，从这套中译本中也可以看出，现在日本的公共哲学的研究，一边关注现实问题，一边整理学问的历史，正进行着适合于这个时代的学问的再认识和再构筑。他们对于公共哲学的构想与探索实践以及对于学问历史的整理和方法论的摸索，都是站在现实与历史的出发点上而展开的，特别是他们鲜明地提

21

出了对于东亚的思想传统的挖掘和再评价的探索目标,具有极其重要的历史与现实意义。但是,问题是他们的这种研究,尚未克服从西方人的思维方法、问题意识出发的局限,还没有获得具有东方人固有的、独特的把握世界方式的自觉运用。为此,在这里所构筑的"公共哲学",仅仅只是通过"公共哲学"这个崭新的概念对于传统的学问体系所作的重新整理而已。

从泰勒士开始的西方学问的传统,是把与人类现实生活不直接相关的对象即客观的自然中的"存在(最初称之为'本原')"作为探索的对象。之后,巴门尼德通过逻辑自洽性的批判性质疑,进一步把完全超越于人类生存现实的彼岸世界中、完全属于抽象的存在,作为哲学探索的终极目标在思维中置定。但是,由于从自然主义的绝对性出发,就无法承认人的现实生存的种种际遇的存在价值。对于这种自然主义的人文观,出现了强调人的现实生存的价值问题的反省,这就是智者学派的出现。他们为了把人类只朝向自然的目光在人类生存现实中唤醒,为了高扬人类生存的价值和意义,提出了人的"尺度说"思想。但是,如果要想给予人类存在一种客观的依据,人的"臆见"、主张与具有绝对的客观性之"知识"的冲突问题自然会产生。这种冲突以苏格拉底的"本质的追问"形式在学问探索的历史中出现,从而开始了关于如何给予人的思考方式、接受方式以客观的依据,使人的价值获得认识的哲学探索。继承苏格拉底思想的柏拉图哲学,把迄今为止的自然哲学家的探索进行了综合性的整理和把握,把自然的、客观的存在性与人文的、主观的存在性的探索进行思考和定位,构筑成"两种世界"的存在理论之基本学术框架,为之后的西方哲学史确立了基础概念和探索领域。最后,由亚里士多德把两种世界进行统一的把握,完成了西方学问的范畴定立,从此,建立起西方传统的理性主义和形而上学的一套完整的理论体系。虽然,亚里士多德对于柏拉图的超越性存在的定立持批判的态度,但是,在他的形而上学的"实体论"的体系构筑中,最终不得不追溯到"第一实体"的存在,只能回到柏拉图的超越性世界之中才能得以完成。从此,西方哲学的探索以形而上学作为最高的学问,存在论成为哲学的最基本领域。虽然到了黑格尔之后的西方近现代哲学出现了哲学终结论和形而上学的恐怖的呼声,但是,植根于欧洲传统思维基础上思考与反叛传统的西方近现代哲学思潮,仍然无法从根本上彻底动摇西方学问的思维基础和思考方法。

那么,究竟为什么西方人在哲学探索时必须把探索的对象悬置于与人类隔绝的彼岸世界之上呢?从简单的结论来说,那是因为,自古以来人类被自身之外的自然世界所君临,对于自然世界中未知的存在潜在着本能的恐怖,彼岸的存在来自于这种恐怖的本能而产生的假说。从而产生了把宇宙世界不可见的绝对者在宗教世界里被供奉为神,在哲学世界里被界定为根源性的存在的抽象认识。为了逃离这种绝对者的君临,从本能上获得自由的愿望成为哲学探索的原动力。但是,人类对于超越现实存在的彼岸世界究竟是否存在都无法确认,又将如何认识与把握这个世界呢?为此,几千年的努力没有结果之后,自然地会反省自身的最初假设,终于就在这种思考的土壤上产生了"终结论"和"恐怖论",点燃了对于传统思考反叛的狼烟。但是,上面说过,20世纪的科技发展与进步,使人类的存在上升到神的高度。几千年来的人类恐怖从对于彼岸世界的恐怖转移到对于自己生活的此岸世界的恐怖。这时,对于人类的良知和理性的要求,完全超越了智者时代的层次,成为人类从恐怖中解放出来的根本所在。在此,西方理性主义所企图构筑的均质之多样性和谐的传统求知方式,已经成为人类认

23

识世界的过时方法,人类需要探索一种能够把握多元之异质性和谐的超理性主义的知识体系的构筑方法。如果将公共哲学作为崭新的学问体系来探索全球化时代的生存理念的话,那么,首先必须获得的就是这种此岸认识和超理性主义的思考方法,并以此为前提展开公共性、公共理性的思考和探索,构筑起自己—他者—公共世界的三元互动的体系。只有这样,才能够真正地开拓出一道崭新的知识地平线。

3. "此岸"认识与多元之异质性和谐的探索之超理性主义的知识体系,与其说是西方,倒不如说这是我们东方的思维方式。①

但是,只要我们回顾一下至今为止的历史就不难发现,那是一种西方的思维方式向东方、向世界的单向输出的历史,东方的东西虽然有一部分进入西方,对于西方的思考却没有构成太大的影响。特别是近代西方通过工业革命之后,其文明得到极端的膨胀,使得东方文明转变为弱势文明。东方文明在西方强势文明面前为了自我保存,不得不采取通过接受西方的思维方式,整理和解释自己的思想遗产,以此获得文明延续的苦肉之策。现在我们所使用的学术话语基本上都是西方的舶来品,西方的思维方式几乎成了人类思考、认识世界的国际标准,我们无意识中都在使用着一个"殖民地大脑"思考现实的种种问题。在全球化日益进展的后现代社会中,这种倾向更为明显地凸显了出来。那么,在这全球化生存背景下构筑公共哲学的探索中,我们就必须有意识地改变西方文明单向输出的人类文明的交流与对话方式,提出一套平等的文明对话的理念。为了做到这一点,公共哲学的目标就不应该单纯地只是

———————

① 这里所说的"东方",只是特指"以儒家文明为基础的东亚世界",不包括印度和阿拉伯地区。

追求打破 19 世纪以来形成的学问体系,而必须更进一步,做到对于西方的学问体系、求知方式进行彻底的反思,充分认识与挖掘东方思维方式的固有特征和内在结构,以此补充、完善西方思维方式的缺陷,探索并构筑起与全球化时代的人类全新生存相适应的认识体系。

确实,现在日本的公共哲学研究,已经开始对于东方的知识体系开始整理,相关的研究已经纳入探索的视野。在古典公共哲学遗产的整理过程中,对于中国、日本甚至印度、伊斯兰世界的思想文化遗产也都有所探讨。在金教授的一系列的讲演和论文与山胁教授的著作中都提供了这种思考信息。还有,源了圆教授(关于日本)、黑住真教授(关于亚洲各国主要是日本和中国)、沟口雄三教授(关于中国)、奈良毅教授(关于印度)、阪垣雄三教授(关于伊斯兰各国)等,许多学者也都发表了重要的论述或者论著。而《东亚文明中公共知的创造》①和《公共哲学的古典与将来》②两本著作的出版,集中体现了这种视野的目标和追求。但是,也许是一种无意识的结果,学者们的视点基本上还是存在着从西方的学问标准出发,挖掘和梳理东方传统思想中知的遗产的思考倾向。也就是说,那是因为西方古典思想中拥有与公共问题相关的哲学探索,其实我们东方也应该有这样的知的探索存在的思考。对于究竟东方为什么拥有这种探索、这种探索所揭示的东方的固有性和认知结构如何等问题,都还没有得到进一步的挖掘和呈现。

21 世纪的世界,正是要求我们对于近代以来在接受西方的思

---

① 佐佐木毅、山胁直司、村田雄二郎编:《东亚文明中公共知的创造》,东京大学出版会 2003 年版。

② 宫本久雄、山胁直司编:《公共哲学的古典与将来》,东京大学出版会 2005 年版。

维方式、学问体系的过程中,形成了东方式的西方思考和学问体系进行反思,从而对于东方的文明遗产中的固有价值再认识和揭示的时代。① 在这个基础上构筑新的学问体系,探索新的思维方式应该成为公共哲学的目标和理想。也就是说,以全球化时代为背景而产生的公共哲学问题,在其学问体系的构筑过程中,其最初和终极目标都应该是:打破东西方文明的优劣意识,改变君临在他文明之上的欧洲中心主义所拥有的思维方式以及由此形成的学问体系的求知传统,为未来的人类提供一幅既面对"此岸"生存又可获得"自由"的思维体系的蓝图。

以上三点,只是作为我们的问题和思考基础提出来的,当然要达到这个目标还需要漫长的探索过程。为了实现这些学术目标,西方哲学的研究者和东方哲学的研究者的对话、参与、探索不可或缺。特别是现在从事西方哲学的研究者们,利用自己的学术基础和发挥自己形而上的思维习惯,有意识地接触、思考、探讨东方哲学思维方式,改变已经形成的思维定式和思维结构更是当务之急。也只有这些人的参与,才有可能出现令人欣喜的巨大成果。

四、在我国译介这套丛书的意义

我国长期以来存在着一种潜意识里的接受机制,一提到国外的著述就会产生"高级感"。确实,在学术上国外的几个发达国家在许多方面领先于我们,需要向人家学习的地方还很多。但是,学

---

① 笔者强调"东方",没有"东方中心主义"的追求,无论"西方中心主义"还是"东方中心主义"都是狭隘的"地域主义",都是应该予以批判的。我们强调"东方",是由于几百年来"东方"文明被忽视之后出现了地球文明的畸形发展,要纠正这种不平衡,就必须提醒"东方"缺失的危险性,克服我们无意识中存在的"殖民地大脑"思维局限,明确地而有意识地揭示我们"东方"的文明价值。

术虽然存在着质量的高低、方法论的新旧,但是更为根本的应该是要把握观点上存在的不同之别。我们认为,现在应该是有意识地克服我们学术自卑感的时代了。所以,我们在学术引进时,虚心肯定与冷静批判的眼光都不可或缺。因为肯定所以接受,而批判则不能只是简单的隔靴搔痒、肤浅的意识形态对立,而是在明白对方在说什么的基础上有的放矢。所以,在我们揭示翻译这套丛书的意义之前,需要上述的接受眼光以及相关问题的基本认识。

那么,从我国近年的学术界情况来看,公共哲学的研究也已经展开,即使没有使用"公共哲学"这个学术概念,而与公共哲学的研究领域和探索对象相关的论文和著述陆续出现、逐年增加。比如说,从1995年开始,由王焱主编的以书代刊的杂志《公共论丛》,在这个论丛中主要有《市场社会公共秩序》、《经济民主与经济自由》、《直接民主与间接民主》、《自由与社群》、《宪政民主与现代国家》等。而从1998年前后开始,在《江海学刊》等杂志上陆续出现了一些关于公共哲学的研究性或者介绍性论文。此外,还有华东师范大学现代思想文化所编辑出版的"知识分子论丛"、清华大学编辑出版的《新哲学》等。特别需要一提的是,中共中央党校出版社编辑出版"新兴哲学丛书",其中在2003年出版了一部直接名为《公共哲学》(江涛著)的论著,书中的参考文献中介绍了大量的有关公共问题研究的相关论文。到了2008年年初,吉林出版集团也开始出版由应奇、刘训练主编的"公共哲学与政治思想"系列丛书,其中包括《宪政人物》、《正义与公民》、《自由主义与多元文化论》、《代表理论与代议民主》、《厚薄之间的政治概念》等。除此之外,还有一些杂志也登载一些相关问题的文章。从这些丛书的书名中不难看出,在中国,关于"公共哲学"的概念与学术领域的理解是多元的、多维的,其中比较突出的特点是学术视野集中

27

在对于西方学术思想中政治学、伦理学、社会学等介绍和评述上，他们有的循着哈贝马斯的社会批判论，有的倾向于罗尔斯的政治哲学等，所以，在公共哲学的研究中存在着把其理解为管理哲学的倾向，甚至被作为行政学问题进行阐述。因此，这些研究与现在日本的公共哲学研究相比，在学术视野、问题的设定以及参与研究的学者阵容上都相差甚远，基本上缺少一种在现代化和全球化的浪潮逐步深入和拓展的时代背景下，面对日益出现的伦理失范、道德缺席、环境危机、政治困境、经济失衡等一系列与公共性理念相关问题的关联性探讨，更没有把公共哲学作为一种崭新的学问体系来构筑和探索的宏大视野。由于存在着对所研究问题的意识不明确，学术方向和目标定位过于混乱，甚至不排斥一些属于功利的猎奇需要，所以，作为一种学问的公共哲学的研究，至今为止还谈不上有什么引人注目的成果出现。

从这套译丛中我们不难看出，日本的公共哲学研究是建立在各个领域一流学者的参与互动的基础上，寻求构建适应于这个全球化时代的学问体系。他们的那些有关公共性问题的历史与现实的梳理、研究、探索，拥有政治、经济、文化、法律、宗教、环境、科技、福祉、各种社会性组织的作用等全方位的视觉，是一场全面而深入的跨学科的学术对话。因此，在日本学术界掀起的这场关于公共哲学问题的探索与建构，呈现着立足本土、走向世界的一种学术行动的意义。这套10卷《公共哲学》译丛，从其所涉及内容的广度和深度而言，所探讨及试图解决的问题已经不只是局限于日本国内而是世界性的问题，其目标是探讨在新时代生存中与每一个人息息相关的生存理念的确立问题。为此，我们认为，通过这套来自于日本的关于公共哲学研究成果的译介，必定对我国今后关于同类问题的研究有所启发并有所裨益。其意义至少体现在以下三个方面：

第一，借鉴性。日本的公共哲学在建构伊始，首先遇到的是如何把握公与私的内涵、理解公与私的关系问题。因为在不同的文化语境或不同的历史时代，公与私的含义是不尽相同的。从思想史上看，迄今的公私观大体有一元论与二元论之两大类别。灭私奉公（公一元论）和灭公奉私（私一元论）是公私一元论的两种极端形态，尽管二者强调的重点不同，但在个人尊严丧失或者他者意识薄弱的公共性意识欠缺的问题上却是相通的。而公私二元论基本上反映的是现代自由主义思想，它通过在公共领域追求自由主义而避免了公一元论的专制主义；但由于它更多的是在私的领域里讨论经济、宗教、家庭生活等而往往会忽视其公共性问题，从而容易导致单方面追求个人主义的弊端。所以，日本的公共哲学努力寻求在批判公私一元论、克服公私二元论存在着弊端的基础上，提倡相关性的公、私、公共的"三元论"价值观，即在"制度世界"里把握"政府的公—民的公共—私人领域"三个层面的存在与关系，倡导全面贯彻"活私开公"的制度理念，①而在"生活世界"中提倡树立"自己—他者—公共世界"的生存理念，以此促进"公私共媒"

①　"活私开公"是金泰昌教授提出的公共哲学的探索理念。根据他的解释："私"是自我的表征，是具有实在的身体、人格的，是人的个体的存在。因此，对作为自我的、个体存在的"私"的尊重和理解，对"私"所具有的生命力的保存与提高，就是构成生命的延续性的"活"的理念。这种个体的生命活动，称之为"活私"。复数的"活私"运动，就是自我与他我之相生相克、相辅相成的运动。而把处于作为国家的"公"或代表个人利益的"私"当中有关善、福祉、幸福的理念，从极端的、封闭的制度世界里解放出来，使之根植于生活世界，进而扩大到全球与人类的范围，使之能够为更多的人所共有，在开放的公共的世界里得到发展与实践（超越个人狭隘的对私事的关心），这就是"开公"。简单说来，就是把我放在与他者的关系中使个人焕发生机，同时打开民的公共性。只有活化"私"（重视并且打开"私"、"个人"），才能打开"公"（关心公共性的东西）。

社会的形成。

上述日本学术界的有关公共哲学探索中所提出的问题,应该是当今世界上卷入全球化时代的无论哪个国家和个人都存在的并且必须面对的问题。特别是几千年来习惯了在巨大的公权力统治下生存与发展的中国社会,"私"与"公"基本上不具备对等的立场和地位,"公一元论"的问题是值得我们反思的问题。相反,随着市场经济的接受、实行、发展,原来的"公一元论"正逐渐被"私一元论"所取代,公私关系的价值观里的另一种极端在当今社会的各个领域已经开始出现。在这原有的公权力作用极其巨大的作用尚未退场的社会里,随之而来的是对于"公"的挑战的"私一元论"的价值观正在蔓延,那么,在巨大的公权力作用下的中国市场经济社会里,对于"他者"如何赋予其"他者性",应该是我们迫切需要探索的紧要问题。因此,在我国研究、探索公共哲学,就应该把日本的这种对于传统公私关系的反思纳入自己的视野,只有在这种学术视野下的研究,才会出现属于"公共哲学"意义上的成果。如果我们只是把"公共哲学"当做"管理哲学"或者作为"行政学"来理解,至多作为"政治哲学"的一种领域来研究,那么,这种视野里的"公共哲学",其实在本质上还是"公的哲学"范畴,这里所理解的"公共",只是长期以来人们习惯了的把"公"等同于"公共"的历史产物。所以,我们相信这套译丛对于我国公共哲学的研究具有重要的借鉴意义。除此之外,采用跨学科的学者之间的对话互动的探索方式,也是值得我们参考和借鉴的。

第二,推动性。对于"公共哲学"这个学术领域的研究,无论在国外还是国内都只是刚刚开始,基本学术方向和学术领域的设定还处于探索阶段,将来会发展成一门怎样的学问体系,现在还不明确。对于这种新兴的学术动向,通过我们及时掌握国外的相关研究信息,促进我国的学术进步,为我国在 21 世纪真正达到与世界学术接轨,实现与世界同步互动,其意义不言而喻。我们的学术研究无论在方法上还是视野上仍然比国外落后,对于这个问题,从事学术研究的每一个学者都应该是心知肚明的。那么,在这思想解放、国门全面敞开、提倡接轨世界的当代学术界,对于国外最新的学术动态的把握、参与,必将有助于推动我国新时代学术视野的世界性拓展,在未来的历史中不再落后于别人,甚至可能让中华的学术再铸辉煌。

从这套译丛中我们可以了解到,日本学术界所探讨的公共哲学,体现着一个基本理念,那就是如何有意识地让公共哲学从传统意义的哲学中凸显出来,他们所追求的公共哲学的学术特色、构筑理念是:其一,其他哲学如西方哲学、佛教哲学等都是在观察(见、视、观)后进行思考或者在阅读后进行论说。与之不同,公共哲学是在听(闻、听)后进行互相讨论。公共哲学的探索不在于追求最高真实的真理的观想,而是以世间日常的真实的实理之讲学为主要任务。所谓讲学,不是文献至上主义,而是参加者进行互动的讨论、议论和论辩。其二,其他哲学几乎都倾力于认识、思考内在的自我,而公共哲学则以自他"间"的发言与应答关系为基轴,把阐明自他相关关系置于重点。其三,公共哲学与隐藏于其他哲学中的权威主义保持一定的距离。权威主义既是对专家、文献权威的一种自卑或盲从的心理倾向,同时也是指借他物的权威压迫他者的态度和行动。但是,人是以对话的形式而存在的,为了实现复数的立场、意见、愿望之不同的人们达到真正的平等、和解、共福,建立对话性的相互关系是必要条件。后现代的世界不再是冀望于神意或良心的权威,而是冀望于对话的效能,这才是后自由、民主主义时代的社会中作为哲学这门学问应有的状态。

31

日本的这种学术目标和姿态,可以推动我国学术界对于近代以来单方面地引进、移植西方学术话语与思想的接受心态进行一次当下的反思,促进我国在新的时代自身学术自信的建立,并为一些名家和硕学走下学术圣坛、接受新的学术倾向的挑战提供一种心理基础。从日本的公共哲学探索的参与者来看,许多领域的代表性学者基本都在讨论的现场出现,而在我国出现的公共哲学的研究,还只是一些学界的新人亮相。那么,通过这套丛书的译介,我们期待着能够推动我国各个领域的代表性学者也能积极参与这种前沿学术的探索,并且,目前的公共哲学研究还处在探索阶段,对于究竟何谓公共哲学,公共哲学的理论框架以及公共哲学的最终目标是什么等,都还没有一致的意见。这种具备极大挑战性和将来性的学术探索,对于我国的新时代学术研究的推动作用是值得期待的。

第三,资料性。这套丛书的另一个突出特点是问题的覆盖面广,作为了解国外的前沿学术动态,具有极高的资料性价值。这里所讲的资料价值包含以下几个方面的内容:其一,通过这套译丛,有助于我们了解在日本学术界,哪些问题是人们关注的前沿问题,而这些问题的探讨达到怎样的学术高度。特别是日本的学术界基本与欧美的学术界是同步的,通过日本学术界的研究成果,同样可以让我们了解到欧美学术界的最新学术动态、相关问题的代表性学术观点。其二,通过这套译丛提出以及被探讨的问题,可以让我们了解到在当前的日本社会中,存在着怎样的亟待解决的问题。为什么会存在这些问题,问题的起因、症候、状况是什么,这些问题会不会成为正在发展中的我国市场经济社会必将遇到的问题等等,这些都会成为我们的学术前沿把握中不可多得的信息、资料。其三,至今为止,我们翻译外国文献,即使是一套丛书,也只能集中在某个领域、某些时期、某种学科。可是,这套丛书的内容,其中涉及的学术领域可以说是全方位的,而被探讨的问题的时期既有古代的、近代的,也有现代的,成为他们探索对象的国家有欧洲的、美洲的、亚洲的最主要国家,这为我们拓展学术视野、在有限的书籍中掌握到尽可能多的研究对象的资料等,都具有向导性的意义。

一般情况下,资料给予人的印象都是一些被完成了的、静态的文献,可是这套译丛所提供的资料却是一种未完成的、处于动态观点的对话中被提示的内容。这种资料已经超越了资料的意义,往往会成为激发每一个读者参与探索其中某个问题的冲动契机。

正是我们认识到这套丛书至少拥有上述三个方面的意义,我们才会付出许许多多的不眠之夜,才能做到尽可能抑制自己的休闲渴望,尽量准确地把这套前沿性学术成果翻译、介绍给国内学术界,丛书的学术价值就是我们劳动的根本动力之所在。当然,如果仅仅只有我们的愿望,没有得到具有高远的学术眼光和令人敬佩的学术勇气的人民出版社的大力支持,我们的愿望也只能永远停留在愿望之中。在此,让我们代表全体译者,谨向人民出版社的张小平副总编、陈亚明总编助理以及哲学编辑室方国根主任、夏青副编审、田园编辑、李之美编辑、洪琼编辑、钟金玲编辑,对于你们的支持和所付出的劳动,致以由衷的敬意。同时,在这套译丛付梓之际,也要向参与本丛书翻译的每一位译者表示我们深深的谢意。当然,我们也要感谢日本的京都论坛——公共哲学共働研究所金泰昌所长、矢崎胜彦理事长以及东京大学出版会的竹中英俊理事,是他们全力支持我们翻译出版这套由他们编辑、出版的学术成果。

对于刚刚过去的 20 世纪末所发生的事情,相信我们一定还记忆犹新。世界性的 IT 产业从 80 年代兴起到 90 年代陆续上市,世界上几大发达资本主义国家的股市,很快走向来自新兴产业带来的崭新繁荣。网络时代的到来把当时的世界卷入一场新时代到来的欣喜之中。可是随着跨入新世纪钟声的敲响,发生在发达国家的一场 IT 泡沫的破灭体验,让人们在尚未从欣喜中回过神来之时就陷入梦境幻灭的深渊。然而,IT 技术正如人们的预感,由其所带来的世界性信息、产业、资本、流通的全球化格局的形成,正以超越人的意志的速度向全世界波及。改革开放后的中国经过 90 年代的提速,紧紧抓住了这个历史性发展的机遇,逐渐奠定了自己在世纪之交的这一历史时期里名副其实的"世界工厂"的地位,并逐渐从生产者的境遇过渡到作为消费者出现在"世界市场"的前沿,历史让中国成了全球化时代形成过程中世界经济的安定与繁荣举足轻重的存在。可是,正当中华民族切身体验着稳定发展的速度,享受着新中国成立以来未曾有过的经济繁荣的时候,源于美国华尔街并正在席卷全球的"金融海啸",强烈地冲击着尚处于形成过程中的世界性经济格局。那么,当这场海啸过后,在我们的面前会留下一些什么? 幸免者会是怎样的国家? 幸免者得以幸免的理由何在? 为什么这种全球性的金融风暴会发生? 为了避免类似的事件在将来重演需要确立怎样的生存理念? 这些问题都将是此劫过后我们必然要面对的问题。

进入 21 世纪,前后不到 10 年,世界就在短短的时期内频繁地经历着彼伏此起的全球性经济繁荣与萧条,无论是所谓发达的资本主义国家,还是新兴的发展中国家,都要为某个国家、某个地区的经济失控付出来自连带性关系的代价。很明显,历史上通过战争转化国内矛盾的暴力方法,已经被经济全球性的互动格局所取代。这种只有通过相互之间的磋商、协助、合作才能实现利益双赢的 21 世纪世界,我们当然应该承认其标志着人类历史的巨大进步。然而,这种现象的出现,让生活在这个时代的每一个人不得不接受一种生存现实的提醒,那就是"全球化时代"的真正到来。"全球化时代"的到来首先在经济上得到了确认,与此相关的是,在国际政治上不同国家之间的对话方式开始发生变化,而如何做到自身文化传统的独立性保持、宗教信仰的相互尊重等问题也日益凸显。那么,一种崭新的生存理念的产生,正在呼唤着适应这种理念发展、确立所需要的人类睿智的探索、挖掘和构筑。那么,"公共哲学"的探索,是否就是这种呼唤的产物呢?当然现在为之下这样的定论还为时过早。然而,在新时代人类生存理念构筑过程中,我们相信"公共哲学"的探索将成为一种不可替代的学术方向。

那么,这套译丛如果能够为这种时代提供一种参考性思路,促进新世纪的中国在学术振兴与繁荣上有所裨益,我们所付出的一切劳动,它在未来的历史中一定会向我们投来深情的回眸。我们期待着,所以我们可以继续伏案,坚守一方生命境界里昭示良知的净土。

2008 年平安夜　于北京

35

凡　例

1. 本书基于"将来世代国际财团・将来世代综合研究所"共同主办的第28次公共哲学共同研究会"日本经济与公私问题"(2000年12月16—17日,丽嘉皇家大饭店・京都)所发表的内容编辑而成。

2. 第28次公共哲学共同研究会的参加人员名单请参照本卷末尾。

3. 论题及讨论已经过参加者的校阅。在不改变主旨的范围内,论题包含了新添加的内容,讨论有压缩或省略的部分。

1

目　录

1

前　言

铃村兴太郎

　　对于被视为经济学始祖的亚当·斯密来说，为了准确理解竞争性市场机构的功能及其界限，仅仅依靠《国富论》的经济学显然是不够的。因为只有《道德感情论》的伦理学所提出的"同感"和"宽容"这样的人与人之间交感的原理，作为私的"善"和公共"善"的连接装置发挥补充性的作用，才能理解即便是由追求私的利益的个人构成的社会，也能够作为一个紧密的组织保持着向心力而发挥作用的理由。

　　但就现状而言，经济学和伦理学在理解竞争性市场机构的功能上起着相互补充作用的这种观点，未必为现代经济学者所广泛认同。不仅如此，甚至很多现代经济学者主张，正因为经济学不介入"伦理"和"价值"的问题，所以才能够达到对竞争性市场机构的功能的客观、科学的理解。这是难以否认的事实。即使在把从评价的观点来分析经济机制作为课题的福利经济学中，一直保持支配性影响力的看法也认为，从公共"善"的观点评价经济政策、经济体系的成果的"价值"是位于经济学外部的论据，经济学固有的作用应只限于从所在社会的"价值"观点来设计最合适的政策和系统，从所在社会的"价值"观点来批判地评价现实的政策和系统。使这种看法根植于正统派经济学中并发挥了很大影响力的分

1

析概念,正是阿卜拉姆·巴格森最先引进,保罗·安·萨缪尔森对其精致化及普及作出很大贡献的社会福利函数（social welfare function）概念。另外,立足于这一概念的规范经济学的基础理论被统称为"新"福利经济学,一直以来处于标准的微观经济学的中枢位置。

当然,关于规范人与他人交往中应该做什么、不该做什么的"私的伦理"问题,经济学者几乎没能以经济学者的资格来阐述过,这是显而易见的。直截了当地说,即使你向经济学者提出"私的伦理"应该以何种方式存在的问题,经济学者——个人的心情告白另当别论——也没有回答这一问题的义务和资格。与此相对应,规范社会的制度性框架该以何种方式存在——社会应该尊重的人的"权利"和"自由"是什么？与人个体地、自律地进行"选择"所造成的结果相对应,人应当承担的社会性"责任"的行为是什么？对于个人遭遇的不幸人能够向社会请求"补偿"的范围和根据又是什么？等等——的伦理,作为构成社会的人们参加公共游戏的基本规则,就成为参加与他人的竞争、协调关系之前提的"公共伦理"。回避在此意义上的"公共伦理"的应有方式问题,对以锻造"改善人类生活的工具"（阿瑟·庇古）为使命的经济学者来说,是不能允许的。

最近,规范经济学中的一个焦点问题是与"公共伦理"的应有方式相关联,重新探讨正统派的——在"价值"概念的分析方面是禁欲的——"新"福利经济学的观点,使之与深化关于私的"善"与公共"善"的连接装置的理论研究相结合。这项工作并不一定被束缚于传统经济学暗中所依据的功利主义的"价值"概念——最大多数人的最大幸福。不仅如此,甚至超越了把用以评价经济政策、经济系统成果的信息基础,仅仅纳入人们享受的"效用"和"福利”当中的“福利主义”，并且积极引入、努力推进“权利”和“机会”、“责任”和“补偿”、经济机制的“程序的公平性”等非福利主义的、非结果主义的分析概念。

在规范经济学理论研究领域里所产生的这种平静的地壳变动，就是对面临着经济制度的大规模重新设计和经济政策的根本改革的当今日本来说，也有着不容忽视的重要意义。例如，被各种行政规章束缚的自由经济活动领域中的规制改革，绝不仅仅是因为作为其结果的人们的经济福利有改善的可能性——只是手段上的——才具有价值。伴随着被家长式行政规章所制约的选择“机会”的重新开放，人们自律性地行使选择的自由、灵活运用生活机会的“权利”得到保障，有可能从自主决定自己的生活方式、生活状态中创造出内在的价值。应该承认，这种意义有着不亚于规制改革的手段性意义的重要性。另一方面，与自发地行使自由选择的“权利”相交换，当然也会随之要求对自律性选择的结果负有自我“责任”，这是理所当然的，但关于其“责任”的范围和社会对不幸失败的“补偿”范围，也有必要从公共制度上加以设计。另外，既然关于实施的规制改革的方向性存在各种各样的选项，关于应该按照怎样的选择程序来进行制度的社会选择，也有必要把人们参加和发言的机会作为“权利”予以保障。只通过这样一个简单的例子，选择“机会”的手段性价值和内在价值、伴随着自律性选择的“责任”与“补偿”、选择程序的内在价值等，与联结私的“善”和公共“善”的连接装置规范经济学的最新动向紧密相关的许多论点，就自然进入了考察的范围。

本书所收录的提出问题的经济学者们，虽说在学问背景与现在的专业领域方面有很多不同，但都具有从经济学的观点来深入研究“公共伦理”问题的愿望。以这些问题的提出与围绕着其进行的经济学者、法学者、法哲学者、经济哲学者的意见交流为契机，我期待着更大范围的经济学者们参与进来，对与制度的社会性选择相关联的"公""私"问题进行讨论，为在不久的将来对我们在现实中所面临的经济制度改革与设计作出具体的贡献。

论 题 一
公私问题与自发性中间组织
——从公共利益的视点来看

猪木武德

　　原本是以"私、公共以及共通"为论题的,但是因为有些地方不符合日语的形式,所以改为以上的标题。人们常说"Assertion is easy, demonstration difficult",下面所说的基本上都是"主张",还没有"论证"。为了日后的修订,我想听听大家的意见。

　　先来说些结论性的话。"个人与国家"、"私与公共"这种概念性二分法,会起到相应的作用。但是,今天我想说的一点是,虽然历史上可能是这样的,但仅仅只是"私"和"公共"这样的二分法,无法很好地解决我们今天所面临的问题。我觉得需要一个"共通"的概念,它既不是"公共"也不是"私"。引入"共通"这一概念的原因是,期待着"自发性(autonomous)中间组织",能够对成为该公共哲学共同研究会问题的由"国家"引起的统制问题和"个人"竞争的问题中的某些部分,发挥调整的功能。

　　只靠追求私人利益,公共善(the public good)是无法实现的,这是19世纪经济学者已经强烈地意识到的问题。因此,提出了国家介入并按公共善的要求来制约追求私人利益的方法。在这个过程中几次出现了这样的看法:不是由政府来制约个人利益的追求,而是依靠自发性中间组织来进行"自我规制"。就是说,国家和个人这样的二元结构是不完整的社会系统,要用自发性组织运用中间性的特性来对整体进行补充。因此,作为其行动的评价基准,能否使个人利益与中间组织的利益一致,而且能否使组织的利益与整体的利益一致,成为重要的一点。

现代经济学并不那么注意中间性组织的功能和作用,而更多地是以"个人主义"的"竞争"和由"国家"进行的"统制"这样的二元对立图式,把握高度发达的产业社会的特征。但是,在考虑到现实的经济社会的动向和政策问题时,应该更加强调这样归纳的特征未必合适。个人的"主体性"选择和竞争的概念,只不过是经济学者分析用的单纯化了的模型。即使说个人为了实现自我功效的最大化而行动,但是现实中一个人的想法随着时间的变化而变化,在自己的内心产生心理矛盾也绝非罕见。[即所谓 dynamic consistency 的问题,Schelling(1984)]。因此,有时不能把个人单纯地看成一个主体,效用这一概念本身有时也无法准确定义。当然,正如 A. 马歇尔所说的那样,作为现代产业社会的特征,有着更加独立独行的习惯(more self-reliant habits)、事前的考虑(more forethought)、更加慎重且自由的选择(more deliberate and free choice)等侧面[1]。就算对自我效用的最大化,即"私人利益的追求"给予明确的意义,如凯恩斯在《自由放任的终结》中所强调的那样,私人利益与社会利益总是一致,世界并非由上天统治。而且为了保持一致,"被启发的利己心"总是发挥着作用,这也不是从经济学

---

① *Marshall*[1920],p. 8.

的诸原理中正确演绎出来的①。所谓政府拥有使私人利益和公共利益必须一致的能力和力量,就是在自由民主主义下也绝不会得到保障,甚至可以说是一种幻想。

因此,把仅由利己心(self-interest)引起的竞争的长处看得过大,或过于重视,就存在着这样的危险,即看不清包含着中间的(准)自发性组织(semi-autonomous bodies)所具有的合作(cooperation)与团结(combination)的要素的现代产业社会的本质。因为赞美竞争,或反过来仅强调其弊病,都会迷失现代经济社会的理念即经济的自由这一本质。如凯恩斯所准确指出的那样,支配和组织的单位的理想规模,处于个人和国家之间的某个位置②。主张独立的自治组织的重要性,不单是对中世纪概念的怀念,毋宁说是现代产业社会应当摸索的一个方向。

在这里,我想就凯恩斯以公共善(the public good)为根据所阐述的"独立的自治组织",从经济学的观点加以考察,展开论述。为此,首先有必要对经济学所用的竞争的概念和现实经济社会中竞争的作用加以区别。在第一节将探讨竞争的含义与过度竞争的危险性,在第二节就竞争自然带来的视野短期化进行论述,之后在第三节将论述有可能修补这样的缺陷的"独立的自治组织"或中间组织。

---

① *Keynes*[1926],pp. 287 - 292. 日译本,第 344—350 页。他还说:"I suggest that progress lies in the growth and the recognition of semi-autonomous bodies within the State-bodies whose criterion of action within their own field is solely the public good as they understand it."这里所用的 public good 这个概念十分重要。

② *Keynes*[1926],p. 288. 日译本,第 345 页。

1. 竞争的含义

（1）竞争与合理性

经济理论中使用的"完全竞争"这一概念，归根结底是用来分析的工具，其本身并不包含现实的"期望"。我想提醒大家，现实的问题归根结底在于是否存在能够进行有效经济竞争的环境，而不是消费者或企业"是否无数地存在"。因为即使在市场中某一财富的生产者只有两三个，只要生产者之间不是合伙（联合）的关系，竞争就十分激烈，并迫使生产者进行合理的选择。

这样，在新古典派的经济理论中总被假设的"完全竞争"，并不是记述现实的经济竞争本身的过程的。哈耶克指出，竞争是"在无法事先预知的情况下，用来发现谁是最优秀的，谁是完成得最出色的精良装置"①。也就是说，只有通过竞争才能发现最好的方法。在知识不完备的经济社会，现实中哪种方法才是在一定条件下费用最小的生产方法，几乎是无法事先得知的。只有通过竞争的过程，才能渐渐发现最好的生产技术，所以可以说竞争就像"科学实验"，即竞争首先是"用于发现的程序"。

经济竞争使人们选择合理的行动以实现经济效益，这是经济学所讲述的最重要的命题之一。然而值得注意的是，这一命题并非主张"人是合理的存在"。经济学只是把如果不采取合理的（比如使费用最小化那样的）行动，就会在竞争中被淘汰那样的经济作为分析对象进行假设，并不是主张现实的人像逻辑机械那样形

---

① *Hayek*［1979］，pp. 67 - 70.

成的①。

　　所谓"个人"，并不是像我们假设的那样连贯一致（首尾一致），清楚地知道自己的喜好，在选择之间不会发生任何矛盾。实际问题是，"今天自己是这么想的"和"明天自己会如何选择"未必一致。这不仅是因为在今天和明天情况发生变化，实际上即使在"明天会发现未知的自己"这个意义上来说，人对自身的信息掌握得也不完全。或者，即使仅取现在这一时点，有时也会觉得"我虽然是这么想的，但另外的我却又那样窃窃私语"。所以，无论取某一个时点，还是从跨时间来看，都不能保证没有逻辑矛盾的自己。

　　这样看来，对社会中存在的各种各样的制度，都可以有一个特别的解释。托马斯·谢林在《选择与结果》（*Choice and Consequence*）一书中举了很多这样的例子。比如小说《白鲸》中出现的韦伯船长说："把自己的腿切断"，可是到了真的要被切断的时候，又拼命拒绝了。更为有趣的是，比如为什么会有日历呢？新年又是怎样定下来的呢？"日"、"周"、"年"这些概念确实是由天文学的发现而产生的，但却是由社会制度的设定而加以区别的。并不是说因为是新年，所以太阳和地球的关系就发生特别的变化。但是，人自身会在"新年"里作出新的决定。

　　同样是谢林的例子。请想想自己睡觉前设定闹钟的情形。因为明天必须在八点起床而设定了闹钟，但自己也知道一旦在八点闹钟响了就会把它关掉。所以，这个时候强制自己保持首尾一贯的行为的一种解决办法，就是把闹钟放在远离自己睡觉的地方。虽然上闹钟并不是社会性的制度，但在社会性制度中有很多这样

————————————

① 关于马尔萨斯受到达尔文的决定性影响，原先是 Haeckel、Thomoson、Weismann 和 others[1890?]，最近是 Bowler[1984]对此很有兴趣。

的事情。

把"今天的自己"和"明天的自己"跨时间地规定下来的系统，怎样才能被创造出来呢？这也许是各种"职能团体"、"家庭"、"地域社会"所具有的智慧的结晶吧。

6

"在不侵犯正义规则的范围内，个人只考虑自己自身利益而行动的话，将会被看不见的手所引导，增大社会整体的福利。"这是亚当·斯密的著名命题。但是，对这一命题加以怎样的限制，我认为是对其后经济学的展开给予重要影响的工作。然而，比起个人竞争会增加社会福利、厚生这一经济理论性问题，更应该讨论一下竞争对现实社会具有怎样的意义。经济学对人们行动的分析，就是从下述认识开始的，即竞争性经济迫使人们进行合理的选择，只有这个"合理性"才经得住理论性分析。

与关于人自身知识的问题相关联，如果我们有足够的信息，也就不需要"竞争"这一装置了。只有通过实验性竞争，才能发现到底谁的生产方法好，谁开发了人们所希望的那种生产方式。只有跑完了 100 米才知道谁最快，而在起跑线上是无法判断的。其起到了挖掘埋藏在社会中的知识的作用，竞争的优点就在于它是"用于发现的装置"。

另一方面，相对于与"合理性"表里一体的"竞争"的概念，人们还有着"作为游戏的竞争"的欲望。不可否认，游戏对于人来说是极其重要的某种东西。为了在竞争中获胜而努力这是事实，但通过努力发现竞争"非常有趣"这也是事实。也就是说，竞争有着"游戏"的一面。

"游戏"也有各种各样的类型①。如球类运动或国际象棋那样

---

① 这个分类根据 *Caillois* [1958]。

的与对手一争高低的类型,轮盘赌和掷骰子那样的全凭运气(luck)的类型,过家家那样的在想象中表演玩耍的类型,还有过山车、滑冰那样的追求危险和刺激感觉的类型,在现实的游戏中存在很多这些类型的组合。现实社会的经济竞争,具有第一种类型和第二种类型组合的性质。其不仅具有为了生存的、作为彻底追求合理性的竞争的一面,还是一种从对超越了"为了什么"的合目的性的游戏的追求中衍生出来的竞争。

(2)经济竞争和不当竞争

把这些问题放在心上时,就会发现要重新思考竞争体系本身,仅仅从合理性和效率的角度出发是不充分的。

"竞争"有着上述的优点,但一旦竞争过度,就会利益相抵,并给社会带来更为严重的负面效果。

如果对于"竞争"的结果其报酬体系过于刺激性的话,就包含着产生不正确和扭曲的可能性。这也适用于实体经济。经济的竞争体系因运营方式不同,也包含着使这一体系的优点转化为致命的缺陷那样的危险。

第一,如果竞争体系的评价、报酬制度极端到引发人们的嫉妒和怨恨的程度,必然产生心理的"扭曲"和不正当行为。霍布斯在《利维坦》中提到人类为何会陷入战争状态时,作了如下论述:"人的本性中原本就存在着容易引起争端的三个重要因素。第一是竞争,第二是不信任,第三是自负。"①人们虽然有微小差别但大体相似,很多时候会对同一事物感到渴望或厌恶。这样一来,不仅围绕同一事物容易产生纷争,而且在其过程中出现不正当行为的可能

---

① *Hob bes*[1960],chapter 13.

性也很大。特别是劳动报酬的差距越大,发生纷争与不正当行为的可能性就越大。

例如,在经济学的某一领域,对这样的竞争报酬结构和参加者动机(诱因)的关系的分析,近年来逐步得到发展。即差价为多大时,能更多地激发起参加者的斗争本能这一问题①。与职业体育一样,在实体经济中也是报酬差距越大竞争就越激烈。但是作为第一名和第二名的差别,或者作为围绕晋级竞争的结果,在企业内的待遇差别是否越大就越能激发劳动欲望呢?那倒不一定。竞争刺激性的体系,如果是由报酬差距越大越好这样简单的理论构成的,也有其局限。如果仅仅扩大差距的话,以隐蔽的形式发生违背规则的几率就会增大。或者在竞争者之间实力大体相当的时候,会发生共同串通进行假比赛,然后背地里平分奖金这样的不正当行为。在奥运会上服用兴奋剂,还有几年前在法国所发生的足球假比赛等,就是这样的例子②。

就是说,用胡萝卜来刺激人们的竞争本能这样的一元性报酬制度的竞争,有着明显的界限。人的精神结构并不是那样直线型的,它同时也具备钻某个体系空子的(恶)智慧。所以就会采取(虽然是钻空子但实质上)破坏规范和规则的行动。如果对竞争的结果不设定合适的报酬制度,竞争就会产生不正当行为。

竞争的第二个问题,是竞争的自我目的化、发生目的和手段颠倒的情形。实体经济中的竞争,本来是从衣食住到名誉都带有某

---

① 关于这一点,Ehrenberg 和 Bognanno[1990]进行了意味深长的分析和实证研究。

② 关于奥运会的兴奋剂我想没有必要再作说明了。关于在法国的足球发生的假比赛,在 *New York Times*(1993 年 9 月 6 日)的 Roger Cohen "A Soccer Scandal Engulf All France"有解说。

种目的性,在进入竞争之前首先应该存在着"野心"。但是,那种野心不知什么时候消失了,变成只是满足于在激烈的竞争中取胜,在竞争结束时,竞争本来的目的也消失得无影无踪。因为失去而追求胜利,作为目的的野心从竞争中剥离。这种现象不仅存在于游戏的世界中,在现实的经济竞争中也能看到一些这样的例子。例如,计算机领域的技术革新,已经陷入了给使用者带来不便和麻烦的状态。

教育社会学家竹内洋所说的入学考试中的"无欲望竞争"也是这种典型[①]。在高考中,有很多年轻人是因为难考才参加考试的。但是一旦通过了考试,"想考上"这种欲望因得到满足而消失了。这种颠倒,由于实体经济竞争转化为空虚的游戏,意味着教育本来所承担的作用部分空洞化了。

以上所述显示,尽管在生存和游戏两种意义上竞争是人类社会的本质,但彻底追求合理性的竞争包含着若干危险性。就像历史地看社会主义计划经济扼杀经济竞争是一种无理的暴行一样,只从效率性的角度来赞美竞争也同样愚蠢。

这恰像两种体系的两个极端,有着奇特的亲近感。社会主义体制总是需要强有力的政治、行政和司法。高度竞争的体系对于可能发生的不正当行为和纷争,也需要强有力的仲裁者。例如,如果金融大爆炸在国际上也引起竞争激化的话,在如何揭发、惩罚在其过程中发生的不正当金融交易这一点上,强有力的司法应是不可缺少的。另外,怎样冷却在过激竞争中产生的嫉妒、怨恨的情绪呢? 这个问题,与在排除竞争,以统制和平均分配为目标的社会主义社会中发生的问题实际上非常相似。抑制经济竞争的结果和在

---

① 竹内[1997],参见第十二章解说。

激烈的政治斗争过程中产生的嫉妒和怨恨,正是在共产主义制度下不可避免地产生不正当和犯罪行为以及对其进行整治的元凶。

2. 竞争引起的视野短期化

无论是市场体系还是民主制,都以激发人们的野心给社会带来生气。但是,野心不仅有产生上面所说的不正当等"过度行为"的可能性,而且在早日到手的胜利能够决定之后的状况时特别容易致力于短期决战,因而有着无视长期利益、公共利益的危险性。这种"视野短期化"已经在一些重要的领域出现了①。

(1)人才评价的短期化

例如,在企业的人事待遇制度中,有极力推行年薪制的主张,或是更单纯地认为只有"能力工资"才是公正的待遇方式的主张。这样的主张,与刚才提到的基于长期的视野与观察的慎重的待遇制度根本不相容。因为每年的评价直接与每年的报酬挂钩的年薪制(在大企业管理层广泛推行的年薪制,虽说不是像职业运动员那样的纯粹形式),基本上还是从每年的短期评价出发的。

很多人认为日本的长期雇用与年功式的平均工资上升的体系"是非竞争性的",这是很大的误解。因为平均工资的确是逐年增加,但个人之间的工资差别也随着工龄与年龄一起增加。因此,工资的逐年增长与企业内的激烈竞争没有任何矛盾。工资随着工龄而增加,并不意味着发挥自己能力的人与不发挥能力的人享受同样的年功待遇。

---

① 猪木[1999]。

花时间进行能力评价、避免短期性结论、以长期的视野在竞争中选拔人才,是至今为止日本人事管理的特性,是其长处所在。这种基于短期内无论是培养人才,还是判断人们的能力都是困难的思考,是从只有在长期的观点下个人与整个组织才能承担风险、挑战新的创意、钻研的看法中产生的。在自我责任的原则下,只有承担风险才能获得利润,这是自由竞争的大原则。这样考虑的话,像产生回避风险倾向那样的短期评价体系,已经不能给经济活动带来活力也是理所当然的。短期决战,乍一看像是给竞争带来了活力,实际上很多时候产生了使人们承担风险的心理萎缩了的倾向。至少,回避风险的人很难下大的赌注。

像这样由视野(time-horizon)长短引起的问题,不仅出现在人事制度中,在 R&D 活动中也发生了。下面就来谈谈这个问题。

(2)R&D 的外部化

有本书叫《中央研究所时代的终结》。这本书是收集了美国许多大学的经济学部和研究技术革新的商业学院的专家们的论文集,日译本由日经 BP 社出版。至今为止,中央研究所投入莫大资金,开展了长期的 R&D(研究开发),包括成功的与不成功的。事实上,不成功的也是非常重要的信息之一。但是市场竞争一旦激烈化,在不成功的研究上花费资金而在市场竞争中失败的话,恐怕就无法参与下次的竞争。这样,就会只对胜算高的事业进行研究,而不愿意跨出承担风险的更大的一步。

市场竞争的激烈化会给 R&D 体制带来怎样的变化呢?最近人们经常指出,受世界经济不景气这一外部环境恶化的影响,很多企业有削减对 R&D 的预算的动向。

在美国这一倾向尤其突出,这又说明了什么呢?就像 R. 罗森

11

布鲁姆和 W. 斯宾塞(1998)所指出的那样,美国的大企业开始退出风险较大的长期性、先驱性的研究。而且,企业削减了"中央研究所"型的组织,减轻了负担,整备了短期内和外国的对手企业竞争的体制。恐怕作为对手的外国企业(即日本、欧洲企业),也会采取类似的战略!

其结果,就是导致了整个产业从新技术革新的 R&D 投资的倒退。关于这一点,罗森布鲁姆和斯宾塞他们的结论有些悲观。他们作了如下的评论。

在当今,由于开发新技术的成本和风险,以及防止他人"坐享其成"的警戒心理,企业退出了创造新的可能性的"大赌博"。但是,如果没有这样的投资,企业从哪里发现在今后的全球化竞争中取得优势的源泉呢? 哪个企业都计划在接下来的新技术中成为"行动迅速的第二",这在逻辑上是错误的(日译本 307 页)①。

当然,这样的问题并不是近年突然出现的。在飞机产业中美国失去了霸主地位也说明了同样的问题。因为飞机产业具有伴随着高开发成本和高风险的技术的特性,所以美国没能保持住其霸主地位。除了高开发成本还有急速发展的技术,在长期领先的、投资成本回收时间长的产业中,经常能够看到这种倾向。这种产业的特点是技术老化快,生产周期短。在过去一部分产业中发生的这样的起因于革新"速度"的问题,现在已经渗透到不少产业并产生了"短期竞争"的类似倾向。研究界也不例外。为了尽早显露头角,必须在相当短期的竞争中取得某种程度的成果。因为评价制度本身短期化了,所以必须在短期内或更早的阶段显示自己的能力。其结果,造成了研究那些需要花费时间的大问题的人越来

---

① R. 罗森布鲁姆 = W. 斯宾塞[1998],日译本,第 307 页。

越少,因为谁都想规避风险。

(3)直接投资还是间接投资

在资本市场,同样也存在这种"短期化"的动向。

所谓直接投资,意味着如日本和中国,或日本和泰国之间的长期的介入。建造工厂、雇用人员、转让技术的同时把生产活动提高到能够参与世界性竞争的水平上来,这不是短期内能够成功的。但实际上通过直接投资进行技术转让以及人才的培养,长期来说对双方都非常有益。然而由于太长时间参与还是危险的,所以转换为证券投资,我认为这种做法也是一种视野短期化。

1997 年夏天以来,在泰国、韩国、印度尼西亚、马来西亚等国发生的"亚洲金融危机",主要原因也是为了追求短期利益而靠大量短期资本的力量进行随意运作。虽然这些国家货币贬值的程度有所差别,但是一看 1996 年的短期外债比率与(获得外币的重要手段的)出口额的比例,就可以知道陷于危机的国家的数字与其他国家相比异常地高。韩国为 42.6% ,印度尼西亚 55.2% ,泰国49.9% ,都是很高的比率。这些数字与香港的 7.2% 、新加坡的1.3% 相比,高得惊人。

这样的资本流入,势必会使包括现金和预备金等总和的基础货币增大。外币流入后,只要与国内通货进行交换得到保障,就会通过与国内通货交换导致基础货币膨胀。这些增加的货币,估计流向了股票和不动产的投机。

那么,为什么如此大量的资本流入会发生在亚洲呢?简单地说,首先最大一点,是由于亚洲经济的高增长率意味着良好的投资机会,所以成为海外投机家的绝好投资对象。这些国家的多数都从 20 世纪 80 年代末开始放宽了对外汇的管制。尽管直接投资对

13

发展中国家来说"债务性"低,比较稳定,对当地的人才培养和技术转移作出了非常大的贡献,但对直接投资的放宽规制并不充分的情况下,对短期资本为中心的流入的规制却放宽了。虽然短期资本的"随意性"也是问题之一,但不得不说以这种形式放宽规制的发展中国家不够慎重。

进而,可以举出亚洲诸国的金融监督是极其不完善的,但我们日本人也不能把自己的事情束之高阁。据不完全调查,不良债权惊人地膨胀了。然而,恐怕最大而且最重要的原因,是这些国家的外汇兑换实质上固定在美元上了。因为固定在美元上(虽然不是纯粹的美元捆绑制,但美元的比重占80%以上),消除了兑换的风险。这时只要提高利率,短期资本就会不断流入。大约从1995年开始的两年内,日元不断贬值(即美元升值),泰铢因为与美元挂钩而升值,导致泰国的国际竞争力大大下降。加上与中国的竞争日益激烈,泰国以前那样的安定地位开始动摇。另外,80年代后期以来,一直有力地支持着东盟各国经济增长的日本的直接投资,从1992年左右开始大量转向中国,这也有一定的影响。

在这样的变化中,在除中国以外的东亚,从互联网上的显示来看,比起直接投资来其他投资(经由金融机构等的融资)开始渐渐占据高的比例。也可以说,这样的过分依赖短期性对外债务的体制,说明了其经济自身的不安定性。结果,这种不安定性过早地以金融危机的形式爆发了。不走建造工厂、花时间脚踏实地地转移以技术和人才为中心的经营资源的道路,而采用以短期资本的流入来早日弥补贸易赤字的做法,受到了严厉的惩罚。

3. 如何修缮缺陷

市场机构功能会不健全,如引发不正当行为的"过度竞争"、"视野的短期化"等,但以此为理由只讨论市场机构的缺陷和不安定性确实是危险的。这些难点归根结底是"side effect"(副作用),因为有"副作用"就想整个置换为其他体系的姿态,不仅单纯而且是极其危险的。这种危险,无论在国家层面还是组织层面,不是已经被 20 世纪历史的"社会主义实验"所证明了吗?我们应该做的,毋宁说是如何修正、补充市场这一民主性装置所具有的缺陷和难点,由此来保护公共利益,并更好地运用这一装置。尤其重要的是要认识到,虽然市场的不完善性是明显的,但是代替它的装置有可能是更坏的[①]。

(1)专家集团的培养

生产很多产品,拥有丰富的技术知识,这样经济就会膨胀。一膨胀球体的表面积就会增大。我有这样的印象,即增大的部分实际上是不可靠性增加的部分。所以,经济越增长不可靠的部分也随之增加,变得难以驾驭和控制。在 20 世纪特别是后半期,以欧洲为中心,包括东亚和东南亚实现了经济增长的奇迹,但实际上因为经济膨胀了,不可靠的要素更增加了,这是没有办法的事。因此,哪怕只是贡献一点智慧也好。下面,作为驾驭的方法,我想提

15

---

① W. Chuichill 曾就 Democray 作了如下阐述(1947 年 11 月在下议院的演讲)。"It has been said that Democracy is the worst form of government except all those other forms that have been tried from time to time."这句话中的 Democracy 也可以用 Market 来代替。因为 Demoracy 和 Market 作为机械装置在本质上是一致的。

出两个视点。

近年的政治经济问题越来越呈现出复杂的样态,没有专门的知识与分析的话就无法进行恰当的讨论。恐怕日本比起欧美、韩国和新加坡等在经济上拥有实力的国家来看,在重视专家方面落后了。当然这在政府的做法和专家两方面都有问题,必须改变这种体系。因为专家中也有很多意见分歧,只要政策的决定者或中心人物,是具有基于良知作出明智公正判断(这才是公共精神的核心)的多面手就可以。而关于内容的细致正式的分析和讨论,应该让更多的专家参与进来。

比如金融政策,可以说在民主国家中居于特殊的位置。一方面,与财政政策相比,关于其政策决定过程及政策效果的特征更为明显。税制是由民主选举的议员在国会讨论而作为法律制定的。另一方面,金融政策原则上是由每个月召开两次的日本银行决策会议决定、实施的。日本银行决策会议的成员不是由民主的程序选出的,而是提名在该专业领域中知识渊博和出色判断力得到评价的专家(虽然该比例与诸外国相比较低),并得到国会的承认。因此容易理解:通过民主制原理作出的财政抉择,往往有四处散财的倾向,而重视专业性的金融决策的决定,则是着眼于整体的最终效果的分析判断。

关于与个人、企业的金钱收支有直接关联的税和补助金,由于其有着容易看到一时性效果的一面,因而引起很多国民的关注。所以,不经过民主性程序制定税制是很难的。但关于金融政策,事情却是极其复杂的。由于可以不经过议会的讨论而决定、实施,所以其通过是很快的。但是,其效果(包括二次、三次)会在什么时候、以何种形式出现,不实施是无法得知的。虽说利息下降了,但设备投资是否充分增长这在事前是难以推测的。或者,刚说即使放宽金融管制也没有效果,但也有可能在某个时间爆发急剧的通货膨胀。

金融市场很有可能发生超出外行的理解和想象的反应。正因为如此,有很多部分不是民主主义的决定,而应听任专家判断的①。这恰与对病人的诊断和治疗相似,不能用多数通过的方法来决定,而要等待医生这样的专家的判断。当然也会出现这样的问题,即是把一切全权委托给医生好呢? 还是部分委托给医生、部分留给患者自己选择呢?

医生在医学方面拥有渊博的知识,但这并不是完全的知识;而且这种不完全性有时就成了最大的风险。但是,这并不能说因此就不需要医生的判断了;至少比起外行人,他们知道的要多得多,所以还是需要依靠医生。因而问题就集中到了如何将尊重专业性与民主主义的程序结合起来。这个问题与中央银行"独立性"的概念有关。

当然,"短期化"倾向的弊端,仅仅通过培养专业人员是不能完全克服的。专业人员即便擅长分析长期性问题,但将其向全体国民进行逻辑性说明,并以政策的形式付诸实践的能力可能较弱。也许需要其他的竞争集团。在这里所要求的,是能够顾及纳入长远利益的"公共性"的集团。在至今为止的日本社会,官僚机构完成了其部分作用。但是,现在国民全在呼吁从"官"到"政"的权力的转移。因为只有 "政" 才是考虑公共利益、长期利益的最高主体。这确实是 "正论"。但是如果将一切最终都交给"政",则又走进了刚才所提到的民主主义的陷阱。因为毕竟国民或是由国民选举的 "政",很多时候都只不过是私的利益的简单相加。

17

---

① 参考了 Blinder[1999]的讨论。

在这一点上来说，正是重新细心地（并非感情上的）审查来自官僚机构的正负两方面的公共资产价值，才是当今最重要的课题。

（2）自发性中间组织

为了照顾到公共利益,第二个必要的方法是与这里提到的自发性中间组织,或者是(准)自发性中间组织的作用密切相关的。这的确是个古典的问题,但是如何修正民主制的缺陷呢? 我们可以从法国政治思想家托克维尔的议论中得到一点启发①。托克维尔在《美国的民主》中指出,因为美国是个大国,在引进单纯的民主制时经常存在发生"多数人的专横"(tyranny of majority)的可能性。为了将私人利益(或者是多数人利益的总和)扭曲公共福利的可能性减少到最低限度,美国的民主制准备了一些调节装置,这包括强化地方自治与参与地方自治、陪审员制度、各种各样的政治结社、对宗教的关心等。

第一个调节装置是地方政府的独立性(autonomy of local government)。在美国,不是通过中央政府,而是通过参与小规模的自治体的运营,来切身习得民主的程序,把握思考公共福利是什么的契机。就像在一些小的行政单位,白天拥有全职工作的人成为议员后晚上开会决定事宜那样,相当小的单位也被编入进来作为实践民主主义的练习场所。怎样使意见不同的人为了整体的利益而必须妥协呢? 地方政府的重要想法,就是让人们有通过经验来学习的场所。

---

① *Tocqueville*[1945]. Vol. Ⅰ, p. 192, p. 195, pp. 280 – 287; Vol. Ⅱ, pp. 121 – 122, p. 126.

第二个调节装置就是陪审员制度。作为陪审员的经历,成了根本不懂法律的外行与职业律师一起参加审判,由此学习法律、思考公共福利的训练场所。这也是能够体验依法治国的意义的重要机会。

另外,托克维尔看到,政治结社也是有共同利害和关心的人聚集到一起,一边经历组织内的调整,一边学习如何使个人利益符合公共利益的技术性手段。

这种中间组织的做法,是沿袭了西欧的自然法思想的传统。比如,梅斯纳(1995)在他的大作《自然法》中,考察了作为固有共同体权力承担者的"更小的社会单位"。除了近邻共同体(地方公共团体)、种族(stamm)、少数者之外,还论述了职能团体、阶级、政党、工会、自由结社等。比如,关于职能团体,他指出:"超越所谓创造在各个职能领域内部克服利害对立关系的手段,探求在经济体的、国家的共同善的框架内,作为以各自利益的均衡为目标的各职能部门合作的方向。"与此同时,他强调虽然职业是市场共同体的自然组织原理,但作为其自治的界限要与一般性利益相适应,国家也有必要对此加以考虑。

另外,政党担负着教育国民以负责任的态度积极参与国家共同体生活的主要使命,自由结社的活动也涉及慈善的、社会的、政治的、文学的、艺术的、伦理的、宗教的等人类文化活动的整个领域。

这些中间组织对于大的民主制国家来说,当然不总是限于积极的作用,也会出现压力集团歪曲政治,或是各团体之间"滚圆木"(logrolling),相互合作以扩大自己私利的现象。但是存在中间组织比起不存在的场合,的确更容易从"多数人的专横"及"市场的压力"中保护国民。即使有压力集团的过分行为,但只要比较

19

一下分散的个人与强有力的政府的明显差别,就会发现还是有中间组织比较好。

当然,凯恩斯所说的"准自生性组织"(semi-autonomous bodies)这一概念,其定义还有不明确的地方①。比如,"国营企业"作为一种形态是否包含在内? 凯恩斯举出了大学、英国银行、伦敦港湾局这些例子,但他为何对是否包含铁路公司踌躇不定呢? 还有,如果企业发展成为大规模企业的话,就会被社会化或带有相当于被社会化的特性(比如官僚化),但这就不能满足凯恩斯所说的"准自生性组织"的条件了,等等。

托克维尔提出更大的组织是宗教。他在这里虽然没有名言是基督教或是别的什么宗教,但认为只要没有灵魂不死或灵魂不灭的思想,那么,思考公共善在理论上来说是很难的。我认为这和康德在《实践理性批判》中所说的"神"是一样的。托克维尔得出的结论就是,如果不以这样的东西(宗教)为前提,就很难进行真正的公共善的讨论。

工会、经营者团体、各种职能团体、消费者团体等,发挥着将各个成员的利益转化为与公共性相调和的东西的功能,即使在市场经济中也是无法忽视的。比如说经营者团体。我们经济学者认为,经营者团体是追求利润最大化的人们组成的一种卡特尔。当然它在具有这样特性的同时,经营者团体也针对职业伦理制定规则,讨论环境问题的基准。也就是说,中间组织并非只考虑自己的利益,事实上它们自发地、相互地进行自我规制。这与国家单方面以自己的力量规定"职业伦理必须是这样的",其意义有很大区别。

① *Cairncross*[1986],pp. 65 - 66.

即使在这个意义上，NGO（非政府组织）、NPO（非营利组织）也发挥了很大作用。这样的中间组织今后在民主主义和市场经济中将起到极其重要的作用。其最大的原因就在于，将巨大化、复杂化的现代社会生活的整个领域，只划分为"private"和"public"两个方面恐怕是不够的。现在人们的社会生活中已经产生了既不是"private"也不是"public"或者说"private"和"public"都无法统制的局面，若把其作为"common"这样一个领域来对待的话，就有可能带来公共利益的增加。但是"common"这个概念既不是特别新的，也不是西方社会特有的。在日本也存在过入会地（入会地：设定入会权的山林原野或渔场）等，就是很好的例子。从这个意义上来说，强调中间组织的重要性或许可以说是向旧的世界观念的回归。

巨大化的人类社会的命运，从某种意义上说是由中间团体发挥作用的必要性所决定。之所以这么说，是因为人们的小集团既不仅仅是个人的利益，也不仅仅是整体的利益，而有着在照顾个人和整体双方的同时，而对小集团的利益加以调整的判断力。假如没有这样的判断力，就会单纯化为下面的议论：或者只有原子式的个人"竞争"，或者所谓"多数"的整体的代言人总是正确的。所以，这样的（关于小集团、中间组织）的议论，对"future generation"（将来世代）是极其重要的。

参 考 文 献

1. Blinder, Alan S. , *Central Banking in Theory and Practice*, The MIT Press, 1999.

2. Bok, Derek, *The Cost of Talents*, The Free Press, 1993.

3. Bowler, Peter J. , *Evolution: The History of an Idea*, Univ. of California

Press, Berkeley, 1984. [皮特·J. 鲍特:《进化思想的历史》(上、下), 铃木善次等译, 朝日新闻社, 1989 年]

4. Cairncross, Alec, *Economics and Economic Policy*, Basil Blackwell, 1986.

5. Callois, Roger, *Les Jeux et Les Hommes*, Gallimard, Paris, 1985, France. (日译见 R. 卡鲁瓦:《游戏与人类》, 清水几太郎、雾生和夫译, 岩波书店, 1970 年)

6. Ehrenberg, R. and Bognanno, M. L., "Do Tournament Have Incentive Effects?" *Journal of Political Economy*, 98 (December 1990), pp. 1307 −1324.

7. Haeckel, Thompson, Weismann and others, *Evolution in Modern Thought*, The Modern Library, 出版年份不详。

8. Hayek, F. A., "The Meaning of Competition", the Stafford Little Lecture delivered at Princeton University on May 20, 1946. (*in Individualism and Economic Order*, 1948)

9. Hayek, F. A., *Law, Legislation, and Liberty*, Vol. 1, Routledge & Kegan, 1973. Vol. 3, 1979.

10. Hobbes, T., *Leviathan or the Matter, Force and Power of a Commonwealth Ecclesiastical and Civil*, edited by M. Oakeshott, Basil Blackwell, Oxford, 1960.

11. Keynes, J. Maynard, *Essays in Persuation*, 1926. (日译见宫崎义一:《说得论集》,《凯恩斯全集》, 第 9 卷, 东洋经济新报社, 1981 年)

12. Marshall, Alfred, *Principles of Economics*, eighth edition (1920), Macmillan, London, 1964.

13. Messner, Johannes, *Das Naturrecht. Handbuch der Gesellshaftsethik, Staatsethik und Wirtschaftsethik*, 6. Aufl., 1966, Tyrolia Verlag. (麦思纳 (Johannes Messner)《自然法:社会·国家·经济的伦理》, 水波朗、栗城寿夫、

野辟武敏译,创文社,1995 年)

14. Schelling, Thomas C. , *Choice and Consequence*, Harvaid University Press,1984.

15. Tocqueville, Alexis de, *Democracy in America*, 2 Vols. , New York: Vintage (originally published by Alfred A. Knopf,Inc.) ,1945.

16. 猪木武德:《如何使野心与成熟并立》,《论争·东洋经济》1999 年 1 月。

17. 猪木武德:《关于法律职业的市场结构——专门职业的"内部化"的两种潮流》,《日本劳动协会杂志》1989 年 4 月。

18. 熊谷尚夫:《福利经济学的基础理论》,东洋经济新报社,(旧版) 1948 年、(增补版)1957 年。

19. 竹内洋:《立身出世主义——近代日本的浪漫与欲望》,NHK 图书馆,1997 年。

20. 罗森布鲁斯,R. 斯宾塞,W. 编:《中央研究所时代的终结》,西村吉雄译,日经 BP 社,1998 年。

围绕论题一的讨论

后藤玲子:我是研究数理经济学、普通哲学的,对刚才那样有意义的讨论非常羡慕、憧憬。在此基础上,为了明确提出"共通"这一概念的意义,我想提几个理论性的问题。

个人的选择(喜好),既不是像至今为止近代经济学所假定的那样固定性的东西,也不是完全自立性的东西,而具有动摇、不断发生变化的可能性。近代经济学者猪木先生以这样的考虑作为出发点,我认为是具有划时代意义的,是非常重要的。

那么,应该怎么来思考每个人选择的内容呢? 比如,有这样两种选择,即具有慎重的视野、在博学的基础上形成的选择和经验性

23

的、印象性的选择。在作出这样区别的基础上,我认为必须对个人选择的结构进行认真思考。

在思考共通或中间集团时,个人同时体验了共通的利益和个人的利益。两者通常是容易发生矛盾的,但中间集团很有可能相互掌握一些传统、文化、习惯、协定、各种经验性的规则。在这种意义上,个人的利益容易朝着共通的利益方向收敛。在猪木先生那里是否有这样的预测呢?

如果每个人不是只看到眼前的利益,而是更慎重地选择的话,会使自己的个人利益与共通的利益相一致吧! 但是我觉得,在着眼于"共通的"背景中,有着不是"必须使其一致"的"should be",而是自发地去做的期待。

另一方面,从赞成公私二分法的我的立场来说,不能把共通的思考方式或习惯的存在作为理论的前提进行讨论。个人的利益和公共善不容易一致。我认为讨论只能从这里出发。

我认为,比起"公共"来,"共通"确实有着更容易达成一致的优点。如果就球越大其不确定性越高而言,那么共通就是球变小,所以具有不确定性降低的优点。但是,在感觉到容易达成一致这一优点的同时也感觉到了它的缺点。

共通总是以共通的利益为媒介,容易与协调主义的问题相关联。与此相对应,公共善和个人利益很难在个人的自发性中达成一致。所以,个人在这里十分烦恼。我觉得,实际上这也是"自己是很难被公共善所吸收的"这样的对协调主义的对抗。在个人与公共这种二分法中,在个人中始终保持着这种紧张关系。我毋宁说在"难以达成一致"中感觉到了其优点。

这样的视点在思考中间集团之间的纠葛问题时尤其重要。超越作为慎重选择的扩张之共通利益的视点,所谓的正确选择是什么，我想会出现这样的在本质上有所不同的问题。

这时我个人觉得可以参考的是阿马蒂亚·森的观点。就是说，"个人"属于不同的、复数的共通集团和媒介集团。比如，"女性"、"国家"、"教授"等，属于具有不同目的的范畴，因而经常感到自我同一性分裂的危机。即使如此，个人也带着怎样形成自己自身的统一的问题而努力，把统合中间集团之间矛盾的问题作为正义的问题来接受并进行深入思考。我觉得在这里也许会有某种很大的启发。

猪木武德：关于"私"、"共通"、"公共"之间的关系，尤其是"共通"和"公共"的关系，像刚才后藤先生所说的这些方面，我没怎么考虑过。

你刚才提到了共通集团之间的紧张关系，共通集团之间会竞争，或者共通和公共之间也会竞争。在我看来，当然共通和公共都有统制机构，但公共有强制力，不能随便地说厌烦了就退出或加入。与此相对，共通则是出入自由，自己加入共通的团体，是自发性的。

第一点，首先怎样使共通集团之间的竞争关系，以及共通集团的利害关系向公共转移，或互不分离的方向调整呢？关于这一点虽然没有具体的形象，但是我认为刚才您说的存在"紧张关系"仅此一点就有一定意义。也有相似的团体复数地产生的场合吧！我想那样的话就会形成竞争性的关系。

以公共事业为例坦率来说，本以为对某地方有利的国家公共事业政策，并不一定服务于居住该地的人们的共通的利益，也不为他们带来利益。这时，如果有主张共通的利益的集团，就会将其作为地域共同体的发言明确提出。

不知道这样能否回答您的问题，在公共与私之间，由于一方中有政府的存在,拥有权力,所以基本上是强大的。但我是在这样的方向上设想的,即随着共通集团或组织介入其中,就会产生公共与私之间的紧张关系,也会产生共通集团间的竞争关系。

后藤玲子:为了使具体理论与社会形态相对应,我想这里还有一个问题必须考虑。现在我也不是很明确。我本人现在虽然属于一个"政府"组织,但在"公共"的场合却没有想到"政府"的必要。如果在"个人"中设想公共的判断或公共的观点,那么在个人中就会产生个人的选择与公共的判断之间的矛盾。

虽然"个人"充分认识到这一点,但也许有时会优先达成某种的一致,而抑制自己的私益或者个人利益。但是即使在那样的场合,也会在那里留下个人选择的观点,以便在下次修改公共规则的时候发挥作用。就这样,在自身中同时具有公共性判断的观点和个人性选择的观点而生存下去,我觉得这样人的形象是非常有趣的。

我认为前面的阿玛蒂亚·森的建议与猪木先生的话非常相近。当考虑地球环境等问题时,以自己的想象力水平能感受到多少共通的利益呢?这也许会成为问题。另外,对共通的关心,才能抽象出只有作为当事者的中间集团才能了解问题的严重性。

因此,如果引入个人的公共性判断与个人的选择之间的共通利益这一观点的话,那么关于问题的共通认识将会更加丰富。而且,个人选择的结构也会更加丰富吧!但是,我不知道把个人、公共以及共通的关系作为具体的社会组织,应该怎样来描绘它们的体系结构图。在此想向各位请教。

猪木武德:我想谈一点简短的感想。我们一般认为"政府"是公共服务的供给主体,尤其在经济学是这样的。这的确如此。但是,另一种"政府"的形象,是同时也拥有强制力的主体。征税是如此,实际上有关各种各样的问题,它都拥有更为隐蔽的力量。

作为个人所持有的前一种政府的形象,应该如何设计公共服务的供给系统呢?在这一点上,我非常理解后藤先生所说的……

山胁直司:我觉得"公共"的形象和定义,与以往公共哲学共同研究会的定义有所不同。金泰昌先生,您觉得呢?

金泰昌:我们公共哲学研究会倒是也没有什么公式性的定义,正因这样才有各种看法和想法,而且也应该如此。对于山胁先生的问题,我来谈谈我个人的意见或看法。

首先,我不采用后藤玲子先生那样的用二分法把"公"与"个"加以区分的方法,而是在存在的层次上,把在具体生活现场中的一个个的人作为"个"来把握的。并且我认为,作为这样的个所采取的生活、价值和姿态的方向中存在着"公"与"私"。因为虽然"个"在公私未分、公私混融、公私共存的状态下生活着,但现实中,人会根据时间和空间的不同,有意识或无意识地沿着"公"或"私"的方向,选择和作出自己的判断、决定及责任。

其次,我想说的是"公"和"私"并不是作为确定的实体概念,而是作为互为前提的关系概念来理解的。其是在具体的状况中加以判断的,而不是绝对不变的外在的东西。对于国内其他的个人和团体来说,国家是更大的、更具包括性的、作为高层次的领域、判断基准、目标的"公"。但在整个世界中,从世界这一层次来看的时候,它又作为一个"私"而被相对化了。

当然从现状来看,作为日本一般的、从来的常识,没有设想过超越国家的"公",但是历史上也记载着像横井小楠那样的人,在幕府末期就已经设想过与"公"不同层次的"公共",有着超越国界的视点。横井小楠批判了国家吸收一切、独占一切的"公",认为那只不过是"地方割据"的国家利己主义,是"一国之私"。

27

因此,刚才后藤先生的议论是基于"公"对"个"这种二项对立的公私理解基础上提出的,但如果在每个人的具体生活现场,对作为与"公"和"私"相关的各种问题当中必须选择判断、决定和责任的"个",从三个层次相关性视角来进行思考的话,相信会有新的认识。

关于猪木先生的"公共"、"私"、"共通"的见解,我也认为"公"与"私"之间有一媒介项会更加拓展开放的思维和议论的内容,而且提出过"公"、"共"、"私"三个层次相互联系的公私观。但是对于猪木先生的观点,有值得大家一起重新探讨的地方。

第一,"共通"一词一般来说强调共同的要素的倾向更强。因此经常会出现后藤先生所说的强制协调性问题。把达成一致作为前提或目标来设定,给予过分的强调,难以形成多样的立场。我通过重新研读中国古典,发现"共"可以分为共同和共和,我们不应从共同(英语的共通与之相近),而应从共和(和,如出自《论语》的"和而不同"那样,不是以同而是以相互的不同 = 差异为基本条件而成立的关系)的角度来把握。

因此,我们应该试着有效地利用汉字文化圈的思想、文化资源来拓展思考的空间。在此我想强调的是,我所说的共和与从西方政治思想输入并使用的共和主义、共和国这些概念无关。

第二,"公共"与"公"是有区别的。现今,尤其是在日本的言论空间中,"公"通常被理解为与国家、政治、官有着密切关系,所以把这作为一个意义空间来把握,而在与之的关系中把"私"理解为另一个意义空间。但是,在"公"和"私"之间存在着相互媒介的别的独立意义空间——"公共"。即把重点放在"共"的部分。那么为什么不称做"共"而称做"公共"呢? 因为与"包围"之意的"私"相对,汉字的"公"具有"分开"的意思,所以想强调不是把

"共的层次"纳入和封闭到"同"中,而是朝着"和"的方向开放。在我看来,英语和法语中的公共一词的内涵也随历史不断变化,最近它的意思几乎与国家、政府、官无关了,至少在作名词来使用的时候是这样。

另外,关于各种自发性中间集团的定位问题,我认为它们是位于"公"(国家、政治、官)与"私"(企业、市场、以营利为目的的组织、团体)之间的,在对"公"和"私"起媒介作用的意义上,是"公共"空间里的活动体。在现实生活中虽然有很多"公"与"私"性质的事物,但至少作为理念型我是这样看的。所以,我想试着用公共的自发性中间集团或公共的自发性媒介集团的概念来思考。

这样一来,刚才在猪木先生和后藤先生的讨论中出现的私的选择与公的判断之间的矛盾问题就可以解决了。各个具体的生活者(个)根据时间、场合自主地或随机地参加多种公共的自发性中间、媒介组织,通过在这些组织中的经验、反复试验、学习,就有可能发生从只考虑"为了自己"(私)的立场向考虑"为了国家、大家"(公),或"为了互惠互利"(公共)的立场的转变。因此,我认为公共空间是体验和学习公共性,在成功与失败的反复中实践公共性的场所。

我与猪木先生意见不同的地方,是与强制力的定位有关的。我认为强制力或权力及其基本逻辑是"公"的世界的基本逻辑。"私"的世界的基本逻辑是权利(利益)。"公共"的世界的基本逻辑是活私开公的媒介,即在不牺牲不否定"私"的前提下,在开放"公"(一直以来的公与汉字本来的意思相反,将一切封锁、独占和特权化了)的方向上提高人们的生活质量,致力于保护与改善环境。前面提到过,"互惠互利"称之为"公共"。所谓"相互",是把人(在个人→市民→国民→地球市民这种复合的、发展的意义上

29

来把握)与环境(不仅从国家单位,还要从"地方化"和"全球化"的视点相互关联地把握自然环境和人文环境,在此意义上强调"全球区域化"的观点),从承担国家及其存在、功能、作用的所有组织、团体、机关之间的相互生成关系中去理解和把握。当然,这并非固定化的定义,只是为了认识上的便利暂时整理成"公"是"为了国家的","私"是"为了自己的","公共"是"互惠互利的",我们应该流动性地、相互关联地即能动地来思考三者的关系。

猪木武德:所谓"媒介",是什么意思?

金泰昌:指的是联系、结合、有效地发挥"公"与"私"。既不是为"公"牺牲"私",也不是为"私"否定"公",是在"公"与"私"之间取得平衡。

猪木武德:用我的话说,就是不一致场合的"调整功能"。我认为没有什么不同。

金泰昌:您认为调整功能是由"公"来担当吗?

猪木武德:当然不是。是共通,是中间组织,而不是政府。

金泰昌:那么,先生是说"共通"来调整 public 的"公"和 private 的"私"?

猪木武德:是的。

金泰昌:我想再次确认一下,"调整""国家"这个"公"与"个人"这个"私"的是共通,这样理解对吗?

猪木武德:在这里,也可以把(公共)不叫做"国家",而叫做"全体"。也可以说是全体的利益。

金泰昌:这里又是我与猪木先生不同的地方。猪木先生似乎把"国家"等同于"全体"。这恐怕是黑格尔式的见解。如果把国家和全体——按我的叫法就是"大家"——等同了的话,就会发生以下问题。其一,在"为了大家"的名义下无视个人的尊严与权利,且被当做美事正当化。其二,从更高层次的视角——比如世界或人类的立场——来看时,国家只能理解为一个部分。并且在现实生活中,"为了大家"(公)很多时候被作为动员的逻辑来使用。[与此相比可以说"为了互惠互利"(公共)是参加的逻辑。]"大家"并不仅仅用于国家这个"公",就是在公司追求"私"的利润活动中,也都在同一名分下被用来动员国民及公司成员。可以想象有很多"为了国家"和"为了大家"并不一致的例子。从这里可以认识到,有必要把"公共"作为与"公"不同的层次来思考。因为我想即使为了减少把国家绝对化的危险和负担,这也是重要的。

猪木武德:对此我完全不排除。即如果以二分法来看,比如饭店的房间会写上"私",那是在"不可入内"意义上的私,在此之外就是公共的空间这样的意思。因此,我未必像"公共 = 国家"、"个人 = 私人"那样使用,完全是交叉地来使用的。

金泰昌:好的,明白了。

猪木武德:事实上有很多中间性的灰色地带。这些灰色地带承担了一定的作用功能,这就是"调整"的意思。

金泰昌:还有,最近几乎所有电视节目都以恢复景气为题讨论经济问题,压倒性的话题是国家或政府的处方以及企业。一边说个人消费的降温是最大的问题,但却基本听不到作为消费者的一个个市民的声音。人的问题没有成为议题。我想听听猪木先生所说的自发性中间团体的经济作用,与日本经济的活性化有什么关联。

另一个经常谈到的话题是,企业今后在这样激烈的竞争中将如何取胜,为了培养创业者的欲望之规制如何废除,这样的议论相当流行。日本社会整体正在逐步向以金钱为中心价值的社会发展。并不是说这样就不好,而是更应该考虑到社会的多元性,如也有很多人是不以金钱为中心价值的。

作为消费者的人一方面是"私"的个人的存在,但同时还有另一个作为市民的存在,这就是"公共"性的人的存在。而且可以说"公"的人就是国民。把这样的复合的人的形象放在心中来进行关于经济问题的议论,难道不是很有必要吗?

猪木武德:这是个大问题,请允许我一个个地简单回答。不管是财政或其他的问题,是存在中间集团总强调自己的主张的一面,但是事情的交涉不得不采取这种方式。只能以最终落实到哪种状况下为好来加以判断。自己想要得到某种东西时,如果出现了很多竞争者就会"越想得到"吧。在怎样对之进行调整的过程中最终会落实在某处。如果所有人都很绅士,不去争抢的话,在最终落实下来的时候大家分摊,将其加起来结果就马上出来了。但是一般交涉不会以这种方式进行。虽然说大家都趋向于金钱主义,但如果社会上没有这样一部分金钱主义者的话,资本主义就无从发展。

金泰昌:我认为金钱至上和金钱罪恶都是不可取的。我想说的是,对实现人的多样的生活价值来说,可能的多元性是重要的。由于您在论题的最后部分强调了"自发性中间组织的作用",所以我想讨论一下从期待国家包办一切的依存体制中自立的姿态,以及从对企业的依存——企业怎么也会给予帮助的心理——(虽然这也与每个人的无力感有关)中脱离出来的必要性。您在论题的开始部分谈到了自发性中间组织的作用,我是接着这个谈的。因为我也有自己对后企业经济社会的展望。

猪木武德:各个有着共通利益关系的组织主张自己的利益,促进它的实现,在某种意义上来说是理所当然的。但是,有多少资源也是个问题。另外,当其选择侵犯到其他组织的自由时应如何调整呢？也就是说不只是金钱的、经济的问题，某个组织作出某种选择时，会发生与其他组织的选择自由相抵触的情况。所以，无论是从经济的意义上来说，还是从保护自由的意义上来说，调整都是必要的。

但在调整之前，各个有着共通利益关系的组织主张自己的利益本身，我认为没有什么不好。如果非常贤明地照顾到公共利益整体来进行调整的话，不是什么坏事。不是采用暴力或制造骚乱的做法，而是互相交流信息，最终通过调整、交涉达成可能的解决。

金泰昌：这是由"国家"来做的吗？

猪木武德：关系到国家的时候国家就必须做吧。如果是有着共通利益的中间组织，那么就由中间组织来做。但是最终需要一个调整利害关系的裁定者。我想那种场合还是国家出面的时候比较多。

金泰昌：我可能有点啰嗦，但是如果按照现在您所说的意思，那么我刚才所讲的媒介："公"和"私"的"公共"这一媒介，与您所说的调整是不同的。因为您的"调整"最终是由国家进行，而我的视点是放在一个个市民的立场上的。所以，重点是放在如何从国家和市场单方面的力量中中立，使自己的经济活动在谋取自己利益（私）的同时，向着互惠（公共）的方向展开，进而符合大家的利益（公）。即市民活动在"公"（全体＝国家＝大家）和"私"（自身＝亲属＝封闭性共同体）之间起着媒介作用，在这里发生的对立和矛盾最终由国家进行调整是别的层次的问题。

小林正弥：由于我觉得正好与现在的问题相关，请允许我提个问题。猪木先生的议论尽管属于经济学，但对政治学者来说也容易明白，非常感谢（笑）。

如果从政治思想史、社会思想史的观点来看您刚才所说的话，

33

马上让人联想到是托克维尔与黑格尔的关系。对"新古典理论的界限"及"对其应该怎么办"等前半部分的问题意识,我完全赞成。但是,对于"为什么金泰昌先生会提出刚才的问题",我想可能是如下的原因。在您讲的最后的地方,在"中间集团"中心的意义上,托克维尔式的"国家"没怎么出现。然而在此之前,在谈到杰出人物的问题以及专家集团的作用时,说过"有时比起'政治'、'官'更有必要",我想恐怕金泰昌先生正是针对这部分提出疑问的吧。

在黑格尔的法(义)哲学中,可以看到从伦理观念出发批判"市民社会"的市场经济。而且,在"市民社会"中还提出职业团体问题,这在某种意义上是二次性的中间集团。由于在这里会出现共通利益的问题,所以可以考虑以职业团体为媒介对共通利益加以调整。矛盾的调整问题,在黑格尔看来最终是由国家来解决的。即黑格尔的思想框架是,"先有职业团体这样的二次性集团,最后由国家解决"。黑格尔在国家乃至官僚中寻求普遍性利益的体现(者),我认为在这里存在黑格尔式的公共观念。

在考虑公共、共通的问题时,另一方面还有卢梭的例子。在卢梭那里,因以各个主体的道德性为前提,由"国民"决定一般意愿的构成。与黑格尔不同的是,由于假定了主体的道德性,所以就不是由"官",而是由"政治"来解决。

这两者的分歧,是个相当大的问题。应该怎样思考作为一般市场经济的承担者,即各个消费者、企业家的伦理性和道德性的问题呢?在我看来,如果以新古典理论的市场形象为前提,将不可避免地出现各种消极的问题,因此就不得不像黑格尔所说的那样,最后采取国家解决的办法。我认为,在这个意义上,作为相关关系,"如果市场中缺乏道德性,最后就需要权力性"。作为现实性的判断,我认为现状亦是如此。所以我与猪木先生的结论有相当接近之处。

只是,作为理想论或规范论来考虑时,必须提高各个现实的人或是参加到市场中的各个主体的伦理性、道德性。这样的话,作为其结果也会带来政治素质的提高,可以谈论"政治家也变好了,不再依赖官僚"。因此,我认为"各个主体的道德性问题与权力性的必然性、必要性问题是相关的"。

在这个研究会上,我就同样的问题请教过宇泽弘文先生(参照第9卷《地球环境与公共性》)。我担心:"由于不介入现在的市场经济主体的伦理性和道德性问题而试图以其他方式解决,所以最后就不得不依赖'国家'。"在这样的意义上,如果不寻求市场本身的伦理性的提高(按照我们的说法就是"友爱经济"),问题就无法解决。我们一直在讨论"市场本身不就可以是公共吗"的问题,由于我觉得金(泰昌)先生提问的背后有着这样的问题意识,所以就这点提问一下。

猪木武德:跳过您前半部分所说的"相近"的部分,我想来谈谈最后的伦理性的问题。我认为伦理性与国家权力到底处于什么关系是个大问题。直接的例子,就是"国家进行道德教育"。

比如,将不正直的人驱逐出市场。这样,市场本身具有淘汰的机制。实际上,市场中存在着道德的基础设施,因而市场机构本身也拥有相当程度的区分道德的能力,只是不够完备。我想民主主义也是一样。一般来说,人们不会再次选举做了极其荒唐的事的人。但是也有像希特勒这样的例子。当选的人未必就是第一,连第二也算不上的也不少。

因此,无论是民主政治还是市场经济,其本身都在一定程度上拥有区分伦理性的能力。我认为尤其是对刚才不曾提到的新伦理

35

问题,拥有超群的能力。但也不是 100% ,因为其仍是有缺陷的,如何来修正其缺陷是难题中的难题。

我想说的一点是,因为市场本身有一定的游戏规则,如果违反了这一规则就会被剥夺参加的资格。我认为市场本身既不是非道德的,也不是非社会的。

八木纪一郎:我想再议论议论所谓"中间组织的组织原理"。因为,说其位于个人和国家之间当然是那样,但企业又是什么呢?如果说企业也是中间组织,那么先前进行的议论又能否成立呢?即中间组织是以怎样的形式来组织的问题。在中间组织中,有一种决定性的、权威性的、白纸黑字的、类似认证机关的形式来代替个人的意志决定,也有呈金字塔型排列权限的命令型结构。企业中包含了相当多的这种因素。那么什么样的中间组织是适合于"共通"的,什么样的又是不适合的呢?我想应与组织原理论的方向相联系来加以讨论。

猪木武德:这一点很重要。我实际上认为这是一个结构性问题,到底由谁来进行判断呢,以后想就这样的关系论进行议论。

至于"企业"怎么样的问题,按照凯恩斯等的理论,有着官僚性要素的大企业是半自治性的自发性中间组织。小企业则不是,因为其没有被社会化,所以不行。

金泰昌:包括八木先生提出的问题,一般来说,在国家与个人这样的两项对立性问题设定当中,在企业的认识论定位问题上引起了各种混乱,所以我认为有必要将它转化为国家—市场—市民(生活者)这样的三个层次的相关关系。这样一来,企业的定位与作用问题也会出现下面的情况。即如果其与国家成为一体,就可以在从来的"公"的位置上发挥"公"的作用;如果只着眼于它作为市场的主角,一心追求扩大利润的一面,那么它就是在"私"的位置上承担"私"的作用。另外,在开展自愿者活动的场合,还能具有在我所说的意义上的"公共"的位置和功能。所以,我不认为如果把企业当做中间组织来把握,先前的讨论就不成立了。只是我对"公共"、"私"、"共通"的逻辑仍有疑问。

薮野祐三:我从政治学的角度来谈谈。在谈论"公共"与"主权"时,出现了很大的歪曲。国民主权与国家主权,即主权的担当者是国家还是国民呢?在说"公共"时,我们(政治学者)认为"公共即民众",然而公共马上飞向了"国家"。所以我们在使用"公共"一词时很是为难。

猪木先生是经济学者。不管"公共"一词如何定义,是把市场作为一个"公共"来考虑的。在今天的论题中多次暗示,市场所具有的公共在选择时发生摩擦。市场对于预定的竞争,短期性的竞争原理起着很大作用,或者因此引发了不当竞争,如奥运会上使用兴奋剂。竞争引起的视野短期化是个问题。

那么,由防止视野短期化而使作为公共的市场的恢复成为可能,与"共通"又是什么样的关系呢?这一点我不太明白。

猪木武德:我从后面开始说。比如视野短期化。如果经济人聚集到一起组成团体时,就会形成自我规制,新的信息也会流入。而且,不是眼前的,而是着眼于更长远的目标战胜他人,这样的同业者伙伴之间的对话比起个人来说,一般的倾向是更为中、长期性的。至于"共通"会在市场中起什么样的作用,将把刚才所说的放在心里来加以考虑。

关于前面讲到的国家主权还是国民主权,我认为国民是构成国家的一个主体,所以在讨论国家主权在何处时提出了国民主权。这是外行人的理解,不知道对不对?

薮野祐三:那样理解也可以。公共虽然是我们的,但这个概念

37

经常被歪曲而滑向政府。公共这个概念有两层含义,有时候使用表层含义,有时使用深层含义。我觉得是一个具有很容易被歪曲的危险性的概念。所以,把市场说成公共时……

猪木武德:但是,市场本来源自于广场,即古希腊公共广场、古罗马集会广场,所以其含义是人们聚集到一起,明白以怎样的明确价格进行交易。这成为一种共通的知识。虽然是否可以将其称做公共知识是另一回事,但在公共领域中是这么做的。所以我认为作为市场自身的本来性质,已经具有了"共通"的性质。

金泰昌:关于市场能否成为公共空间这一问题,在以"社会科学与公共性"为主题的第二次共同研究会上进行了十分深入的讨论(参照第 2 卷《公与私的社会科学》),但经济学者全持否定意见。理由是市场中的经济行为是私人性的。所以在国家(政府)这一"公"的空间与市场这一"私"的空间中,需要一个在中间(虽然是象征性的说法)起媒介作用的其他的(自立的)公共空间,这是我的一贯主张。这种空间,就是能开展各种市民活动——是自发性的、自立性的、非营利性的、非政府的集体活动——的公私媒介的空间。

小林傅司:想直截了当地提问,所谓"专家",是否按猪木先生的话说是"共通",或按金泰昌先生的话说是能发挥"公共"的作用的集团?

即在最初的"视野短期化"的发言中,您确实是说过研究者自身现在也在那样的结构中发生作用。但是,在谈到专家集团的作用时,您好像说过要把一种如少数决定的重要性那样的东西,作为拥有专业知识的非常重要的侧面。这样的话,像引起视野短期化的专家集团的、少数决定的信赖度那样的东西,实际上已经成了问题。我想现今正是这样的时代。

比如中间集团的场合,就连企业的经营者,也在讨论商业伦理等。这是一个有工程师就会出现"工学伦理"的时代。与此相比,科学家的伦理则几乎没人议论,或议论的内容非常贫乏。在这种意义上,在不把经济学者的伦理和影响政策制定的人们的责任作为问题的前提下,强调专家集团的议论与强调共通那样的东西的议论,到底是怎样的关系呢?

猪木武德:这就提到了有关经济学者的水平问题。我也是经济学者,但我认为有对体系进行评价那样的结构。就像最初成立的专家集团于 1997 年所面对的政策失败那样,提出建议的专家的学识、知识就受到了质疑。最大的问题,是我们的记忆太短暂。谁经过了怎样的政治历程,做了什么发言,这在议会会被公开。比如,关于财政结构改革法,大阪大学的小野善康说了些什么,京都大学的吉田和男说了些什么,大家都知道。

虽然有着对被评价被选拔的事物本身进行再次评价的体系,但是没有被彻底使用。这就是记忆非常短暂的悲惨事实,是个很大的问题。

小林傅司:我还有个问题,就是共通的调整功能与专家集团是怎样的关系。所谓专业知识,是某种基于专业性的少数决定的结构,那么其与以多种意见的形式来决定的多数决定的原理是怎样的关系呢?

猪木武德:这个我也回答不了,但我作为简单的例子经常考虑的是医生。医生汇集了医学的专业知识,如病的名字是这个,只有这种治疗方法……

小林傅司:如医生向患者进行说明,征得同意那样的吗?

猪木武德:是的,也包括这个。或只有这种治疗方法,或虽然有这种治疗方法但不能采用等,各种信息就会汇集而来。因此,在

39

刚才我的议论中重要的是,并非只有医生才拥有最后的决定权。从医生那儿得到信息之后,病人亲属和患者本人(如果有意识的话),从各种方案中进行选择的结构是必要的。但是,不能因此无视医生的知识进行选择。因此,是"更加灵活利用"的意思。找没有这样的专业知识的(一般的)人来商谈治疗方法,只能说是错上加错。我觉得医生的例子是比较浅显易懂的具体例子。

小林傅司:我觉得往回退一步更好。说明基本问题状况的是专家,由这样的专家开出处方笺让患者选择,这样的议论好吗? 与此相反,各种"共通"以更为"公共"的形式进行问题状况的设定,再由"专家"对其进行会诊,我觉得这样将顺序颠倒一下更好。

猪木武德:明白了。只是专家在提供信息,进行选择时,必须要有重点。

岩崎辉行:对猪木先生的结论我深有同感,但也许有点偏离刚才的议论,现在想提个问题。

这就是关于"竞争"的含义。我想这里所说的竞争,恐怕应该理解为市场中的竞争。在市场中的竞争有效的前提,也许是新技术出现的时候。

举个电视机的例子,原先用真空管来制造的电视机,现在用半导体来制造。这样的话,比起用半导体制造电视机来,用真空管制造电视机所使用的劳动和零部件都不一样。必须是由完全不同的技术人员来生产完全不同的零部件。那么,如何选择这样的组合呢? 我想就有赖于市场中的竞争。即在新技术产生时,市场的竞争是非常有效的。

但是,如果新技术逐渐衰退时,市场的竞争又会怎样呢? 反过来说,市场的目的自身又会发生什么样的变化呢? 也就说,竞争所意味的东西发生变化了。

与此相关,刚才所议论的"共通的调整"在怎样的场所进行呢?我想其中之一仍是"市场"。通过共通进行的调整,在这里市场的作用又具有什么意义呢?我想问这两个问题。

猪木武德:第一点,按我们的理解,如果没有新的变化就称之为静止的社会,在这种场合"竞争"没有意义。在所有人都知道接下来要发生什么,只是不断重复的世界中不需要竞争。然而实际上并不是这样的,我们甚至不具有能预知几分钟后的状况的能力。因此,这样的世界是不存在的。您刚才提问的意思如果是所谓静止社会的意思的话,经常有人提出"在中世纪的、静止的世界",但那是一种理想化的表现,我认为这种表现本身没什么意义。

岩崎辉行:我再问一个相关的问题,就是"市场"的交易本身不会消失吗?

猪木武德:我想那样的话可能就不叫"市场"了。因为所有的事物都没有变化,什么也不会发生,并且所有的人都知道将来的一切。这真是个无法想象的世界,这时候应该不叫做市场吧!

岩崎辉行:例如农业社会,技术的确没有变化,但存在着交易。

猪木武德:在农业领域也有天气的变化等。比如应该往仓库里储存多少,存在很多这样的经济性选择。就像我刚才回答过的那样,这是作为理论性的东西,在现实中是不存在的。恰如人们的生存,并不是静态的重复一样。

岩崎辉行:当然不是那样的,人们必须生活。

猪木武德:在这个意义上,我们的观点是一致的。第二点,共通成员之间的调整不叫做市场。

岩崎辉行:调整不应该通过市场进行,是这样吗?

猪木武德:当然把握市场动向的状况是必要的,但是我认为调整本身一般不称为市场机制。

41

后藤玲子：关于这点，我想再谈一谈。刚才猪木先生所说的话中我觉得有意思的，是您说在"共通"的概念中重要的是"出入自由"。如果从我个人的观点来看，就自己所属的复数的中间组织中的某一中间组织而言，如果认为以前共有的目的、利益不再有意义时，就可以从那里退出来，在这里形成竞争。因为那样的话，就会在中间组织自身为了吸引人员加入，而探索共通的目的和利益的过程中形成竞争。

猪木武德：谈到对中间组织的共通本身的财政基础进行定义，为了生存下去需要怎样的条件，那就正如您所说的那样，这当中也

存在竞争。

论题 二

从社会选择的观点看"公""私"问题

铃村兴太郎

我想先讲三个开场白再进入正题。第一,对于经济学的分析方法,我希望更为严谨一些。对于我们来说,瓦尔拉斯是有着重大意义的经济学者之一,他曾经说过:"我只承认经济学中的两个学派,一个是证明自己的主张的学派,另一个是不证明自己的主张的学派。"经济学为了证明其主张,具备相当的逻辑构成。当分析的结论不够妥当或是有错误的时候,经过分析其缺陷、修正以前的方法论这样一个过程,经济学的理论框架结构逐渐精密化了。经济学是这样一种学问领域,我想基于经济学的这种性格来提出这次的论题。

正因为如此,作为经济学者在面对"公""私"问题时,也首先要考虑社会选择理论这一标准范式会给这个问题带来什么样的观点,通过对这些观点的妥当性的讨论,再反过来批判性地构成标准范式。我想采用这样的顺序。社会选择的理论是跨学科的研究领域,这一领域的专家们的学问背景有经济学、政治学、哲学、逻辑学、社会学等,实在是多种多样。作为以经济学为背景,专攻这一领域的研究者,我想以下述论点为中心提出这个论题,即社会选择理论是用何种方法研究"公""私"问题的? 这一理论对"公""私"

43

问题给出的主要观点是什么？在这个理论的什么地方存在着作为方法论的问题点？作为研究"公""私"问题的方法论有必要使这一理论朝着哪个方向充实？

第二，与围绕"公""私"问题的理论和现实之间的连接装置有关。虽然这次我的论题中直接言及日本经济的不多，但我自身作为社会选择理论的专门研究者，在专心从事理论性工作的同时，一直十分关心日本的产业政策、竞争政策、通商政策。关于日本的产业政策与竞争政策完成了大规模的研究课题，也曾共同编辑出版过《日本的产业政策》、《日本的竞争政策》等研究书籍。关于通商政策，在过去的十年中与产业结构审议会的 WTO 部，从事过编写关于日本贸易对象国的贸易政策、措施的"公正性"的报告书。实际上，我提出的社会选择理论的新范式，是在理解产业政策、竞争政策、通商政策的课题与功能的基础上，对标准范式能否成为正确的框架进行了个人反思，为了开拓与以往有所不同的理论性展望而开发的。关于这一点，在论题的最后就"公平竞争的义务与公平游戏的设计"进行议论时，想更为具体地谈一谈。

第三，是与下述问题密切相关的论点，即在与竞争性市场机制的关联上可以使"规则"和"结果"相互对照。"规则"与"结果"相分离的方法论是传统经济学的主流，这一点不可否认。而且，传统经济学从"结果"的善恶追溯来评价"规则"的善恶，在这个意义上又归依于"结果主义"的思考方法。不仅如此，在评价"结果"的善恶时，对用于评价的信息加以过滤，只以人们从"结果"中会得到怎样的"满足"或"效用"这样限定的信息为基础加以判断，在这个意义上又归入了"福利主义"的观点。我的论题的主旨之一是，"福利主义"的观点当然不用说，就连"结果主义"的观点，作为有意义的社会选择理论的信息基础，也存在过于狭隘的危险。

开场白就讲这些,首先简单来说明一下由肯奈斯·阿罗创立的社会选择理论,然后从把握这一理论对"公""私"问题提出的观点出发来讨论。

1. 福利经济学与社会选择理论

在经济学的固守范围内,只有与经济政策或是经济体系应有方式的社会评价直接相关的研究领域,才是标榜经济政策论的基础理论的福利经济学。给这一领域以名称,作出了里程碑式贡献的是阿瑟·庇古的《福利经济学》。但不幸的是,与庇古的响亮的创业宣言"锻造改善人类生活的工具"同时开始的该领域的研究,几乎在新的理论建设工作开始的同时,也开始了对其基础的破坏工作。

庇古继承了边沁、约翰·斯图亚特·密尔、弗朗西斯的功利主义传统,依据专从经济政策的"结果"所带来的个人"效用"的社会"总和"中,来寻求比较代替性经济政策优劣的判断基准的立场。被称为"旧"福利经济学的庇古理论的功利主义判断基准——"最大多数的最大幸福",在本质上明显依存于个人间是可以比较的、基数的效用概念。正因为如此,由于莱昂尼尔·罗宾斯(1932)指出了这种效用概念完全没有客观、科学的根据,完全暴露了其信息基础的脆弱性,使得庇古的"旧"福利经济学几乎遭受到了毁灭性的打击。但是,这非常清楚地表明了建立代替受到重创的"旧"福利经济学的功利主义基础的新理论基础的必要性,在这个意义上也可以说,罗宾斯的批判具有非常积极的意义。

回应时代的这种要求,于1930—1940年形成了经济政策的理论基础,这就是拥有以尼古拉斯、约翰·黑克斯、蒂博尔·西托夫

斯基、艾布拉姆·伯格森、保罗·萨缪尔森为代表性理论家的
"新"福利经济学。如果大胆地舍弃细节上的差别，可以说"新"福
利经济学的观点中，基本性的支柱有三个。

第一个支柱，是代替功利主义的信息基础，把帕累托早先开发
出来的序数的、个人间不可比较的效用概念作为新的信息基础，由
此构成了能从正面回应罗宾斯的批判的理论。在这一理论中发挥
着中枢作用的社会判断基准，正是在现代福利经济中也获得了不
可侵犯地位的"帕累托原理"。

第二个支柱，是"新"福利经济学从"旧"福利经济学中继承过
来的"福利主义的结果主义"。尽管放弃了效用概念的基数性与
个人间的可比较性，但仍然通过序数的效用这一过滤来判断经济
政策、经济体制的善恶，所以在依存于"结果"的善恶的意义上，
"新"福利经济学正与"旧"福利经济学站在同一立场上。

第三个支柱，是把福利经济学的伦理侧面与科学的、技术的侧
面相分离的思想，直到"新"福利经济学才第一次被正统化。在以
作为社会改革思想的功利主义为依据的"旧"福利经济学中，福利
经济学的伦理侧面与科学的、技术的侧面是一种不离不即的关系。
与此相对，放弃了效用概念的基数性与个人可比较性的"新"福利
经济学，同时也将福利经济学的伦理性侧面放逐到了经济学的外
部，自己认为应把其任务限于完成科学的、技术的经济分析，并把
这一本质性的立场正统化了。象征这一思想的概念，正是由伯格
森最先引进，萨缪尔森为其细致化及普及作出巨大贡献的"社会
福利函数"。

所谓社会福利函数，无非是指以构成社会的人们从政策的
"结果"中所享受到的序数性"效用"作为信息的基础，来记述比
较、评价代替性经济政策优劣的社会基准——社会"价值"——的

函数。伯格森和萨缪尔森主张,对于经济学家来说,社会"价值"是从外部给予的补助变数,其自身的分析不是他们固有的任务,他们的任务只限于为了合理地追求被给予的社会"价值",制定适当的经济政策大纲。

关于探究社会福利函数的起源以及该函数所表现的社会"价值"的形成方法的意义,在伯格森和萨缪尔森之间有着认识上的微妙差别。在伯格森看来,以福利经济学为前提的社会"价值",与被作为分析对象的、在经济社会中居统治地位的社会"价值"应该是整合的,发现居统治地位的社会"价值"的过程及规则的研究,可以作为经济学的正统的分析课题。与此相对,萨缪尔森则是将社会"价值"问题彻底逐出了经济学领域。在他看来,社会福利函数具体化的社会"价值",只要在逻辑上是整合的就可以是任意的,而社会"价值"的起源和形成过程,并不是经济学家本来应该关心的问题。不管怎样来评价两者在这一点上的微妙差别,但可以肯定的是,对社会"价值"的形成过程的理论分析,因伯格森和萨缪尔森而完全被等闲视之。

2. 公共"善"的形成与合理的社会选择: 阿罗的理论体系

伯格森和萨缪尔森对社会"价值"或公共"善"的起源、内容、形成漠不关心。将其作为理论研究的对象最初给以精密的定式化,一举创建了研究"公""私"问题的标准范式,因而作出划时代贡献的正是阿罗的里程碑式著作《社会选择与个人价值》(初版1951年,增补版1963年)。这无疑是社会选择理论的最大经典。

在阿罗看来,如果经济学家将社会"价值"或公共"善"的问题放逐到经济学的外部,放弃去判断什么对社会来说是"善"的话,那么对伯格森—萨缪尔森的社会福利函数所表示的社会"价值"进行分析是否有意义的判断,就成了向经济学家提示其社会"价值",要求设计经济政策一方的问题——如果使用非常不负责任的表现的话,那是"政治"问题。

然而,接受经济政策正面或负面效果的,实际上是生活在社会中的全体成员。对于他们来说,如果不把有意义的社会"价值"或公共"善"作为前提,又如何能够制定有意义的经济政策大纲呢?可以说,这就是阿罗的问题意识。阿罗认为,把现实中在社会内部受经济政策影响的每个人对社会状态所表明的主观评价收集起来,分析社会"价值"或公共"善"的形成过程及规则,不仅在理论上饶有兴趣,而且必须是标榜经济政策基础理论的福利经济学的不可或缺的一部分。这就是社会选择理论的出发点。

阿罗使用了三个基础概念,使收集个人评价、分析社会"价值"、公共"善"的形成过程及规则定式化。第一个基础概念是"社会评价形成规则",在形式上是收集表现个人评价的个人偏好次序,来形成表现社会"价值"或公共"善"的社会偏好次序的函数。阿罗将这种函数称为社会福利函数,因此导致了与伯格森—萨缪尔森的社会福利函数在概念上的混乱,播下了今天无益争论的种子。在这里为了避免不必要的混乱,将阿罗的社会福利函数称为"社会评价形成规则"。先不管名称的选择,阿罗构成该基础概念,对其进行形式上的把握这一思考方式,在《社会选择与个人价值》的下面一节中进行了鲜明的论述。

　　　　某一组固定的社会选项的相对序列,通常至少会因为一部分人的评价变化而随之发生变化。假设无论个人评价如何变化社会序列仍然保持不变,那就支持了像柏拉图式实在论那样的传统社会哲学,归结到独立于个人愿望而被定义的、客观的公共"善"是存在的这一假设中了。虽然不断听到把握这一公共"善"的最好方法是哲学探究的主张,但是这样的哲学——不管是宗教的还是世俗的——总是容易被利用来将精英阶层的统治正当化,实际上其一直也都在被利用……

对于现代有唯名论气质的人来说,所谓柏拉图式公共"善"是实际存在的假设没有意义。边沁及其追随者们的功利主义哲学与之不同,尝试着证明使公共"善"依据于人们的个人的"善"。进而,与功利主义哲学相结合的快乐主义心理学,被利用来使各个人的"善"与其"欲望"同等对待。这样一来,公共"善"在某种意义上就成了人们的"欲望"的合成物。这种观点,对政治的民主主义和自由放任主义的经济学——至少包含消费者自由选择财富和劳动者自由选择职业的经济体系——双方来说,作为正当化的根据发挥着其作用。就是在本书(《社会选择与个人价值》)中,快乐主义哲学也在个人的行动是由个人的偏好次序来表现的这一假设中,发现了其具体的表现。

阿罗使用的第二个基础概念,是"伯格森—萨缪尔森的社会评价顺序"——阿罗的社会评价形成规则,是作为个人评价顺序的统计结果而形成的社会评价顺序。表现在形式上,阿罗的社会评价形成规则的定义域是全体个人评价顺序的集合,其值域是全体社会评价顺序的集合。

阿罗的理论框架的第三个基础概念是"社会选择规则"。就像阿罗著作的标题——《社会选择与个人价值》——所显示的那

49

样,社会选择理论的课题是恰当地考虑被定义为各种社会选项的集合的个人评价,从各种社会选项机会的集合中社会性地选择某一选项。但是,如果与个人评价顺序相对应的伯格森—萨缪尔森的社会评价顺序能形成的话,在各种社会选项的机会集合中,按照伯格森—萨缪尔森的社会评价顺序社会性地选择了最好的选项,就能构成非常自然的社会选择规则。阿罗实际定型化了的社会选择理论,正是将这一剧本实际上演的东西。

使用了这些基础概念而构成的阿罗的社会选择理论,以与完全市场竞争中消费者的合理选择理论完全平行的形式,描写了合理的社会选择理论的大纲,即:在社会选项机会集合中进行的社会选择背后,存在着为这一选择提供理论依据的伯格森—萨缪尔森的社会评价顺序。在这个意义上,阿罗构想的社会选择理论是合理的社会选择理论。如果社会按照阿罗的大纲进行选择的话,在机会集合的制约条件下能够实现公共"善"的最大化。

3. 对阿罗社会合理性的批判:詹姆斯·布坎南

阿罗作为树立定式化的、冲击性的"一般不可能定理"的旗帜,大量地使用了社会选择理论的框架。对此,自《社会选择与个人价值》出版之初,就受到了来自"新"福利经济学家和公共选择学派的激烈批判。尤其是阿罗在社会"选择"的背后,设想了社会"价值"及公共"善"的最佳化,针对他的社会合理性的要求,公共选择学派的统帅詹姆斯·布坎南对此提出了以下批判:

> 导入社会合理性这一概念本身,就暗示了在阿罗的社会选择的定式化中包含了基本的哲学问题。作为社会集团的属

性要求合理性和非合理性，意味着把与构成该集团的每个人相分离的有机存在意义，赋予给了团体。……当我们站在只有个人拥有目的与价值这一个人主义的哲学立场上时，就没有提出社会合理性和集体合理性问题的余地。坦率地说，社会的价值评价等是不存在的。或者，如果我们在某种意义上采取社会有机体说的哲学立场，认为集团是拥有其固有价值顺序的独立存在，那么检验这种存在的合理性或非合理性的唯一正统的方法，只能是推敲（超越个人评价的）社会价值顺序。

布坎南批判的要点很简单。因为合理性是个人固有的属性，只要我们是站在个人主义的基础上来考察社会选择问题，那么被讨论的只能是构成社会的诸个人的合理性。阿罗的理论框架一方面在个人评价谋求立足点，同时对社会要求合理性，这是把只对个人具有妥当性的合理性概念，不适当地移植到了社会——可以把布坎南的批判归结到这一主张上。

作为对这一批判的回应，阿罗在理解了社会选择理论的特点的基础上，提出了一种十分令人玩味的观点。他认为，民主主义经常发生功能障碍，其中最严重的功能障碍是民主主义的麻痹现象——本不应由民主决定的一些无谓之事，由于民主的意志决定过程的功能障碍，使其无法进行社会意志决定而陷入麻痹状态。如果想避免这种麻痹现象而设计民主的意志决定过程的话，我们就不得不把社会选择建立在合理性的基础上，以社会"价值"或公共"善"的存在为前提。

为了理解阿罗这一回应的含义和意义，有必要先举个民主主义麻痹现象的典型例子，来看一下被称为"投票悖论"或"孔多塞悖论"①的现象。假设,由 1、2、3 三个人构成社会,面临从三个选项 x、y、z 中选择一个决定为"民主的"问题。按照阿罗的社会选择理论的框架,这一社会选择的信息基础,是社会构成成员所表明的个人偏好顺序。具体来看,三个人的偏好顺序为

　　　1:x、y、z　　　　2:y、z、x　　　　3:z、x、y

这种表示方法,意味着按个人 1 的评价选项 x 为最善,选项 y 为次善,选择 z 为最恶。个人 2、个人 3 的偏好评价的意义,也同样可以这么来理解。那么,民主主义的社会选择这种表达的含义是有问题的,在这里,想把简单地单纯多数投票决定,暂且理解为民主主义的社会决定。如果拿刚才的具体例子来说,在 x、y 两个选项中进行简单多数投票的话,因为个人 1 和个人 3 比起 y 来更支持 x,所以由简单多数来决定的社会排序,就判定为比起 y 来 x 更符合社会的愿望。按照同样的推理,可以判定 y 比 z、z 比 x 更符合社会的愿望。这时,无论把 3 个选项中的哪一个作为社会选择,都会有另一个更符合社会愿望的选项存在,正是因为把尊重多数人的意见看做民主主义的意志决定,才会发生民主主义的麻痹现象。

这个例子所表明的民主主义麻痹现象,是由简单多数投票形成的社会选项排序,不能满足"推移性"这种逻辑的整合性公理所引起的。阿罗在他的社会选择规则背后设定了社会"价值"或公共"善"的最佳化,并且体现社会"价值"或公共"善"的社会评价

---

　　① 18 世纪法国思想家孔多塞提出的著名的"投票悖论":假设甲乙丙三人,面对 ABC 三个备选方案。由于甲乙都认为 B 好于 C,根据少数服从多数原则,社会也应认为 B 好于 C;同样乙丙都认为 C 好于 A,社会也应认为 C 好于 A。所以社会认为 B 好于 A。但是,甲丙都认为 A 好于 B,所以出现矛盾。投票悖论反映了直观上良好的民主机制潜在的不协调。

顺序导入了"顺序"公理——同时要求对于任何两个选项都可以比较两者的社会优劣的"完备性",和承担着阻止民主主义麻痹现象的"推移性"的公理——的根据就在这里。对于布坎南批判的反驳,阿罗作了如下的归纳:

> 对社会选择机制所提出的集团合理性要求,并不是只将对个人来说是妥当的合理性要求不适当地移植到社会,而是为了民主主义体系能够充分适应变化的环境,作为必要的、真正重要的属性而被导入的。

4. 阿罗的一般不可能性定理

但是,即使以这种论述方法能打破布坎南围绕社会选择问题定式化的批判,阿罗所构想的社会选择机制的设计可能性,也根本不能由此得到保障。因为就像阿罗自身所表示的那样,对民主地形成能够使社会选择合理化的社会"价值"或公共"善"的可能性,还存在着极大的险峻的逻辑上的障碍。一举论证了这一事实的令人惊叹的成果,正是阿罗的一般不可能性定理。

阿罗在《社会选择与个人价值》中,对社会评价形成规则提出作为公理的四个要求时,论证了全部满足这些公理的规则在逻辑上是不存在的。阿罗提出的第一个要求,是在对社会评价形成规则的定义域不给以任何限制——个人偏好顺序只要在逻辑上是可能的,也可以是任意的东西——的意义上,寻求规则的普遍适用可能性。阿罗提出的第二个要求,是寻求处于"新"福利经济学根基的"帕累托原理"的社会尊重。更具体来说,寻求社会成员一致表

53

明的偏好评价,即便是根据规则形成的伯格森—萨缪尔森的社会评价顺序也应该受到尊重。阿罗提出的第三个要求是,要对某组社会选项形成社会选择评价,只要获得对该组的个人偏好评价的信息就足够了——因而,没有必要得到有关该组之外的选项在各个人的偏好评价中所占位置的追加信息——在这一条件下,可以叫做规则的"信息的效率性"。阿罗提出的第四个要求是,由于某个特定个人的偏好必然决定社会的评价,从这个意义上来说,要求不存在拥有独裁权的个人。阿罗寻求社会评价形成规则的"定义域的广泛性"、"遵守帕累托原理"、"信息的效率性"、"非独裁性"的要求,虽然个别来看很难找到反驳的余地,内容也具有很强的说服力,但全部满足这些要求的规则,在逻辑上实际是不可能存在的。

阿罗的一般不可能定理,有时表现为刚才所举的投票的悖论或孔多塞悖论的一般化。这一表现不仅容易引起误解,而且在阿罗的定理是在什么意义上的一般不可能定理这一点上,也存在着传达错误的危险性。因此,为了明确阿罗定理的特点,想假设只包含两个人和三个选项 x、y、z 的最小单位的社会,来简洁地阐述这个定理的含义。为了使问题更简单化,假设两个人绝不可能对选择表示出无差别的评价,这样的话,显然对这三个选项 x、y、z 在逻辑上可能的偏好评价只有如下六种:

　　　a:x、y、z　b:x、z、y　c:y、x、z　d:y、z、x　e:z、x、y　f:z、y、x

由于两个人可以从这 6 个偏好评价中任意选择——阿罗的"定义域的广泛性"的要求——所以在这个社会中可能实现的个人偏好评价的总数为 6×6 = 36 种。因为社会评价形成规则是针对这 36 种的每一种,使 6 种社会偏好评价的某一个与其对应的过程或规则,所以即便在最小单位的社会中,先验的可能构想的社会评价形成规则的总数也存在着 6 的 36 次方。这简直是个天文数字,简单多数投票规则等具体的社会评价形成规则的例子,只不过是其中之一例。阿罗并不是采用一一讨论具体规则,来确认其合格性的各个击破的手法,而是在经济学的历史上第一次运用通过导入具有合格规则特征的公理群,将所有可能的规则一起放在讨论的舞台上的方法论。事实上,正因为逻辑可能的规则总数太庞大,就算想要采用各个击破的方法也完全没有采用的可能,这也是明白无误的事实。阿罗的一般不可能定理,通过证明满足刚才所举出的四个要求的规则绝对不可能存在于 6 的 36 次方的规则中,对"新"福利经济学的构想提出了深刻的难题。这一定理的含义与意义,应该说与投票悖论处于根本无法比较的层次。

5. 个人"自由"的社会尊重与公共"善"的有效达成可能性

对阿罗的一般不可能定理提出的问题,有两个处理办法。第一个处理方法,是在基本承认阿罗的社会选择问题定式化的基础上,重新探讨他所提出的公理群的含义与意义,摸索消除公理间逻辑对立关系的调整方法。可以说,由阿罗触发而诞生的有关社会选择理论的庞大研究中的大部分,都是沿着这条路线进行的。第二个处理方法,是将阿罗的定式化本身作为问题,就应该委于公共意志决定的问题领域与应该委于个人的自律、责任选择的问题领域,摸索新的理论构想的方法。后面我们会沿着这第二条路线提倡关于公共"善"形成方法的代替性构想,在这之前我想先谈另一个问题,这是从"公""私"问题的观点重新探讨阿罗的社会选择理论时不可回避的。这个问题就是鲜明地指出了个人"自由"与公

55

共"善"的有效达成可能性之间的紧张关系,在学术界掀起轩然大波的阿玛蒂亚·森的"帕累托派自由主义的不可能性"定理。

作为议论的一个契机,我想介绍一下阿罗当初发表他的一般不可能定理时的插曲。在诺贝尔经济学奖获得者、计量经济学家劳伦斯·克莱因担任主席的计量经济学协会上,阿罗发表他的定理时,加拿大政治学家大卫·莱特以在阿罗的公理群中作为社会选择的基本价值并不包含个人"自由"的社会尊重为理由,提出强烈的异议并愤然离席,在走廊大喊克莱因和阿罗是共产党人。从形式上来说,如果在阿罗的不能两立公理群中追加个人"自由"的社会尊重的话,则扩大了的公理群只会更加深化矛盾的程度。在这个意义上,莱特的批判有些偏离主题,但是在莱特的批判过了20年之后的1970年发表的阿玛蒂亚·森的古典论文"*The Impossibility of a Paretian Liberal*"(《帕累托自由的不可能》),其在社会选择理论概念的框架中,正确地表述了给个人"自由"以社会尊重这一价值,开辟了探讨与其他社会价值进行逻辑整合的可能性。

森提出的问题,是同时满足社会尊重个人的最小限度的"自由"这一自由主义的要求,以及被看做是民主主义的最小限度要求的"帕累托原理"的"社会选择规则"是否存在着问题——自由主义与民主主义的连接装置的存在问题。在阿罗展开他的社会选择理论时所用的三个基础概念——"社会评价形成规则"、"伯格森—萨缪尔森社会评价顺序"、"社会选择规则"——当中,森绕过了前两个基本概念,直接进入"社会选择规则"的存在可能性问题。伯格森—萨缪尔森的社会评价顺序是通过社会评价形成规则而形成的,想把社会选择规则合理化的阿罗的社会合理性要求则是依据社会评价顺序的,而森并不依赖阿罗的社会合理性要求,因此从某种意义上说,他的研究比起阿罗的研究更为直接地逼近社会选择本身的问题点。

森导人的所谓个人"自由"的社会尊重的公理,要求某组社会选项只在特定个人的私人关心事——他的私人日记的内容、他的卧室墙壁的颜色、他的信仰内容等——相异的场合,从包含他在两者中进行选择的选项的机会集合到社会进行选择的部分集合,绝不包含他所忌讳的选项。与此相对,作为对"社会选择规则"直接提出的要求而表现的"帕累托原理",则要求在对某组社会选项的个人偏好评价全部一致,比起一方的选项来更偏好另一方的选项时,从包含全员一致选择的选项的机会集合到社会选择的部分集合,绝不包含全部所忌讳的选项。这些要求可以视为将自由主义和民主主义的最小限度的要求分别具体化,但同时满足两者的"社会选择规则"在逻辑上是不存在的——这是森的"帕累托派自由主义的不可能"定理。

从问题的定式化方式可以一目了然地看到,森的不可能性定理与阿罗的社会合理性要求完全无关。不仅如此,就连在阿罗的定理中所有论证阶段都成为逻辑推动力的"信息的效率性"要求,在构成森的定理的公理群中也没有出现。另外,与阿罗的定理相比较,森的定理的结构远为单纯,其论证近乎毫无价值那样简单。但是,森的不可能性定理越是简单,事实上消解其不可能性的线索就越少。比如,森的个人"自由"的社会尊重这一公理的定式化方法,受到了各种各样的批判。然而,森提出的"自由"与"效率"的冲突这一基本的两难推理,却超越了个人"自由"的社会尊重这一公理的定式化方法的差异,作为思考如何将应委于个人自律的领域与应委于在社会一致的前提下追求效率的领域相结合这一"公""私"问题的基本范式,依然作为值得挑战的问题屹立在我们面前。

57

6. 结果主义观点与非结果主义观点

如第一节所述,"新"福利经济学观点的支柱之一,是通过序数效用这种过滤来判断经济政策和经济体系善恶的福利主义式结果主义。虽然"旧"福利经济学因为罗宾斯的批判遭受挫折,"新"福利经济学作为克服它的产物而登场,然而在这一点上,"新""旧"福利经济学之间没有任何差别。不仅如此,就连阿罗的社会选择理论,从作为"新"福利经济学的另一支柱的社会福利函数概念的批判性研究出发,最终达到了意味着对"新"福利经济学基础进行最深刻批判的一般不可能性定理,也依然是继承了福利主义的结果主义观点而构筑起来的。

追溯经济学的历史,可以发现传统经济学基本上是立足于结果主义的观点的,这几乎是明确无误的事实。阿罗在某个场合曾经这样说过:

> 经济政策也好,其他任何社会政策也好,对于构成社会和经济的多数且多样的人们而言,总会带来某种结果。先不论亚当·斯密之前的时代,在他的时代以后,事实上在所有的经济政策论中,关于代替性经济政策的判断应该基于对诸个人的政策结果来进行,被视为当然的事情。

在只从结果上谋求关于政策和体系之是非判断的信息基础这一意义上,结果主义确实是有着局限性的观点,但是完全否定把对人们的结果作为判断的信息基础一个支柱的观点也是一种极端的论调,想整合两者维持下去是根本不可能的。换言之,在判断经济政策和经济体系的善恶之际，不得不承认结果主义观点至少是重要的观测点之一。虽说在这点上已经少有异议，但关于是更加限定结果主义，拥护赋予以往几乎所有的规范（普通）经济学以特征的福利主义的结果主义呢，还是作为补充结果主义观点的观测点，通过重新导入非结果主义观点，使判断经济政策和经济体系善恶的信息基础更加充实呢？这在经济学家之间——甚至在社会选择理论的研究者之间——存在很大的争议与批判。

在第 5 节中曾提到过，作为阿罗和森的一般不可能性定理所提出的问题的处理方法，我们自身来重新构建阿罗—森的社会选择理论的框架，关于应委于公共意志决定的问题领域和应委于个人自律的、负责任的选择的问题领域，我想提出新的理论构想。在这个新的构想中，结果主义的观点与非结果主义的观点双方，作为判断经济政策和经济体系善恶的信息基础将发挥作用。基于这样的预见，想在本节中就大家不太熟悉的非结果主义观点的含义和意义，先进行一些考察。

提起"非"结果主义，总是容易给人一种否定结果的意义的重要性的印象。但是，我们提倡导入非结果主义观点的意图，并不是要完全拒绝结果主义的观点，确立取而代之的观点。我们的主张归根结底在于不仅是最终的结果，而且是要互补性地关注存在于结果背后的"选择机会"，或互补性地关注带来其结果的"选择程序"，这在对经济政策和经济体制的善恶进行综合性的社会判断时，具有不可或缺的重要性。

首先，当我们面临着选择的机会集合时，尽管我们实际上从其机会集合中选择了唯一的选项，但却获得包含未被选择的选项的机会集合的全貌的信息，从"评价"的观点来看其具有重要性，这种状况可以举出许多例子。森在其著作《福利的经济学——财富

59

与潜力》中举了这样一个例子:在饥馑到极点而无获得粮食的手段,没有选择的余地而结束生命的状况;虽然有可以维持生命的食物与水,但是为了鲜明地表达抗议压抑的政治体制的意志而断然绝食,选择有尊严的死的状况;尽管两者都是饿死的悲惨结局,但在社会上的评价——事实上在个人的评价也是——却有着很大的差别。依据只专注于结果的信息基础的分析,相当于自己放弃了准确捕捉这一重要差别、反映社会评价的渠道。另外,在实现最终结果的社会选择程序中,也存在很多超越作为带来有价值结果之工具的手段性价值,而要承认内在价值的状况。这种想法绝不是奇特或古怪的。比如,大经济学家熊彼特在他的著作《资本主义、社会主义、民主主义》中,写有如下的警句。

如果是有信念的社会主义者,也许从生存于社会主义社会这一事实本身,就能引发出内在的满足感。对他们来说,社会主义社会的面包,也许只因为其是社会主义社会的面包,就感到比资本主义社会的面包好吃——即便在那个面包里发现了老鼠。

这一点很重要,所以我想再举个例子。假设现在有位父亲要把蛋糕公平地分给3个孩子。第一种分配方法,是父亲亲自用刀将蛋糕切成三等分,再递给孩子们。第二种分配方法,是父亲把刀子交给孩子们,在讨论怎样分配才公平的基础上,让他们自己去切。这时,如果孩子们商量的结果最终还是将蛋糕分成三等分的话,那么对那些只专注结果的观察者来说,两种分配方法没有任何区别。然而,第一种分配方法完全否定了孩子们参与有关分配方法的决定权利,第二种分配方法则完全承认这种权利。忽视了这一重要差异的信息上的制约,从社会评价的观点看,难道不意味着这是个重要缺陷吗?

约翰·罗尔斯在其著作《正义论》中,指出了在考虑选择程序的重要性,重新探讨社会选择理论框架时不容忽视的概念区别。这即是"完全的程序正义"(perfect procedural justice)与"纯粹的程序正义"(pure procedural justice)的区别。

首先,所谓完全的程序正义,是指从在结果的空间里先验性定义的"结果道德律"(outcome morality)出发,即把按照道德律具备必然实现符合正义的结果功能的选择程序,看做符合正义的选择程序的观点。为了简明地概括这一观点的特征,使用"结果道德对程序正义的优先性"这一表现是合适的。因为按照这种观点被认为符合正义的选择,只能承认其作为实现有关结果的道德律的手段或工具的次要地位。与此相对,纯粹的程序正义论不把在结果的空间里的结果道德作为先验的前提。为了简洁地概括这种观点的特征,可以将完全的程序正义论的推理顺序根本颠倒,使用"程序正义对结果道德的优先性"这一表现是合适的。即遵循某种程序正义的条件,适用被社会选择的选择程序得到的结果,不管是否满足某种结果道德,也承认是独立的符合正义的结果。正是这样的观点,才是纯粹的程序正义论。

传统的福利经济学与社会选择理论的理论结构,是先验地在资源分配的结果的空间,导入"帕累托效率性"和"作为无羡慕状态的平衡性"等较容易形成社会一致的结果道德,按照是否具备可以实现作为前提的结果道德的性能,来判定以竞争价格机制为典型例子的社会选择程序的性能。从这个意义上可以说,传统的规范经济学是站在完全的程序正义论的立场上,来理解结果与过程之间的关系的。福利主义的结果主义,正是为建立在完全的程

61

序正义论观点上的理论结构提供了合适的信息基础。与此相对，建立在纯粹的程序正义论观点上的规范经济分析，可以说在传统的福利经济学与社会选择理论中是史无前例的。实际上，不得不说作为福利主义的结果主义这一传统福利经济学的信息基础，先验性地夺走了立足于纯粹的程序正义论观点之上进行经济分析的余地。

然而，纯粹的程序正义论的决定性特征，是程序正义对于结果道德的优先性。正因为如此，在定义符合正义的选择程序时，就不能沿袭从选择程序最终达成的结果的善恶，来判定其过程的善恶这样的逻辑顺序。为纯粹的程序正义论作出贡献的罗尔斯的正义论，之所以作为进行社会选择过程决定的虚构的契约"场所"，理论性地设定了被称为"原始状态"（original position）的抽象舞台，然后用阻止大量信息利用的厚重的"无知的幕布"包裹住这个契约"场所"，其原因就在这里。假如为了合理地判定适用社会决定程序的结果，人们掌握了必要的信息的话，他们就会为了使程序最终实现的社会状态符合自己的喜好，拥有战略性地操纵选择程序的社会决定步骤的诱因和机会。罗尔斯为体现原始状态特征而作为前提的无知的幕布，就像人们不是站在个人利益的观点上，而是站在非利己性的（impersonal）且不偏不倚地（impartial）来评价选择程序所具备的内在价值的观点上来参与社会决定那样，是一种把给人们赋予动机作为任务的理论性虚构。经常被非难为非现实的、空想的无知幕布所覆盖的原始状态这种契约的"场所"，应该理解为是人们表现共有公正规则选择契约的巧妙修辞。

那么，与归结平行，也考虑形成结果的选择程序的价值的分析框架，是如何构成的呢？思考这个问题的线索，可以在阿罗的《社会选择与个人价值》最后一章的如下一节中找到：

在定义社会状态的各种变数中,包含着社会进行选择程序本身。这个变数对于社会成员来说,在选择机制本身拥有价值时尤为重要。比如,某个个人以自由的市场机制为媒介实现了某种分配,与通过政府的配给实现了同样的分配相比较,可能是更为积极的选择。广义地来理解决定程序,在包含了所有的影响社会决定的社会心理学式环境时,与关于财富的分配的选择相比,广义的选择所具有的现实性与重要性是显而易见的。

为了有效利用阿罗的启示,将承认选择程序本身内在价值的观点正确地加以定型化,只要扩充社会状态的表述,追加社会选择程序的表述就可以了。在 x 为狭义的社会状态的表述,θ 为社会选择程序的表述时,那么(x,θ)这一顺序组合就叫做广义的社会状态,将其解释为"狭义的社会状态 x 由社会选择程序 θ 所达到的状态",就改变了以往的变数的解释。这时可以解释,将在扩张了的社会状态中定义的个人 i 的选择顺序作为 R(i)时,对于狭义的社会状态 x、y 与社会选择程序 θ、u 而言,两项关系(x,θ)R(i)(y,u)的成立,意味着"根据个人 i 的判断,以选择程序 θ 为媒介实现狭义的社会状态 x,与以选择程序 u 为媒介实现狭义的社会状态 y 相比,至少是同等理想的"。

不过,应该注意的是,像这样改变了社会状态的解释的场合,原封不动地机械地运用一直以来的社会选择的理论已是不可能的,对于被扩张了的社会状态选择的社会选择理论,有必要实施全新的建设作业。广义地改变社会状态的表述,在狭义的社会状态的表述中追加选择程序,这种想法的确巧妙非凡;但是想通过修改表述方法,把对选择程序及其机制的内在价值的考虑一举吸收到传统的社会选择理论当中,事实上那是不可能的。

为了清晰准确地理解这一事实,只要关注传统理论与新理论是如何表现实行可能性(feasibility)这一基本概念的就可以了。在传统理论中,实行可能性的概念十分简单,(狭义的)社会状态 x 实行可能的状况,是在社会选项的机会集合 A 被给予的场合 $x \in A$ 得到满足时,而且只限于这个时候。与此相对,为了表现新理论的实行可能性的概念,有必要明示选择程序的结构。为了使讨论简单化,以下我想采用以"游戏形式"(game form)来表现选择程序。某个社会 $N := \{1, 2, \cdots, n\}$ 的游戏形式这种表现,意味着顺序组合 $r := (M, g)$,$M := M(1) \times M(2) \times \cdots \times M(n)$ 而被使用。但是,$M(i)(i \in N)$ 是个人 i 的"战略集合"(strategy set),表示在各个人之间战略性相互关系中,他可以合法进行选择的战略可能性。g 在某种实现可能的归结的集合 s 与战略矢量 $m := (m(1)、m(2)、\cdots m(n))$ 被给予时,是对其指定某种归结 $g(m、s) \in S$ 的"结果函数"(outcome function),表示作为诸个人之间的战略相互作用的结果带来了怎样的社会结果。

现在,假设与狭义的社会状态相对的个人选择顺序的图表为 $Q(N) := (Q(1), Q(2), \cdots Q(n))$,游戏的均衡概念为 ε,如果将非合作游戏 $(r, Q(N))$ 的均衡矢量的集合用 $\varepsilon(r, Q(N))$ 来表示的话,那么很明显,某种广义的社会状态 (x, r) 的实行可能的场合,是在

$$x \in g(\varepsilon(r, Q(N)))$$

成立时,而且只能是在这个时候。这样,为了确认广义的社会状态的实行可能性,对于狭义社会状态的个人选择顺序表与非合作游戏的均衡概念就成为必要。这一点与传统理论有着决定性的不同。新酒仍需新瓶装。

7. 公共"善"的替代性研究：
社会选择理论的再构成

要想从公共"善"的社会形成过程或规则上理解阿罗—森的社会选择理论，就会浮现出怀疑他们定式化的几个理由。在是否要求基于伯格森—萨缪尔森的社会评价顺序的社会选择规则的合理化这一点上，阿罗与森的定式化的确是有差异的，但是在这里我想关注的是他们所共有的理论构想。

人们认为，若坦率地来看阿罗—森的理论构想，则它是在对于实现怎样的社会选择的机会集合，以及实现怎样的个人选择顺序表均无法判明而被封闭在"无知的幕布"中的情况下，暗中假定如果构成社会的成员对于社会评价形成规则或社会选择规则"事先"达成一致，"事后"判明个人选择顺序表和机会集合的话，那么，"事先"达成一致的规则就会按照机会集合的制约，默默地实行着"事后"选择的选项。尽管这是比喻性地来理解高度抽象化了的模型，然而难以认同这一公共"善"的形成过程构想的人绝不在少数。因为在这个构想中，应该委于个人的自律性、责任性选择的问题领域非常有限，除了在设计规则时表明成为其信息基础的个人选择顺序以外，在个人只认可"事后"谨慎地完成为公共所选择的社会选项。

我们所提倡的替代性理论构想，是把关于经济的、社会的制度框架的社会选择，与来自机会集合的归结的社会选择分割为两个阶段。第一个阶段，是对由游戏形式而定式化了的经济的、社会的制度性框架进行选择的社会程序的制定阶段。第二个阶段，是按照制定的社会选择程序来选择经济的社会的制度性框架即游戏形

65

式,人们在"事后"判明的个人选择顺序表中将其作为游戏、作为预演的结果,作为一个社会状态的归结而实现的实行阶段。

如果是熟悉游戏理论的读者,在听到这两个阶段的社会选择理论构想时,肯定会想起"部分游戏完全均衡"(subgame perfect equilibrium)这一概念。这个概念的要点,是现在做出某一决定时,要在完全掌握作为其结果即将来要发生的事态的基础上做出决定,以避免到将来的时候被迫推翻过去——第一阶段——的决定而谨慎行动——即完全预见将来而行动。全部正确地预料第一阶段"如此计划",第二阶段"如此实现",把握其因果关系;在第一阶段事先决定的话,在第二阶段就会有条不紊地实现所预料的事态。说起"完全"均衡,可能会有人认为在规范意义上其是"善"的均衡,但应该注意到这个概念中没有任何特殊的规范意义。而且我们所构想的社会选择理论的两个阶段,与部分游戏完全均衡的观点也完全无关。

与刚才所说的阿罗—森的构想一样,我们的理论构想也引用了罗尔斯的"无知的幕布"这一假说。即在决定社会归结的第二阶段,关于实现怎样的社会选项的机会集合,或实现怎样的个人选择顺序表,在制定社会选择程序的第一阶段,假定人们完全没有预知的手段。因此,不管在第二阶段进行怎样的游戏,就像都要事先正确地把握其均衡,从自身利益的观点出发选择有利的经济、社会制度的框架 = 游戏形式那样,要事先摘去在制定社会选择程序的第一阶段采取战略行动的诱因。正因为如此,在第一阶段进行社会选择时提供信息基础的个人选择顺序,就不是在归结的空间所定义的个人主观选择顺序或效用函数,而应认为是前一节中导入的考虑选择程序的内在价值、扩张了的选择顺序。统计这一扩张了的个人选择顺序表的社会选择程序,考虑有关选择程序的内在价值的个人评价情况,来决定选择经济、社会的制度性框架 = 游戏形式的社会选择程序。

在第二阶段,在无法预见经过游戏论的战略相互作用,作为"事后"结果被决定的社会状态下,依据有关选择程序的内在价值的个人评价,对经济、社会的制度框架进行"事先"选择的理论构想,与阿罗—森的社会选择理论形成了鲜明对比,毋宁说是与前节所说明的罗尔斯的纯粹的程序正义论较为接近的构想。虽然在此不得不避免进行详细的技术性说明,但是为了使大家弄清楚这一构想的理论展开轮廓,以下简略的概念性说明应该会起到某种作用。

假设 e 是表示"经济环境"(economic environment)的符号,E是表示可能的经济环境整体的集合符号。给予一个经济环境,意味着构成社会的人们的劳动能力、(主观性)选择、资源的初期保有量以及经济整体的生产技术,是特定为一定水平的。假设被给予一个经济环境 $e \in E$ 时,将把物理上可能实行的资源分配全体的集合写为 $Z(e)$。虽然经济环境是从社会的外部由"自然"所赋予的条件,不能由人的智慧来改变,但是应该注意到,将物理上可能实行的资源分配进行社会选择的规则——"资源分配规则"(resource allocation rule),却是可以由构成社会的人们的公共性选择来内部决定的变数。

这个分析的信息基础,是各个人 $i \in N$ 所表明的两种不同性质的选择顺序。第一种,是对替代性资源分配他所表明的"主观选择"(subjective preference)。在形式上,这个选择是由各个人 $i \in N$ 的消费可能集合所定义的选择顺序 $Q(i)$ 来表现的。第二种,是对资源分配及资源分配规则的顺序组合他所表示的"伦理性选择"(ethical preference)。与主观选择不同,正因为伦理选择提供了他

67

从"非个性的"(impersonal)的观点来评价社会选择程序的基础，所以如果经济环境和构成社会的人们的主观选择顺序表发生变化的话，伦理选择相应发生变化也是自然的。为了从形式上表明这种对应关系，以消费可能集合定义的主观选择顺序表的全体集合为 Σ 时，导入以直积集合 $E \times \Sigma$ 定义的各个人 $i \in N$ 的"社会福利函数"(social welfare function) $R(i)$。如果经济环境 $e \in E$ 与主观选择顺序表 $Q(N) := (Q(1), Q(2), \cdots, Q(n))$ 明确了的话，那么，i 对广义的社会状态表明的伦理社会选择顺序，就是由 $R(i)(e、Q(n))$ 给予的。

在这一理论中主观选择所起的作用，是与社会选择的资源分配规则——游戏形式——互相结合，对决定作为结果的资源分配的游戏加以定义，在其均衡中决定狭义的社会状态——资源分配。与此相对，伦理选择所起的作用，是把符合程序正义的资源分配规则作为进行社会选择时的信息基础。这一社会选择程序为了满足纯粹的程序正义的要求，对规则会带来的归结进行推理，就像利己的个人无法使规则设计事先发生偏离那样，有必要在规则的适用阶段设定"事后"明确的经济环境 $e \in E$ 和主观选择表 $Q(N) := (Q(1), Q(2), \cdots, Q(n))$ 尚不明确的契约的"场"，进行规则的社会选择。为了适应这一要求，我们有必要基于集合了社会成员所表明的伦理选择表 $R(N) := (R(1), R(2), \cdots R(n))$ 的社会决定过程 ϕ，考察与 $R(n)$ 相对应的社会的、社会福利函数 $R := \phi(R(N))$ 一举——即并非按照一个个的 $(e、Q(N))$ ——被选择的理论构想。

在被无知的幕布所包围着的假说性契约的"场"中，被选择的社会的、社会福利函数 $R := \phi(R(N))$，如果在规则的适用阶段判断明了经济环境与主观选择顺序表中的一组 $(e、Q(N))$，那么，将按照 R(e、Q(n))这一社会选择顺序,选定对社会最善的机制——游戏形式——r: = (M、g)。此时,在这个社会所接受的均衡概念为 ε 时,社会所实现的资源分配就是属于 g(ε(r、Q(N)))——这是 Z(e)的部分集合——的资源分配。

根据这一构想,社会选择的对象不是社会状态本身,而是资源分配规则。人们通过自律性进行这一规则所规定的游戏,决定最终的社会状态。我们的这一理论构想,是关于应委于社会决定的领域与应委于个人自律选择的领域的关联,从提供与阿罗—森理论不同的新展望的意图出发而构思的。通过具体地展开这一构想,对阿罗—森的社会选择理论所提出的民主主义的、信息节约的社会选择的理论可能性,与民主主义和自由主义的连接机制的理论可能性等难题,将会开拓怎样的新展望呢? 详细内容请参见与后藤玲子、吉原直毅两人所写的一些专门性研究论文。

8. 公平竞争的义务与公平游戏的设计

在前一节末尾我做了很多理论性的说明,并且运用了像无知的幕布这样非常抽象的理论性虚构来展开,因此可能有些读者会认为我们的理论构想几乎与现实的社会选择问题无关。然而,我们的替代性社会选择理论的构想,毋宁说是在与非常具体的问题的关联中,反省社会选择理论的辐射距离中构思出来的。最后,我想从两个具体的脉络来说明这一事实。第一个脉络是竞争法与竞争政策的问题,第二个脉络是围绕国际贸易原则与纷争处理机制的公平性问题。

竞争法是对市场经济中的竞争秩序具有根本性的重要规则体系,竞争政策在监视这一规则体系在市场竞争过程中被遵守的同时,还承担着揭发违反行为及负责纠正的任务。正因为竞争法是支撑竞争的市场机构圆满发挥其功能的基本法,很容易被认为有着与市场经济同样悠久的历史,然而与几乎和人类的历史同样悠久的市场经济的历史相比,竞争法与竞争政策的历史太短暂了。就算在竞争法的诞生地美国,竞争法与竞争政策也只有100年的历史,而在日本,则是在被占领的1947年才导入原始反垄断法,充其量只有50年的历史。在欧洲,竞争法与竞争政策的历史更短,法国制定竞争法不过是1956年的事,在意大利、荷兰以及由于社会主义经济体制的崩溃而慌忙开始整备市场竞争规则的东欧各国,最多只有10年左右的历史。并且,以竞争超越国境的状况为背景,现在很多机构都在讨论竞争法和竞争政策的国际整合的可能性,但这一要求与确定国际贸易框架的GATT/WTO协定的基本原则——"最惠国待遇"原则与"内国民待遇"原则——有着明显的性质上的不同。正因为如此,有关竞争规则的国际整合的根据与方法,并不存在符合国际协议的GATT/WTO协定的自然答案。这样看来,竞争法根本不是亘古不变的公平竞争规则的自然制度化,而是作为立足于竞争的实际情况和最新进展而有意识地设计的制度性框架,社会进行选择并慎重地采用的规则体系。社会在选择竞争规则时,由于在实际的竞争过程中,总是存在为了使规则对自己有利而战略性地操纵选择过程的诱因,因而确保规则的社会选择过程的公正性,显然对于被选择的竞争规则的制度稳定性,具有关乎生死的重要性。另外,一旦被采用的竞争规则成为市场中企业间竞争的游戏规则,由于该游戏的均衡,竞争的市场经济中的资源分配就会分权式地实现,这也是非常明显的。

弗雷德里奇·哈耶克曾经说过:"在向政府要求公共'善'的过程中,最重要的不是直接满足某种特定的需求,而是为了使个人的小集团能够相互满足各自的需求而提供合适的机会、整备各种条件。"我们所理解的竞争法和竞争政策,正是通过提供公平、自由的竞争环境这一公共"善",来公平、透明地保证各个经济单位自律地追求其目标的机会的制度与政策。这样,上面围绕竞争法的社会选择的说明,可以说是前一节中描述过的社会选择理论的新构想的一个具体例子。

作为我们论点的第二个例子,想把 GATT/WTO 体制下的多国间贸易体系作为一个经济游戏来考察。这个游戏的玩家是参加贸易协定的加盟国,游戏的规则是国家贸易和解决纠纷的 GATT/WTO 规则。与所有的游戏一样,这个游戏的规则也是在游戏开始之前基于玩家"事先"的协议而制定的,大家同意遵守。另外,与所有的游戏一样,在这个游戏的场合,作为按照规则进行国际间竞争——进行游戏——的结果,游戏玩家之间的胜负也是"事后"决定的。在这个阶段,关于游戏的"公正性",存在着两种不同的视点。

第一种是游戏开始前所议定的规则的遵守问题——"公平竞争的义务"——的视点。在此意义上的"公正性"的维持与厉行,是在同样的玩家之间将来也能够安定地重复进行游戏的必要条件。

第二种是游戏规则本身是否被"公正"地设计的视点。即使游戏开始之前关于规则已经达成了协议并同意遵守,但是由于关于规则的协议达成过程往往是在时间限制及信息不完全的情况下进行的,所以不能否定存在着规则本身的不完善在"事后"才被判明的可能性。因此,在对照游戏进行的结果来对规则提出异议时,不应该只固执于"公平竞争的义务"这一视点,采取对违反约定者进行责备的强硬态度,而应该对导致提出异议的缘由及游戏的结果客观地进行解析,建设性地处理纠纷。反馈对游戏结果的客观

71

分析,重新讨论规则制定的"公正性"这一工作,在不断监控游戏规则的公正设计,保证对体系的信任这一主旨上,对于 GATT/WTO 体制的稳定性有着不可或缺的意义。

为了继续深入探究这一点,我们来考察一下某玩家对游戏结果的不满而对规则提出异议的状况。现在假设这个玩家的失败起因于其自身的责任,其他玩家也并没有违反"事先"协定的规则而采取对这个玩家进行榨取的行动,这时,对规则提出的异议只不过是一种将自己失败的责任转嫁到游戏设计方法上的不公平行为,完全没有必要按照这一玩家的要求修改规则。与此相对,如果判明这个玩家失败的原因确实是由于其他玩家违反了规则,那么对提出的异议应理性对应,即对违反规则采取榨取行为的玩家课以罚款,对被榨取的玩家给予补偿。最后,如果这个玩家失败的原因不是源于其自身的责任,而是由于当初的规则中缺少对弱者应当给予的正当的照顾,那么就有正当的理由把这一事实当做教训,对规则进行修改,重新公平地设计游戏规则。

所谓 GATT/WTO 体制,是这样一种制度性框架,即它是基于"事先"的共识来设计国际贸易规则的体系,遵循其游戏的规则,在自由竞争的均衡中进行国际贸易;但当"事先"商定的规则作为公平游戏的制度性框架不能适当发挥功能时,可以重新对之进行协商和交涉。这样来理解的 GATT/WTO 体制,可以成为前一节讲述的社会选择理论新构想的第二个具体例子。

9. 作为不可能性定理向可能性定理转换的
转换机制之个人的功能

最后,关于在社会选择理论中,承担着表示"应当解答的问题"之所在这一功能的一般不可能性定理的解消方法,想谈点评论来结束这个论题。

在这个论题中,谈到了阿罗关于民主主义的、信息节约的社会评价形成规则的一般不可能性定理,以及森关于民主主义和自由主义连接机制的一般不可能性定理("帕累托派自由主义不可能性")。这两个不可能性定理在其他方面存在很多差异,但是在两个重要方面却是如出一辙。第一,两个定理都完全对称地对待社会构成成员,不以个人之间的任何个性差异为前提。第二,两个定理都没有从概念上区别社会成员自律形成的个人选择与他作为社会选择信息基础而要求考虑的选择喜好。我们在这里想指出的是,承认个人之间的差异性——体现在对社会选择"态度"上的每个人的个性——的存在,承认个人具有的事实上的选择喜好与他向社会公然表明的、在社会选择之际要求考虑的选择之间的区别,事实上这具有成为彻底消除不可能性定理的关键方法的可能性。

首先,在与森的不可能性定理的关联上将我们的论点具体化。假设我认为 A 系粉色领带是极其不好的嗜好。但是,毕竟关于领带的爱好是属于私人问题,即便我个人对 A 的嗜好抱有反感,但我完全不打算附和对他加以社会制裁以使他不再系粉色领带。因为人各有所好,我自认为自己是"自由主义的个人",到底无法做到抹杀人的个性。这种意义的"自由主义的个人",绝不是分裂症也不是非理性。那么,如果社会由相互尊重隐私权的"自由主义的个人"构成,对于设计民主主义和自由主义之间转换机制的可能性,我直觉上觉得是可以赞同的。实际上,这种直觉在严格意义上也是一种支持的可能,无论多么庞大的社会,只要存在一个"自由主义的个人",就能证明民主主义和自由主义之间转换机制的存在[Sen(1976);Suzumura(1978;1983)]。

73

其次,在与阿罗的不可能性定理的关联上我们要关注的事实是,在阿罗的体系中已经默默地假定了所有的个人都是"结果主义者"。因为所有人所表明的作为社会选择信息基础的个人选择喜好,是被假定为作为结果在可能实现的社会状态下被定义的评价顺序。现在,为了确认在这一点上个人的差异性,将个人评价顺序定义的对象扩大,来考察一下个人对社会状态 x 和社会选择的机会集合 S 的组合(x,S)的选择顺序。这个扩张的意思很简单:

$$(x,S)R(i)(y,T)$$

表示:如果根据个人 i 的判断,从机会集合 S 中选择选项 x,与从机会集合 T 中选择选项 y 相比,可以说至少是同等理想的。作为语言的正确定义问题,这个扩张使识别应被称做"结果主义者"的人和应被称做"非结果主义者"的人成为可能。即:

$$(x,\{x\})R(i)(y,\{y\}) \text{ if and only if}(x,S)R(i)(y,T)$$

不管 x、y、S、T 是什么都能成立的个人 I,就是"结果主义者":

$$(x,S)P(R(i))(x,\{x\})$$

至少相对于某一组 x、S 成立的个人就是"非结果主义者"。但是,S 是将 {x} 作为其部分集合而包含在内的机会集合,P(R(i)) 则是与 R(i) 相对应的具有强烈意义的选择关系。这样一来,考虑承认选择机会的内在性价值的"非结果主义者"的存在,重新考察阿罗的问题——民主主义的、信息节约的社会评价形成规则的形成可能性问题,实际上只要社会中哪怕只有一个"非结果主义者"存在,就可以证明在扩大的体制中阿罗的定理是不成立的[Suzumura and Xu(2000a;2000b)]。

最后,即使在我们在第 7 节中导入的社会选择理论的新体制中,也可以找出基本相同的信息。即在构成社会的个人中,只要至少存在一个在某种正确的意义上可以叫做"罗尔斯主义者"的人,

一般来说就可以证明体现纯粹程序正义的社会选择过程的存在
[Gotoh,Suzumura and Yoshihara（2000）]。

　　根据这些结论,消除社会选择理论所发现的各种悖论的一个
关键,是体现于对社会选择"态度"的人的个性。按照问题的思
路,被适当识别的个人的"态度",具有着承担作为将不可能性定
理转换为可能性定理的转换机制的功能的可能性。

参 考 文 献

1. Arrow,K. J.（1963）: *Social Choice and Individual Values*,New York:
Wiley,2nd ed.（《社会选择与个人评价》,长名宽明译,日本经济新闻社,
1997 年）

2. Bergson,A.（1938）: "A Reformulation of Certain Aspects of Welfare
Economics", *Quarterly Journal of Economics*,Vol. 52,pp. 310 - 334.

3. Buchanan,J. M.（1954）: "Social Choice, Democracy, and Free Mar-
kets", *Journal of Political Economy*,Vol. 62,pp. 114 - 123.

4. Gaertner,W. , P. K. Pattanaik and K. Suzumura（1992）: "Individual
Rights Revisited", *Economica*,Vol. 59,pp. 161 - 177.

5. Gotoh,R. , K. Suzumura and N. Yoshihara（2000）: "On Procedurally
Fair Allocation Rules in Economic Environments",Working Paper,Institute of
Economic Research,Hitotsubashi University.

6. Hayek,F. A.（1976）: *Law, Legislation and Liberty*,Vol. 2,The Mirage
of Social Justice,London: Routledge & Kegan Paul.（《法、立法与自由Ⅱ 社
会正义的幻想》,篠塚慎吾译,春秋社,1987 年）

7. Plott,C. R. （1973）: "Path Independence, Rationality, and Social
Choice", *Econometrica*,Vol. 41,pp. 1075 - 1091.

8. Rawls,J.（1971）: *A Theory of Justice*,Cambridge,Massachusetts: Har-
vard University Press.（《正义论》,矢岛均次监译,纪伊国屋书店,1979 年）

9. Samuelson, P. A. (1947): *Foundations of Economic Analysis*, Cambridge, Mass. : Harvard University Press, Enlarged 2nd ed. , 1983. (《经济分析的基础》,佐藤隆三译,劲草书房,1967 年)

10. Samuelson, P. A. (1967): " Arrow ' s Mathematical Politics ", in Hook, S. , ed. , *Human Values and Economic Policy*, New York : New York University Press, pp. 41 - 51.

11. Samuelson, P. A. (1981): " Bergsonian Welfare Economics ", in Rosefielde, S. , ed. , *Economic Welfare and the Economics of Soviet Socialism: Essays in Honor of Abram Bergson, Cambridge*, Mass. : Cambridge University Press, pp. 223 - 226.

12. Sen, A. K. (1970a): "The Impossibility of a Paretian Liberal", *Journal of Political Economy*, Vol. 78, pp. 152 - 157.

13. Sen, A. K. (1970b): *Collective Choice and Social Welfare*, San Francisco: Holden-Day. Republished, Amsterdam: North-Holland, 1979.

14. Sen, A. K. (1976): " Liberty, Unanimity and Rights ", *Economica*, Vol. 43, pp. 217 - 245.

15. Sen, A. K. (1992): "Minimal Liberty", *Economica*, Vol. 59, pp. 169 - 159.

16. Sen, A. K. (1995): "Rationality and Social Choice", *American Economic Review*, Vol. 85, pp. 1 - 24.

17. Sen, A. K. (1999): "The Possibility of Social Choice", *American Economic Review*, Vol. 89, pp. 349 - 378.

18. Suzumura, K. (1978): "On the Consistency of Libertarian Claims ", *Review of Economic Studies*, Vol. 45, pp. 329 - 342. "A Correction", *Review of Economic Studies*, Vol. 46, p. 743.

19. Suzumura, K. (1983): *Rational Choice, Collective Decisions, and Social Welfare*, New York: Cambridge University Press.

20. Suzumura, K. (1987): "Social Welfare Function", in Eatwell, J. , M. Milgate and P. Newman, eds. , *The New Palgrave*: *A Dictionary of Economics*, Vol. 4, London: Macmillan, pp. 418 – 420.

21. Suzumura, K. (1996): "Welfare, Rights, and Social Choice Procedure: A Perspective", *Analyse & Kritik*, Vol. 18, pp. 20 – 37.

22. Suzumura, K. (1999): "Consequences, Opportunities, and Procedures," *Social Choice and Welfare*, Vol. 16, pp. 17 – 40.

23. Suzumura, K. (2000): "Welfare Economics beyond Welfarist-Consequentialism", *Japanese Economic Review*, Vol. 51, pp. 1 – 32.

24. Suzumura, K. and Y. Xu (2000a): "Characterizations of Consequentialism and Non-Consequentialism", forthcoming in *Journal of Economic Theory*.

25. Suzumura, K. and Y. Xu (2000b): "Welfarist-Consequentialism, Similarity of Attitudes, and Arrow's General Impossibility Theorem", forthcoming in *Social Choice and Welfare* (Special Issue on Non-Welfaristic Issues in Normative Economics).

26. 后藤晃、铃村兴太郎(编)(1999):《日本的竞争政策》,东京大学出版会。

27. 铃村兴太郎(1998):《贸易政策·措施的"公平性"与 GATT/WTO 整合性》,《贸易与关税》,第78—88 页。

28. 铃村兴太郎(2000):《福利经济学的信息基础:福利主义的结果主义·机会的内在价值·过程的平衡性》,载冈田章、神谷和也、黑田昌裕、伴金美(编):《现代经济学潮流 2000》,第 3—42 页。

29. 铃村兴太郎、后藤玲子(2001):《阿玛蒂亚·森——经济学与伦理学》,实教出版。

77

围绕论题二的讨论

山胁直司:铃村先生提出的论题非常清晰明确、富于逻辑性,确实是哲学性的论题，几乎让人以为他是日本哲学会的会长，但铃村先生却是日本经济学会的会长（笑）。

这一论题十分精练，走在经济学的最尖端，并且对现实的经济政策有着极大的启发。下面就进入对这一论题的讨论。

长谷川晃：一直以来我有个疑问。在考虑这种"选择"问题时，我脑子里总会出现卢梭的"立法者"的问题。在卢梭看来，总是存在"volonté générale"（一般意志）与"多数人的意志"之间相背离的问题。他所说的"Législateur"（立法者），在一定意义上是非常不可思议的存在。

卢梭思考的"Législateur"，归根结底对那个社会来说是外在的人。在形成那个社会的"一般意志"时，在某种程度上是如同放一把火、然后消失在某处这样一种类型的存在。但是反过来从社会的角度来看，它却成为在"一般意志"这种普遍且强烈的意义上把"多数人的意志"提升为公共意志时的必要条件。问题是对这种存在（卢梭的"立法者"），在理论上应给予怎样的位置呢？

在我所理解的范围内，对铃村先生的论题提个问题：您在论题的最后所说的如果"仅仅一个罗尔斯主义者"或仅仅一个具有自由、个性的人存在这样的条件，与"一般意志"有重合的地方吗？假如是那样的话就具有非常独特的意义。也就是说，如果社会中存在那样的人，对于社会的决定程序而言，就能够在其机制中追求普遍性；或者说能够追求强烈意义上的公共性。我们不是可以将这种相当强烈的要求寄托于非归结主义者吗？这样来把握怎么样？

另外，与此相关，在罗尔斯那里，作为在独特位置上进行选择时非常重要的条件，存在着铃村先生所说的"无知的幕布"（veil of ignorance）成为表现型，在更为根本的地方出现的"正的形式条件"（the formal condition of the right），其要求普遍性、一般性、终极性等各种各样的东西。按我的理解，这在罗尔斯自身中，可能具有与卢梭的"立法者"、铃村先生所说的在社会中发挥一定作用的个人相似的理论上的功能。

如果在铃村先生的议论中，除去类似于罗尔斯的"正的形式条件"的话，那么对自由主义的个人，或是"仅仅一个个人"的要求会更为强烈吧！或许可以说只要求体现真理的人。这样一来，就与"民主主义"相当对立。这方面您是怎么考虑的呢？

铃村兴太郎：关于您提问的第一点，不管是在森的脉络中所说的"自由主义的个人"，在阿罗的脉络中所说的"非结果主义者"，还是最后在我们的理论脉络中所说的"罗尔斯主义者"，这些人对于社会来说都不是外在的存在。实际存在于社会机制中的个人当中，只要有一个人采取这样的态度就可以消除各种悖论，这是我们的可能性定理。这个人不是站在社会外部的"立法者"的位置上，从火星上眺望和评价社会机制。在实际参加游戏的玩家当中，只要有一个人采取这种态度就可以，这才是实际的定理的内容。

关于您提问的第二点，是与罗尔斯的"正的形式条件"相关联的，我也想说明一下。刚才在提到"罗尔斯主义者哪怕只有一个……"时，对罗尔斯主义者是个怎样性格的人，必须从公理性上赋予其特征。我们所说的罗尔斯主义者，是指在将罗尔斯的"正的形式条件"公理化时，全部体现这些公理的个人。公理化的形式条件有三个，实际上只要每个公理在社会上有一个个人体现它，可能性定理就可以成立，因此在这种意义上，罗尔斯主义者的存在对定理来说虽然是充分条件，但绝不是必要条件。

金泰昌：我想从经济学专业范围之外的立场，来谈论铃村先生所讲的内容。为此作为例子，如果您能谈谈对这次（布什与戈尔

79

之争)美国总统选举结果确定之前的来龙去脉是怎么考虑的,我想可能会更具专业领域的横断性或是对话共振性,总之是跨领域的。

从今天论题的趋向来看,总有点与美国政治的共和党方面的主张很接近的印象。

铃村兴太郎:未必是那样的。如果以金先生的话为基础来谈的话,"事先"有规则,以这个规则为前提成为候选人,按照这个规则要求人们投票,所以承认"事先"存在的规则来参加竞争是毫无疑问的。然而,在对竞争的结果"事后"提出异议的场合,仅以这一事实就认定违反了公平竞争的义务,我未必赞成。因为坚持认为提出异议的论据便是违反公平竞争的义务,我认为反而是一种不公平。

第一,如果是因为谁歪曲、滥用规则而引起本来不该发生的结果的话,那么对放任规则的错误运用方法的一方也是不公正的。这时,就算是根据"事先"协定的规则而得到的结果,在"事后"提出异议并要求更正其结果,我想也是完全正确的。

第二,如果非本意的结果不是出于谁的违反行为而产生的,而是在遵循规则的竞争过程中由于自己的战略·战术的失败而导致的,那么对结果"事后"提出异议的行为,就是将应该自作自受的失败责任转嫁给他人,我认为这才是不公平。我认为在这种场合,没有"事后"对规则提出异议的权利。

第三,如果鉴于意料之外的结果重新讨论"事先"协定的规则,也存在原来的规则设计本身有重大缺陷,发生的结果正是反映了这一缺陷的情况。在这种场合,就有必要吸取教训,重新设计、制作公平的游戏规则。

在这三种可能性中,首先要排除起因于自身失败的第二种可能性。但是,由民主党(美国)提出的"存在违规行为"的异议中,作为依据之一的主张是在处理不在者投票时,投票管理者方面改写了不完整的记录。如果这是事实的话,这明显是应该被追究的违反规则的行为。所以,只要以"事先"协定的规则为前提,那么,要求"事后"矫正结果,我认为是一个合理的看法。这是我所分类的第一种情况。

第三种情况最为微妙。如果把这一事态作为第三种情况来理解的话,对于将来重新设计公平游戏规则的必要性恐怕谁也没有异议。但是,关于是否应使依据"事后"发现不完善的规则得到的选举结果无效,想必人们的意见会有很大分歧。在结果上,我的观点与戈尔采取的态度相近。虽然对结果很是不服,但是由于"事先"没能发现这个缺陷,并且"事后"成为缺陷的牺牲者的可能性存在于任何一个候选人当中,所以只能接受这个结果。只是,应该迅速改善带来不公平结果的规则的不完善性,为进行公平游戏而改革制度——我觉得这才是正确的做法。

金泰昌:那么,您能否把所讲的内容与日美间的贸易摩擦问题相结合作些说明?

铃村兴太郎:日本与美国之间频繁发生激烈的贸易纷争。美国对日本的批判很明显是采取"结果主义"的姿态,日本对美国的国际收支一直为顺差,从这一结果来强烈谴责日本的贸易政策、措施、惯例是不公平的。美国把对本国不利的结果的责任强加给日本,作为带来这一结果的元凶,要求日本改变其贸易政策、措施和惯例。

但是,国际收支的顺差与逆差本来是一种宏观经济现象。日美两国间国际收支的顺差或逆差,不应该与纤维、钢铁、汽车、半导体等个别贸易领域中的不公平贸易政策、措施、惯例问题进行因果

81

联系。"结果主义"式的非难,无视对顺差或逆差这一宏观结果发生的因果关系的客观分析,是一种将本国的战略、战术失败的责任转嫁于他国的不公平态度。

尽管如此,直到 1990 年左右,每逢日美贸易纠纷激化时日本都摸索通过两国间谈判来解决的办法,或自主限制对美国的出口,或自主扩大从美国的进口等,即想采取在经济学上找不到根据的手段,用以突破对立的障碍。从国民的经济福利观点来看,这样的两国间谈判与基于此的协定几乎是不可能正当化的。只对集中了巨大利害的一部分人有利,而使大多数国民蒙受广泛、轻微的损失,我认为总体上对国民的经济福利还是带来了负面影响。

我认为这样处理日美之间贸易纠纷的两国间谈判,在结果上也是不正确的。与这次的论题相关联,我想追加主张的是程序的公正性问题。为了解决两国之间的贸易纷争,如果只是依据两国之间的协议,比如自主限制对美的汽车出口,作为其结果就会发生日本对欧洲各国汽车出口的出超。

像这样处理两国间贸易纠纷的协议,结果会对第三国产生出超的效果。尽管如此,进行两国间谈判的只是纠纷当事者的两个国家,而受到出超影响的第三国,无论参加谈判议题的设定,还是谈判过程的权利都得不到承认。

与这一点相关联,在 GATT/WTO 协定中有"最惠国待遇"这一基本原则,即使不能参加两国间谈判的第三国也能平等地均沾谈判的积极成果,所以经常有人主张两国间的谈判不存在程序上的问题。我认为这种主张也是"结果主义"式的偏见,是十分错误的观点。事实上,被排除在两国谈判之外的第三国,没有对自己不能平等均沾谈判成果而表示不满。虽然在 GATT/WTO 协定中包含着处理贸易纠纷的多国机制,但是为了只在纠纷当事者的两国间全部达成协议,而把第三国排除在谈判过程之外,从这一意义上说正是程序上的不公正问题。

如果在与贸易纠纷处理的关联上来详细说明我的论题主旨的话,就不会只专注于结果,认识带来其结果的程序也具有内在价值,这对于处理纠纷的效率性与平衡性两方的观点来说都是很重要的。

金泰昌:比如日本在大米问题上反对自由化的理由是,大米不是一般的商品和物品,而是日本人的"价值"、"魂"和"文化"的问题。对此,美国认为大米与其他商品一样,强行要求自由化。

或者欧洲拒绝转基因食品,但美国却为了扩大转基因食品的市场而对之施加压力。

铃村兴太郎:我明白您的意思了。如果真正将您的问题拿来讨论的话,分析装置还不够。在经济学中,有位叫做理查德·马斯格雷夫的财政学家曾提出过"价值欲求"(merit want)的特殊概念,这对正统经济学来说就像卡在喉咙的骨头,既不能无视,也不能在标准框架中进行准确定位。如果援用我在论题中的说法的话,就不得不承认立足于"福利主义的结果主义"这一信息基础的标准经济学,不具有确切地处理基于无法归结于人们的满足和效用的价值而产生的欲求——"价值欲求"——的框架。金先生的问题与马斯格雷夫的"价值欲求"概念密切相关。

在我自己将来的研究计划中,"价值欲求"概念的分析将占很大的比重,但是在今天的论题中没有时间真正展开这个问题。与其给你一个不确切的答案,不如先当做作业,等我从正面建立了研究这个问题的框架后再来回答,这就是我在现阶段的诚实的考虑。

小林正弥:不限于阿罗,我对"某某的不可能性定理"或"不完全性定理"(哥德尔)都非常喜欢,并且认为很重要。第一个问题

83

是,您在关于阿罗的论述中提示了解决问题的两个途径。一个是在阿罗的理论框架内部,技术性地解决不可能性的方法。但今天您的发言并非选择这一途径,而是将重点放在了第二种途径上,这其中有什么积极的理由吗?

就是说,如果技术性的解决方法中有什么理论性的不足之处的话,那么应该采取另一种途径的方向,即更为大胆的根本解决的方法的理由就增强了。从我的立场来看,第二种途径更为有趣,如果有什么积极的根据就更好了。

刚才,对于(引用了卢梭的"立法者"的)长谷川先生的问题的回答我已经明白了。在此基础上提第二个问题。在第一阶段,有关规则的决定——从政治上来说就是有关宪政的大原则的决定,问题是这个决定的根据与基准。您讲到了"公正"的观点。关于"公正",如果是罗尔斯就会提出罗尔斯的观点,其未必是决定性的东西。那么,我想问:"公正是由什么、又是怎样被决定的呢?"

与此相关联,您使用了"主观选择"与"伦理选择"两个词,特别是"伦理选择"的内涵指的是什么? 在卢梭的"立法者"决定规则中,包含了例如"教育"的方法。通过"教育"也可能改变个人的选择。但是如果只是"主观选择",其中显然不包括"教育"的要素。那么,像教育那样的有关决定根本性规则的问题,是否与"伦理选择"有关呢? 您是怎么认为的呢?

铃村兴太郎:对您提的第一个问题,我认为无论是哪一种途径都有其相对的价值。的确,无论是阿罗的框架还是森的框架,各自都以明确的范式为前提,提出了应该解决的逻辑性问题。因此,比如说"这里太暗了,到明亮的地方去吧",这只是一种劝诱而问题并未发生的机制,对最初提出的问题当然不会有明确的答案。在提出问题的同一基础上,寻求最终解决问题的办法,才是从正面对待问题的自然的出发点。

比如，以阿罗的框架为基本前提，在其中进行了各种摸索来构思解决问题的逻辑路径。如把关心点集中在单纯多数决定规则这一社会评价的形成上，钻阿罗的不可能性定理的空子，摸索这个规则能够恢复其适应性的条件，在这个研究方向上，稻田献一、阿玛蒂亚·森、帕特奈克等许多优秀研究者进行了详细的探讨。就像我在论题中所讲的那样，单纯多数决定规则可能会引起民主主义的麻痹现象，所以为避免麻痹现象的产生，应该给个人选择顺序表赋予特征，明确这个规则能够恢复适应性的定义域。这就是他们的研究。稻田、森、帕特奈克发现了使单纯多数决定规则充分发挥功能的必要充分条件，他们的业绩被评价为这一研究方向上的社会选择理论的最精彩篇章。这个条件，就是在某种贴切的意义上，人们的选择具有"类似性"。如果这样，在这里发现的可能性定理，就是对与小林先生提出的第二个有关的教育功能问题，好像也能带来重要的启示。为什么呢？因为只要社会作为社会被确立、被维持，居住在这个社会中的人们就应该共有某些价值，并且这些共有价值应该能通过教育世代相传。那么，通过教育扩大社会构成成员之间价值的共有，提高社会的同质性，这样一来就算阿罗的一般不可能性定理在逻辑上是正确的，民主主义的麻痹现象也会为社会的同质化所阻止。这曾是一度得到广泛支持的构想。

然而，这个有意义的社会构想，在某种意义上只限于极其单纯的社会。

直截了当地说，那就是"一维社会"。用非常古典的政治形象来说，就是像极左、中庸、极右那样，所有选项都只以某种一维的特征客观配列的社会。与此相对，为给选项赋予特征至少需要二维的场合——实际上重要的社会选择所必要的几乎所有场合，被作为单纯多数决定规则能够回避民主主义的麻痹现象的条件的东西,就全部崩溃了。在基本维持阿罗的框架的基础上,摸索钻他的不可能性定理空子的方法的研究,取得最重大成果的是沿着单纯多数决定规则的研究,但由于发现其范围距离过于狭隘,这不得不让人意志消沉。我自身脱离了"福利主义的结果主义"的框架,在吸收非福利主义的结果信息、非结果主义信息的基础上,致力于构建新的社会选择的理论框架,也是想把社会选择理论从以往研究的挫折与消沉中解放出来。

第二个问题是关于"主观选择"与"伦理选择"的区别,如果非常形式化地来说明的话,完全限于我自身的立场,从关心自身利害的观点对社会状态表明选择顺序,就是我的"主观选择"。如果像小林先生所想的那样,作为关于规则的规范判断的信息基础,"主观选择"的图表恐怕是不合适的。与此相对,"伦理选择"是通过想象中的境遇交换,获得其他社会成员考虑境遇的视野,就好像自己只要处于代表社会进行选择的立场上——在此意义上只要处于"非利己的"、"中立的"立场上——就能形成选择。这种选择从社会的观点出发,作为以规则的公共性为问题时的信息基础,比起主观选择更具适用性,就像小林先生所说的,在伦理性选择形成中教育起了很大的作用。

藤井真理子:我的问题是,为了使铃村先生所说的第二阶段的体系更好地运行下去,关于第一阶段"社会选择"作出决定的应有方式,是否有什么条件?

比如GATT,我也认为是分两个阶段来发挥功能的,但是如果看看实际的谈判中,也可以看到在制定解决纠纷的规则时,预料到结果而想要左右规则本身这样的谈判,尤其是在处于支配地位的竞争者之间活跃地进行着。在GATT的世界,竞争者不同则力量关系也相当不同。您所说的社会两阶段体系的场合,在第一阶段决策者的影响是否是微弱的,是否有什么必要条件呢? 在这方面想请教先生。

铃村兴太郎:正如您所指出的那样,在 GATT/WTO 进行的现实的谈判,成为各国在规则的实际运用阶段谋求对本国有利的立场,进行战略交涉的场所。因此,GATT/WTO 剧烈摇摆,发生了西雅图谈判那样的不像样的失败。我想说的是,像 GATT/WTO 这样的机构,并不是像我们的理论所描述的构想中那样顺利发挥功能的一种"描写",而是为了使这样的机构很好地发挥作用,在规则设计阶段对参加各国明确怎样的规则是必要的一种"要求"。我认为,处于设计规则的主导地位的国家,即便竞争者之间事实上存在力量的差别,但为了使设计的规则成为公平的游戏,也有义务抑制在规则制定阶段的战略性操纵行为,将确立自己作为公平游戏设计者、拥护者的道义威信作为自己的行动原理。

我的经济学者朋友经常说我"你的观点过于规范",但只要事关规则设计的问题,我就想彻底主张规范性的讨论。

论 题 三

从财政问题看公私问题

本间正明

1. 公共经济学的观点

我想我的论题处于猪木、铃村两位先生发言的延长线上。我没有猪木先生那么渊博的学识,也没有铃村先生那样关于逻辑整合性的背景。我从"公共经济学"的观点研究政策,从某种意义上说,自己是一贯站在如何使用这一工具的实践者的立场上来分析经济学。

回顾我自身与作为研究者的历史有关的部分,以森嶋通夫、二阶堂副包两位老师为首,大阪大学的一般均衡论非常有名,我自身也作为研究者经历了从一般均衡论的立场到公共经济学的黎明期,并以这个观点写过一些文章。这是第一个阶段。这正是把铃村老师所说的福利经济学,彻底纳入公共意志决定的场中。并且,在与市场的关系中以整合的形式来讨论过。这就是创文社出版的《租税的经济理论》(1982 年)中的有关部分。

但是公共经济学尽管使用福利经济学的分析工具,但其具体是如何发挥作用的呢,问题意识也发生了这样的变化。这与35—40 岁年龄段的人的工作有关。现实的制度或政策怎样与"个人"

89

的利益相关,是否具有公共的意义,这能否用直觉来分析,或者进行实证分析? 这就是第二个阶段所要做的。这些归纳在《日本财政的经济分析》(创文社,1991 年)这本书中。

这样的讨论,与我做过的与政策讨论相关的工作在背景上是有联系的。我最初的工作正是通过税制改革的讨论对福利经济学进行实证分析,从结果主义的观点对其进行评价。不料,这产生了现实的影响,使我自身成了政策争论中的所谓"论者"。

具体来说,我在中曾根、竹下税制改革议论时做了一个模拟试验,是关于减少直接税,增加间接税(消费税)时对个人会带来怎样的影响。而且,从结果主义的观点来看,又有怎样的福利和启发。这样的分析是第二阶段讨论的出发点。

怎样把握使其归属的"个人"呢? 今天两位论题的发言人谈得非常抽象,但在我看来,必须将"个人"具体化。一是存在所得阶层间问题的配置问题。或者说世代间的差别、年龄差别、甚至家族属性,都作为各自的分割单位的着手点而出现。并且作为世代间的问题,以同龄集团的数据为基础,分析政策的变更在不同时间点带来的影响,这是个很大的课题。

这个研究会的一大课题是"将来世代该怎么办",引起很大反响。实行减少所得税、增加消费税的税制改革时,在各自的基轴上会带来怎样的强烈影响? 而且,其在铃村老师所说的伯格森＝萨缪尔森型的福利经济学中,又会进行怎样的价值判断的变换? 具体地来推算这些,就是我的工作。这时,我以为我自己是价值中立的,但实际上由于受外界报道的影响,我又不可能是价值中立的,所以有着非常痛苦的经验。

具体来说,媒体仅仅从我的工作是"所得阶层间的负担结构的变化"这一观点来报道。把年收入为几百万日元以下的人负担增加,而年收入为几百万日元以上的人受益这种得失议论与我的工作相联系。因此,对于社会福利,个人主义的、伯格森＝萨缪尔森型的,或者说是伴随着社会重点的变化而产生的摩擦,带着非常强烈的偏见传开来了。其结果是,土井隆子与清水连锁店协会会长以及我成了反对消费税的三大罪人,在国会上受到批判。然而,我自身绝不是带着某种价值判断来工作的。只是详细分析家族间或世代间的负担变化,将其作为讨论的素材提供给大家。从这里可以作出更好的意志决定,或作为认识自己前进方向的手段,因此我认为这种模拟实验的分析是有效的。

也就是说,在结果主义存在某种价值判断,那么是在事先假设产生某种结果呢,还是在事后加以判断呢? 由其所带来的政治影响是不同的。在过程的中途提出时,会极大地增加摩擦——也就是说会引起在立法过程中发生纠纷的问题,如果因此产生政治空白的话,还存在着一时带来负面影响的危险性。

然而,与此同时也存在着各种价值中立的"个人",通过不断重复明确某种社会福利的价值判断的过程,对以前自己没有意识到的社会价值的社会决定,是否会作为一种反馈机制而产生呢? 这对我来说是极其重要的事。

刚才我说了我是站在实践者的立场上。下面请允许我一边简单说明我所做过的工作,一边推进今天的话题。

91

2. 税制改革、养老金改革与公私的矛盾

正是因为"个人"存在"市场"才存在,"政治"以及中间组织部分的"NPO·NGO"才存在。在这样的关系中,一切都以相互依存的方式相连接。市场的结果、公共性结果及"个人"的自主性、

自发性意志决定,这种积累是我们的最终状态。

或者对福利给以暗示,各种因素一边相互影响,在最终的状况中是如何评价"政策"、"体系"、"规则"这些问题的呢? 我一直在做的就是经常返回这一点来探讨能否以看得见的形式来讨论作为集聚点的"社会判断"。

我所做的现实工作,是在税制改革的讨论中进行细致的微观分析,分析增加消费税后价值体系怎样变化,其在选择过程中对消费储蓄类型带来怎样的影响,最终作为价值支配权的分配又是怎样变化。

我在其他方面也做过关于这样的意志决定(分析)的研究。比如,现在成为非常大的问题的财政赤字问题,在给将来世代与现在世代之间带来矛盾的同时,在同一世代间也有着很大矛盾。也就是说,这个分析作为重要信息,与对保证公益性的税负担和社会保险费负担状况进行社会判断密切相关。

比如,现在在老龄化、少子化的变化过程中推进着养老金改革。对于现役世代,保险费的负担每三年加以修改而逐渐增加,另一方面正如大家所知道的那样,这次的养老金改革提高了开始领取养老金的年龄。而且,部分保险费和部分基础养老金以公共负担的形式投入税金。税金的投入状况现在是 1/3,如果将其提高到 1/2 的话,那么是用消费税投入呢,还是所得税,或者是资产税?

也就是说,为了让所有人度过有尊严的晚年,作为社会整体的负担结构怎样来担保这样的风险。这个问题在每个人的立场上来说,"应该好好保证,还必须好好讨论",但是一旦成为"负担",就会极大地增大个人的利害关系。

我在 15 年前曾经计算过世代间养老金的收益率。我与猪木先生、铃村先生差不多是一个世代,开始领取养老金的年龄是

62—63 岁,比现行的 60 岁提高了一些。比团块世代更年轻一些的人应该是在 65 岁左右。仅仅十年的跨度,福利状况就已经完全不同了。在我这一代,作为果实,实质上有 2% 左右的内部收益率。但是到现在 20 多岁、30 多岁的人,内部收益就变成了负的。

"制度"带来的矛盾启发以具体的形式存在着。我父母那一代,比他们年长的人或同龄人因战争而死去,所以必须负担的对象减少了。并且安定经济增长中的果实,由于工资调整、物价调整,支付水平很高。养老金比其他的储蓄手段都有利。但是现在的年轻一代,因为果实的减少,收益率为负,就出现了不参加养老保险的现象。

即使在过渡期强制实行公共制度,在我个人看来只会带来不利影响。这个问题正是要以结果主义的形式对数据进行分组,把它们在各自所处状况中的变化加以具体化来分析。也就是说,规则或政策虽然具有公共的性格,但问题是其对象成员在参与时是否会成为个别优位。如果加入其中对自己有利,就会积极参加,但如果觉得对自己不利,不管如何要求社会抚养还是会转向个人储蓄。具体地说,存在着本应加入国民保险的年轻人不断脱离,也不参加养老金制度的状况。应该怎样来考虑这种"公""私"矛盾呢?"公"是"私"的积聚,必须首先站在各自的立场上对积聚的利益进行评价,进而进行社会全体的评价。这就是现在的社会保障的问题所在。

93

3. 财政赤字与世代间的会计

还有一个财政赤字的大问题。作为"景气对策"而不断注入大量金钱(税金),从根本上来说这是对财政赤字的放任,将现在应负担的税金转嫁到下一代身上。如果考虑一时的意义上的负担,现在减税或将推迟保险费的上涨,只会欲壑难填。但是由于不能让国家破产,其必然的结果就是会在某个时间产生增税的问题。这样一来,在一时的预算中,会因为增税的时间产生世代间的会计问题。也就是说,在自己活着的期间如何减税,如何扩大财政赤字。现役世代享受着高速增长期的好处,经济稍不景气就拼命扩大财政赤字。现在的时代恐怕在后世看来,觉得"那时是日本最好的时期"吧。

在 21 世纪必然会出现"如何偿还这些"的问题。我是 1944 年出生的,那么计算一下 1944 年出生的同龄集团从过去到现在的负担结构,和假设我活到 85 岁时的负担状况,并以同样的方法来计算一下 1954 年出生的、1964 年出生的,以及 1934 年出生的、1924 年出生的,就可以很明显地看到世代间的利害对立。

如果从根本上来验证这一点,可以发现出现了这样的状况,即在现实的公共部分一方面产生了那样的负担的世代间差距,另一方面 60 岁以上的人拥有日本现有 1400 兆日元金融资产的 70%。也出现了由养老金储蓄的现象。这两三年,60 岁以上的人大量储蓄。在生活周期模式中,一般的模式是养老金生活者不断花费储蓄,但在日本,实际上养老金生活者自身不断储蓄,这与经济不景气有很深的关系。

如果这种分配问题助长了世代间收益率或会计问题的不公平感,那将会产生更严重的伦理危机,导致制度健全性的崩溃。同时,有可能不断扩大对劳动者的坏影响,如劳动欲望的丧失等。那么在"公平"、"公正"的概念中,我们应该如何解决世代间的问题呢?

我这样的分析,遭到了从事行政工作的人们的强烈批判:"思考其带来的政治暗示是僭越。"对他们(公务员)想要做的事说"这有点不对吧",结果亮明了我们的价值观。但(考虑到政治暗示基础上的)意志决定实际上是困难的,这是我在这里想说的第一点。

4. 市场与公的关系

我想说的第二点,是通过亲身实践掌握学习效果、信息积累效果,进而提高个人的判断能力。

我曾经分析过地方财政的地方交付税制度。也就是说,在地域间的"分配"这一关系中,计算庞大的金钱是如何被集中到东京(政府),然后被分配(转移)到地方的,这是地方交付税分析的一大课题。这一分析与公共投资的非效率性相联系,现在又与怀疑今天的意志决定机构的妥当性舆论有很大关联。

今后我们自身将如何实践性地改造这种状况呢? 如何分解公共性的含义,以看得见的形式来把握呢? 这在哲学或逻辑、理论的观点来看是低水平的,但将课题运用于社会,作为我自己一贯以来所坚持的信念,也有其自身的意义。另外,如果不一直具有这种感想(使命感),就不能持续下去。

在这个意义上,我一直在"市场"与"公"的关系中工作着。但是,我感到无法依赖"市场"或"公",实际上,现在非常支持"NPO"。即,对"市场"和"公"的反馈,仅以个人的层次还是比较趋弱。这与有关"规则"、"体系"、"政策"的信息的欠缺有关。

另外,在个人的能力、选择中存在价值财富,对该价值财富的个人判断的归结中存在着代理人的问题。即"个人"是消费者的同时也起到了代理人的作用。比如"个人"以企业家、政治、行政,或 NPO 组织的形式发挥代理人的作用,这在现在社会非常普遍。

95

即是否是代理人与委托人的关系能融洽相处的社会,对最终的结果会带来很大的差别。

5. 新公共经营

在经济高速增长期,公的部分当然不用说,就连民间企业的私的部分,我们也只要交给公的部门就可以了。但作为现实的动向,从1980年代后半期开始到90年代出现了功能障碍。其典型就是不良债权的处理问题。也就是说,虽然第一次世界大战后一直以护送船队方式干过来的,但由于金融大爆炸体系发生变化之后,以往的规则是否妥当就成问题了。然而,事实上银行仍旧依赖行政,行政本身也在以往的延长线上给予配合。也就是说,即便确定了新的规则,但在这种大的变更中,并没有立即采取与其相应的行动,在时间的连续性上产生了矛盾。实际上,这个问题在基本政策决定层次中作为难题浮现出来。

为什么会发生这种情况呢? 今后管理的监督功能不能只是来自"个人"的渠道,应该由来自非营利团体、非政府部门的监督,和行政部门决策的效率性双方同时进行。根据需求的变化重新看待它的(新的监督渠道)作用。这里,我觉得是非常重要的一点。

即"公"的部分相对于日本以前的"广泛公平"形式的体系,开始要求"多样的公共性",但决策的过滤装置堵塞了。这些组织(NPO、NGO等中间集团)怎样与这个部分相联系呢? (中间集团)对政治的潮流,以及"公"的部分的政治决策不断产生着影响。如何设计这里的反馈机制,这是我十分关心的领域。

我自身对于非营利团体(NPO)的活动样式,非常关注作为把握需求的需求者这一侧面,与作为供给主体(供应者)的侧面这两个方面。其理由是,对于政府部分垄断性地处理政治·行政部分的公的问题的现状,从各种现象来看,恐怕事实并不是这样。即使是"公共性"问题,也有行政部门应该处理的部分和民间来处理的部分,或 NPO、NGO 等处理的部分,即有必要考虑其公共性。这样的问题意识从 1980 年代后期开始向全世界扩展。

这被称做"新公共管理"(新公共经营),在这里,有称做"value for money"或"best money policy"的叫法。也就是说,以往由行政垄断性地供给的需要与供给的调节体系、机制,没有必要全都由行政来执行。比如,看护服务可以由民间通过市场来实现,NPO 也可以参加。按照这种相对的社会位置,认真思考共存。即以需要与供给将"公共性"的内容分离,在各自的部门间来分担。这件事本身就与管理有关。

比如现在我作为委员在相关资金运用审议会上,正在讨论如何分别使用财投债和财投机关债。现实是公的部分由公的机关来做的声音很强,很难保证公开,审议没能很好地发挥功能。如何进行改革,我想这在 21 世纪也是非常难的状况。

除了我现在所说的课题,另外还有很多。有从 2001 年 1 月 6 日起的省厅重组问题,和评价体系混乱等行政、财政改革问题。后者把"评价"也纳入其中,使其对决策发挥管理作用,以在不发生道德问题的条件下提高整体水平。这样的讨论框架,在"新公共经营"中成为很大的课题。

97

6. 今后的课题

那么,作为结果如何将我所做的工作在哲学意义的判断中相结合呢? 在这一点上,我自身也觉得很难。我所做的是片断性的,即便在各个部分局部的变动中是正确的,与根本性的设计又该如何联系呢?

以前我们即使歇斯底里,也一直是相互联系的。另外初期值的问题又怎样了?是通过金融大爆炸一举改变初期值,然后任其发展呢,还是始终维持现在的初期值一直走下去呢?它们达到的最终状况是不一样的。

在剧烈变化的状况中,我们自身的正确的决定是什么。对社会层面来说,更好地解决问题的方法是什么。我本身对此非常苦恼。大家对我的手法可能有很多想法吧,我也认识到,仅以实用的形式来把握哲学的关系,或是公私分担作用的关系具有危险性。

围绕论题三的讨论

金泰昌:我个人所关心的是经济政策——尤其是对政府的税制方针给人们的生活方式带来的影响。因为这也是一个从根本上检验社会公平性的问题。比起一国整体财富的大小、人均所得等问题,更为重要的是关于财富再分配的制度上的框架。尤其在与经济问题的关联中追求公共性时,我认为税制的问题是最重要的课题之一。

就是所得税和消费税、资产税,如果看一看这次(2000 年)参议院选举之前执政三党达成的协议和与在野党的对话等,我觉得他们没怎么考虑本间先生所说的世代间、所得阶层间的公平性。从您的立场是怎么来看这个问题的呢?

本间正明:的确在税制修改中,对国民如何进行分类,税制的变更会带来怎样的影响,需要基于这种市场细分化的中长期性负担的公平性。另外,其怎样带动日本经济活力的再生也是个问题。

如果重复减少所得税、增加消费税这一模式,并且减少遗产税、赠与税的话,几代下来会形成怎样的资产持有结构,或对经济活力会造成怎样的影响,我曾经对这些进行过分析。如果这些发生在泡沫经济时期,由于资产积蓄的不同会在幸运与不幸的人之间产生极大的差别。

现在的讨论是以旧世代的经营者们为中心进行的。如果拼命工作也不能给自己的子孙留下什么的话,就会阻碍活力的发挥。这是他们主张的第一点。

还有一点是,减少遗产税、赠予税,通过家计内(金钱)的转移,现役世代的壮年世代加大消费。这是自民党税制调查会式的观点。即说起"活力"时,作为例子会浮现出来的是:金泰昌先生刚才说过现在年轻现役世代由于在出发点上存在差别活力被削弱了,但现在已经成为管理阶层的人们还在不断鞭策自己继续努力,这两种活力应该选择哪一个呢?

正如您指出的那样,如果遗产税为110万日元的话,一年年地赠予,而且孩子从父母那里购得住宅时还享受某种优惠政策。这样的事到底好不好呢,我在税制调查会的场合也提出过。清爽福利财团的堀口(力)先生也曾说:"指望那些东西的年轻人,没有任何价值。成不了大事。"但这只是少数人的意见。

作为潮流,对积蓄过程会有相当的约束。这会使动态意义上的活力失去。由于税制议论层的年龄构成偏高,既得权益构造成为激烈的议论话题。我自身并不同意这样的议论。

70%的遗产税课税基准太高。那么实质上支付了多少遗产税呢? 是7%左右。因此如果不同时讨论课税基准的问题,就无法保证在这个意义上的公平性。考虑到高年龄阶层是自民党的支持者,因而极大地增加了对他们的恩惠,我认为这是近十年间的很大变化。

在流通部分,存在着为了各种意义上的活性化,不得不放宽累进制的侧面。但是库存化不断发展,继续放宽现在的制度,就无法保证在出发阶段的公平的竞争。这时,就必须认真思考会有什么样的后果。实际上,公共的东西的含义是什么,如何评价对其所带来的现实经济的冲击,我经常为这些问题所苦恼。

金泰昌:另一个问题是高收入者的税金的问题。我认为在最近的将来,围绕高收入者的税金问题,国家间的竞争将会激化。因为一方面国家运营费用增加,另一方面纳税人的要求越来越多,高收入者缴纳巨额税金对国家来说是求之不得的。即便从高收入者来看,对制定有利于自己的税制政策的国家,也会抱有好感。所谓公共性,开始要求与其说是为了国家,倒不如说是国家本身应该为居民、市民、国民做些什么。

本间正明:正如您所指出的,应该如何区别高收入者和低收入者进行征税呢? 我在税制调查会中也担任金融课税小委员会的委员长,对这方面做过很多讨论。这是个令人头疼的问题。虽然以应有的"公共性"为目标,但怎样设计最终的制度呢? 虽然说是彻底的改革,但实际上是以现在的既得权益结构为前提,只能零零散散地进行部分的修正。个人的"公共性"形象很难展示出来,我认为确实是这么回事。

但是,今后要学习这些东西。以前既没有对这部分的分析,也没有解释。最近出现了有必要重建财政,应该进行这样的税制改革等的议论。我希望从中也能产生对"公共性"价值观的变化。

足立幸男:我对本间先生使用的"多样的公共性"的用语,抱有很大的同感。我认为在"多样的公共性"不仅有明亮的部分,也有阴影的部分。的确,公共性的承担者多样化了,NPO(非营利服务机构）、NGO（非政府组织）或是民间的作用会变得极为重要。

在与这个的关系上，您又提出了世代间会计的问题。养老金正好与世代间的会计问题有关系。我很难对十来岁、二十来岁的学生说，把你们赚的近三分之一的钱拿来抚养我们这一代。

现在，征得患者同意的治疗在医疗伦理、生命伦理等各种领域越来越受到重视。要继续维持无法征得同意的养老金制度是很困难的。我想养老金的最低限度要由"国家"来保障，但其余的部分不得不由各种团体相互扶助的形式来实现。

但是如果离开了"国家"这一单位，由各种团体来承担公共性的话，就不难出现如在美国社会所见到的那样的情况，仅富裕的人们聚集到一起相互扶助，像犹太人区那样与其他世界隔绝，享受着自由、安定的社会生活。我时常在思考，这样到底行不行，今后国民之间的社会分层是否会加速进行，作为公共政策到底这样好不好。关于这一点，我想听听您的意见。

本间正明：关于前半部分，我认为作为公的政策，在现在的现实中正在发生收入从现役·年轻世代大规模向高龄世代转移。另一方面，在家计中则相反，收入正在朝着现役、年轻世代转移。这是一种非常悖论式的情况。

实际上在公债中也存在这样的问题。公的部分不断赤字化的话，民间的部门就会不断吸收资金增加储蓄。经济学中的"中立命题"构图相当于此。即存在这样一种观点：如果存在"合理化的个人"，他是认真考虑政府的活动来作出判断的消费者的话，关于其归结则由私的部分来调整。作为其现象所发生的"公"与"私"的问题，实际上是由"消费者"的理解不同引起的。

也就是说，"公"在各个世代之间有着不同的理解方式。接下来，就算王朝模型市场不完备，如果是对自己孩子的实际利益、福利关心的父母的话,也会以不同的形式一代代地加以考虑。这样的话,与博学的政府预见从现在世代到将来世代的方方面面,然后作出政策性决策,在结果上并没有很大变化。这就是中立命题。

如果是以王朝模式来讨论的话,就抹杀了所有的合理性的个人,因此就可能出现"做什么都没关系,其结果都是一样的"这种弃之不顾的想法。但是一到微观层面,就会产生与以往大相径庭的矛盾,也会影响到经济活力。如果考虑到以复数的家计为前提的王朝模式以各种形式存在的话,这就不成立了。

在这个意义上,"公"的理解方式是以超合理的个人为前提的呢,还是假设超合理的且作为利害裁定者发挥功能的政府的存在呢? 因这里的理解方式不同,即使政策性处方的形式不同,结果也会产生同样的状况,这是个难点。

在经济学领域,我觉得现在正在朝两个极端运动。因此我认为,在哪个时候谁得到了什么样的利益,应让其实际地体现出来,由大家来判断,要彻底采取这一方法。所以,我打算以不持有先验性的价值判断的形式来做下去。

在后半部分中足立先生举了美国的例子,说这样的问题是否会在日本发生,我认为有些不同。在日本,资产所有者的差距不像美国那么极端。社会分层在社会现象中,也还没有以露骨的形式出现相对应的团体的动向。NPO 也只是与眼前的问题相对应。以自己的"多样的公共性"参与各种需求,向社会申诉部分的公益性,或者提出政策提议,与此同时也作为商品供给者发挥着功能。

从这个意义上,在今年(2000 年)的税制修改讨论中,重点提出的是 NPO 的税制优待措施。正好我和堀田先生提出了"多样的公共性",引发了政府垄断性地判断公益性·公共性是否合适的争论。因为出现了某种方向性,所以对 NPO 的税制优待措施将从明年的税制修改后实现。但是,能够享受税制优待措施的 NPO 团体有多少呢? 实际上只有一小部分,是在非常严格的条件下进行的。

吉田公平:作为一个市民我提个朴素的问题。不管是日本的中央政府还是地方自治体,都有着庞大的国债或公债。虽然现在也一直发行着,但朴素地想一下,将来会以怎样的形式偿还,直到从财政赤字中解脱出来吗? 是有什么展望性的东西而继续发行呢,还是有一天想把它只当做废纸呢? 报纸上刊载了每个国民的平均借款数额的信息,但是关于将来通过何种途径来偿还的建议却只字未提。

养老金的问题或是财政问题,就算现在暂时可以敷衍过去,但是到了下一代、下下一代怎么办,想到这里就让人心情沉重。政府也好什么也好,是不是有某种预见,即如果这样的话借款就变成零?

本间正明:不幸的是,完全没有(笑)。我想这 3 年间发生了一些异常的事态。由于经济过于不景气,在什么都可能发生的状况中,不到 3 年的时间里国债、地方债增加了 100 兆日元。这是否能纳入跨越时间的"budget equation"(预算均衡)的范围呢? 这样下去会完全破产。如果设想一下经济增长,设想一下现在的税制和支出模式的话,那是很明显的。如何结束这些呢? 彻底地重新审视税制及岁出结构,如何增加税收和减少岁出就成了一个课题。

但是,现在近视眼式的政府的行动,是在景气恢复后再做这些的顺序论。我要说的是,政府为了采取时间整合性的行动,有必要从异时间点的意义上作出预算、编制程序,重新认识岁出的状况和认真进行景气调整。但是就算认识到了必要性,现在还几乎没有具体的讨论。

实际上,所谓"关于资金流动的结构变革委员会"是大藏省以横向的形式设立的,在这里开始做一些宏观的模拟实验。财政当局也非常关注这个问题,因为大家都很担心现在的异常事态。但是,因为这是与政治性立场相关的问题,所以其处于不见天日难以讨论的状况。但是个必须深入讨论的问题。最近以各种形式进行模拟实验,我想这是个好的倾向。

宫泽大藏大臣说过,在自然增收的范围内可以实现景气调整,也就是说想把不再追加发行国债、地方债作为第一阶段。在第二阶段叫做第一次的要求,就是除去支付利息部分仍保持岁出和岁入的一致。在下一阶段,如果岁入多于岁出的话,就减少公债数额。为此必须进行坚决的制度改革,同时配合以削减岁出和增税性的改革。

吉田公平:现在日本所处的状况,包括过去和现在,在别的国家有过先例吗?

本间正明:意大利有过类似的状况。但是现在我们面临着历史上最大的危机。这种状况在别的国家不曾出现过。具体地说,正的岁入几乎没有,从公债筹集的部分中除去利息还不到10兆日元,这种状况已持续了二三年。另一方面,除去社会保障部分的流量的 GDP 比率也达到了11%。如果这种状态持续下去,为了借钱而发行公债,就会不断发生在其他方面无法周转的情况。

在问卷调查中也可以看到,如果不加速提高对财政重建的认识,历史上最富裕的一代会对经济增长率的高涨一喜一忧,以动用财政来剥夺将来世代的实行可能性、适应性。作为世代间的问题,从政策自由度来说也产生了很大的不公平。我认为这确实是必须讨论的课题。

山胁直司:您为我们直率地指出了非常严峻的问题,谢谢。我觉得问题变大了的话就需要进行综合讨论,因为金子先生最近出版了《阻止财政崩溃》(合著,岩波书店,2000年),在这里能否请您从别的角度做点评论呢?

金子胜:坦率地来说,公债发行额是 GDP 的 1.3 倍,回顾历史的话,与猛然进入第二次世界大战时相似。除了严重的通货膨胀以外,我想没有还钱的事例(笑)。我觉得没有能力偿还可以不还。现在的状况是通货紧缩,政府一直借下去也可以。为了尽量不再增加借款已经竭尽全力,一下子说要还,我看在短时期内是做不到的。在此期间,政府体系如何改变是非常重要的,这是我的观点。

本间正明:我比金子先生更具危机感(笑)。我想当资金需求在世界范围内增大时,市场就有发生危机的危险性。现在,资金需求在世界范围内有所下降,因而在这种状况下,日本的高储蓄是否会被日本的公共投资消耗殆尽,这种问题意识在世界范围内都存在。一旦世界资金需求增加,利息上涨,就会成为十分麻烦的问题。如何避免来自市场的风险,这是我们必须尽量考虑的。

小林傅司:请允许我问些外行的问题。您使用了"管理"与"经营"这两个词。我的专业是科学技术论,最近也有"自然科学的管理"等词出现,自然科学中也出现了"管理"一词。我想问的第一个问题是,"经营"与"管理"的区别到底在哪里?

第二个问题是,作为有关 NPO、NGO 的批判性讨论,如果资源分配不依赖市场机制,那么在效率性方面,NPO、NGO 不是也存在问题吗?

另外,NPO、NGO 在行使权限时,要提供某种正统性的调配是非常困难的。虽然在议会(立法机关)或政府(行政机关)通过一定的手续可以获得某种正统性,但尽管 NPO、NGO 做不到这些,也仍在行使着某种权限。比如纽约的"天使"活动。在某种意义上也许是美德,但有时也会被认为类似暴力团。我想有这样的批判吧。对于这方面,站在拥护 NPO、NGO 立场上的人们,是如何构成自己的理论的呢?

本间正明:"管理"这个词,从狭义上的使用方法讲,指上级对下级如何控制,如何解消或缓和道德危机的方法。但在最近的"管理"中,出现了"共治"这样的日语。也就是说,作为相互作用,而非上下关系,在意志决定方与接受方之间的相互影响中,作出更好的意志决定来的一种体系。经营是指针对目的如何降低成本,我有意识地把它作为更为技术性的词汇来使用。

后半部分正如您所说的,非营利组织(NPO)的第一要件是不分配。即,对资金提供者不分配作为活动结果的果实。在这里的问题是,对追求利润的私人企业的"经营",或在更为民主性程序中抑制岁出的政府来说,在追求效率性的意义上会产生障碍。因此,NPO 应该彻底地公开信息,或者对其成员的构成设置进行限制。应该排除最近出现的诸如以亲子形式来做的事例。另外,作为要件还要考虑能够提供何种程度的公共支援的会员问题,努力做到自我规制。这就是我现在对 NPO 的看法。

还存在着伴随着"成见"的社会不利条件。把自己认为好的东西强加于人。也就是说,对于超负荷的社会交易的弊害,应该如何进行社会管理呢?尤其像"天使"那样的做法,我想具有日本社会难以接受的性格。怎样制造在此意义上的隔离板呢?

或者还包含税制的优待措施,对该团体是否能保证公益性的问题,如何导入第三者机关的部分呢?我认为,对 NPO 进行排行的机关,只要不是 NPO 就无法保证正统性的问题。一边保证 NPO 做各种事情的"自由度",而且把有可能导致玉石混淆的结果作为前提,一边把其中好的东西选出来,使社会更好地认知 NPO,这样不是很好吗?因此我说是萝卜加大棒。99% 的 NPO 都不公开会计和信息而比较随意,高声喊着"我们的活动是重要的",但如果没有享受到优待措施就相互安慰(笑)。在这样冷静的认识基础上,我支持 NPO。

小林傅司:在日本有"电脑天使",但我也曾听到过"他们可能是警察的捕吏"这样的批判,所以我很理解这种"冷静的认识"(笑)。

后藤玲子:经济学家们不断变化着媒介变数,本来我想努力把分散的个人的特性,用某种适当的形式加以宏观统计的。再次感谢他们的诚实。

经济学家们为我们做了这些工作,反过来我想考虑一下国民的规范性问题。社会保障制度作为自己无法预测的多种风险的处理体系,由养老金制度、医疗制度、公共资助等构成,其中的养老金制度到底是承担什么目的的体系呢,值得国民考虑。

养老金制度的难处是,养老金所要处理的风险是"长寿"的风险。这与医疗非常不同。"如果得了不治之症"的风险成为问题的医疗场合,即便自己支付了高额保险金而最终没有生病,(因为健康本身就是幸运)也不会去羡慕生病的人利用了保险金。然而养老金的场合,虽然长寿的人领到了相应的养老金,但支付了保险金却不幸早死因而不能领到的人(和家族),就会感到非常不公平。

养老金制度与储蓄制度有非常相似之处。通过追溯家族历史对自己大概能活到什么时候作出大体预测,虽然原本是不可选择的命运,但将它转化为自己可以选择的命运的问题来事先做准备,恐怕有人是抱着这样的想法的。这样一来,养老金就变成了按照

107

贡献的正义的讨论,每个人事先期待着报酬而支付养老保险,如果这些钱不能返还到手中就会感到不公平,因而产生了摩擦。

本间正明:我认为这是一个非常重要的问题。这里有个事例,是关于为了保证"公共性",公的部门是否可以直接提供的问题。有人主张将养老金制度民营化,或将基础养老金与比例报酬的部分分开。这正是现在所谈论的问题的根源。世代间的问题和风险问题,与公的部门能否担保相关。

如果民间部门能够很好地担保这一部分,那么就不需要公的部门。在年轻的经济学者中有这样的意见,如京都大学的岩本康志等。在这种议论中,确实也包含着对于个人来说的收益率,与其交给福利养老金不如交给民间这样的问题意识。在这个意义上,会发生体系的危机。

另外,随着染色体解析的不断进展,也出现了公的部门的保险能否顺利开展的问题。甚至存在只有风险系数大的人留在了公的保险中,而其余的则进入了民间的危险性。这也与如何看待染色体信息公开问题有关。我想重新考虑这些制度的隐私部分和公开部分,公的部门将基础养老金构想特殊化这样的论调会越来越高,这样行不行呢……

现在为什么公的部门会具有社会保障的形象呢?恐怕是以60岁为界限,"市民"、"国民"的内容发生了变化。从50岁的我们这一代开始,基本适应了第二次世界大战后的生活方式,体系也在市场化的过程中发展,所以自助努力、自己负责地生活的环境条件不断完善。而70岁以上的人,确实与时间整合性的问题也有关系,在过去没有这样的训练与渠道,因此就出现了"事到如今要我们自己负责吗"这样的声音。

因此,在时代刚开始发展之时,制度设计的社会保障部分是可以在相当薄弱的状态下达成共识的。以刚才的收益率问题等为契机,进行了相当深刻的讨论,我想这也许对我们有好处。

综 合 讨 论 一

主持人：山胁直司

讨论公私问题的框架

山胁直司："综合讨论"的宗旨，是对于三位的论题，一边确认各自在什么地方相通，在什么地方不同，一边请一般的讨论参加者也参与进来，使议论更加充实。首先，我想请猪木先生、铃村先生以及本间先生来谈谈，看看各自有没有谈得不够的地方，或在其后的讨论中要注意到的地方等。

猪木武德：在论题和讨论结束以后，私下里听到了藤井真理子先生等不少人的评论。在本间先生最后的发言中也提到过，那就是个人、有着共同关心或利益的"自发团体"以及"全体"的把握方法。使用本人与代理人的关系这一形式，也许是一种可能性。我想更具体地来考虑一下实现更好的事物时的调整机制。

我脑子里没有具体的形象是无法思考的，因此，我深切地感到应该一边往框架中加入一些具体事例，一边来修正框架本身。

铃村兴太郎：应该如何来考虑公私问题的理论性讨论框架呢？尤其是把"公"与"私"联系起来思考社会的、公共的决策时，在其中应该给个人"自由"的社会尊重以什么位置呢？这是我常年以来一直思考的中心问题。

我的论题是以一定程度上展开了具体展望的、建设之中的框

111

架为前提,从这个观点来批判性地探讨传统社会选择理论的框架这种形式展开的。只是,有着理论上的可能性的框架不止一个。其中哪一个在理解"公"与"私"关系上最为有效呢——我认为这是应该继续思考的问题。从这个意义上说,对我的论题的几个评论是非常有益的。

对规范性的判断经常听到的批判,是"那是过于规范性的议论,是画在纸上的饼"。如果这个批判意味着"你所表明的规范性判断中包含着逻辑上的矛盾"的话,我们只有通过提示自己所表明的规范性判断的逻辑整合性来进行有效的反驳。社会选择的理论深刻地切入了规范性判断的逻辑整合性问题,对传统的福利经济学的基础提出了本质性的问题。为了理解"公"与"私"之间的联系而进行框架的摸索时,不能忘记这个观点的重要性。

在论题中没有提到"实行理论"(implementation theory),这个观点以与我的论题不同的形式来理解阿罗的社会选择,并且将其扩大化。他们所理解的阿罗理论,是在社会决策的问题中,专门提出规范性的侧面。与此相对,实行理论是当有一个社会目标时,把实现该目标的机制作为一种游戏形式进行设计的理论。这是从经济计划策划者的观点,对人们下达使可能选择的战略集合,和被选择的战略图标的结果相对应的结果函数,他们使游戏的均衡结果符合当初的社会目标而进行计划的一种构想。

我的构想与实行理论体系完全不同。选择怎样的社会规则这个问题,不应该交给设计家或计划者,它本身应该被作为社会选择的对象。把这种社会哲学作为整合性的模型定式化——这是我的问题。

我想借此机会对猪木先生的论题作点评论。问题是关于对竞争的理解。在猪木先生的论题中,我想有这样的观点,即传统上经济学者从效率性的观点认为竞争是形成"善"的机制。但从历史上来看,在日本和欧洲毋宁说更倾向于把竞争理解为必要"恶"吧。我认为美国是个例外。当经济学家认为竞争是形成"善"的机制时,他们的想法的根据似乎是福利经济学的基本定理,但这个定理不是将竞争的过程正当化,而只不过是论述了达成帕累托最适当性这种归结道德的资源分配,与竞争均衡分配的同值性,应该这样来理解。以福利经济学的基本定理为依据,把竞争的机制正当化,我认为是行不通的。

行不通的原因有很多,其中之一是,为了使福利经济学的基本定理成立,必须排除规模经济性。当存在规模经济性时,最近的理论性产业组织论的信息却相反,成了限制竞争而将其交给聪明的规制会带来更好的资源分配效果。只能得出这种结论的经济理论,是建立在通过福利、效用过滤将焦点聚集在归结上的情报基础之上的,就像我们把竞争作为"发现程序"(discovery procedure)所具有的优点——哈耶克强调的论点——给予理论位置那样,必须努力扩充经济学的信息基础。我认为这更会成为扎根于经济理论的竞争论的课题。

猪木武德:我说一点。我刚才说的正是铃村先生刚才所说的。有点成了经济学者内部的话不好意思,但要满足经济学所说的"完全竞争"需要很多条件。这些条件与刚才提到的帕累托的最适应性问题,有着非常密切的关系。说由于现实的经济不符合这些条件,比如企业数量不够为了增加企业数量而强行分解,或因为理论上这么说了现实中就必须这么做,就不能使用帕累托的最适应性,是没有道理的。在这种意义上是相同的。

另外一点,关于刚才的哈耶克理论,"竞争"机制本身成了那样的社会装置、实验装置,这种哈耶克式的观点具有实质性的意

113

义。在这个意义上,我与铃村先生没有分歧。

铃村兴太郎:好像还没有经济学家提出过说明这个问题的理论框架。

山胁直司:这样,好像达成了一致的意见(笑)。那么,请本间先生谈谈。

私与公共的区别界限

本间正明:"竞争"的含义、时间界限的问题等,关于与公共·公益性等相关的基本问题,我想读读猪木先生的论题学习一下。

铃村先生提出的问题,基本与我所做的实用性问题研究在根底上是有很大关系的,我抱着这种想法听了您的发言。我在现实中怎样以量的形式来对其进行把握,而且从归结的数值化的启示中学习什么呢? 在下一步,一边对包括过程或者体系的启示等进行判断,一边社会动态地运动,我自己理解恐怕要以这样的形式来重新把握。

对于这样的工作,尤其是税制改革时,经济学家中有人对我提出了批判。即媒介变数的推定等的安定性怎样,其稍有变动结论就会大不相同。而且还出现了这样的疑问:伴随着媒介变数所能得到的、我们必须演绎的体系设计是否引起了某种误解。恐怕在座的各位,对于这种经济学的计量手法或模拟实验部分的危险,也会有实感吧。

我认为,对于这个问题的感度分析,即媒介变数变化时其是怎样具备定性的属性的,也有必要慎重进行。其中在提高精度的同时,在根本上更加认真地来重新认识"公"的含义。在刚才的讨论中,我切实感到今后有必要做这项工作。

山胁直司:本间先生最后所说的非常重要。"公"的含义到底是什么,要更根本地来重新把握。这项工作正是由公共哲学共同研究会来完成的。比如"私"与"公共"如何区别这个问题,无论在经济学还是法学中都存在,这不是简简单单就能处理好的。因此,想在与表示"公共性"的"official"、"public sector"中的"公"的含义不太一样的意义上来思考,或把它当做与个人尽可能的自由的活动不矛盾的东西来考虑。因此,不是所谓的"灭私奉公",而是以"活私开公"的形式来探讨公私问题,这是这个研究会主办者金泰昌先生的一个思想。

由此我想到,从根本上来认识"公共性"的含义时,既存在所谓社会科学有可能反而会成为阻碍因素。那么,本间先生和猪木先生都是以公共经济学为专业的,我觉得仅马斯格雷夫的所谓"公共财富"的概念,和使用的非竞争性与排除不可能性这样的教科书式定义是不够的。关于这点,两位是怎么考虑的呢?

猪木武德:我要说的和刚才铃村先生讲的是同样的。总之,以何种概念来构筑概念性框架,如何进行理论的展开,这基本上是最重要的。但是,有些东西虽然存在但未被定义,不知道怎样给其称呼的事情,在经济学中还有很多。

这样一来,在既存的概念、模型中进行议论的认识,反而是必要的。刚才的"竞争"也一样,如果再谈论一些机制的内容或过程的话,就无能为力了。在这样的意义上,我认为在认真的经济学家中,没有人拥有经济学所思考的"private wants"与"public wants"概念,是可以充分说明世界的概念的想法。

但是,就算转盘赌的转盘歪了,还是要用那个转盘来转动骰子。我们所面对的现实,就是这样的状况。我深切地感到,必须在某种程度上意识到其歪曲的同时,发掘新的概念。

因此,我不认为用现在的经济学中的"私"与"公共"可以说明

115

所有的事物。我们今后必须要做的,是不断发现新事物,为其命名并加以讨论。但是,说起来容易做起来难。

"公"的问题的研究方法

本间正明:我们经济学者虽然以"公共财富"为中心,但也以与其他方面相关联的方式来区分"私"和"公"。这个工作有的部分是过于熟练了。事实上,相互依赖性,即"公"与"私"的问题也发生在纯粹的市场经济中。即使在阿罗式的一般均衡中,被看做历史所给予的资产和能力分布,通过市场交易形成价格,被形成价格的部分通过财富的供需,也规定着某种社会福利函数的形状。

具体来说,东京大学的根岸(隆)先生对其进行过实际的理论研究。竞争均衡实现了把各个人收入的界限效用的反数置于重点的社会福利函数。到这个阶段,在这里达成的社会福利函数是否合理的问题,就会作为所有人的问题而出现。就是这样的内容。

刚才铃村先生讲过,竞争均衡是以不存在规模经济为前提的。如果存在规模经济的话,就会在竞争的企业产生赤字,由于无法供给而导致市场失败。铃村先生说的是这么回事。其是用完全成本原则来计算呢,还是赤字部分由政府给予补助金以稳定资源分配呢? 实际上是由我们全体来判断社会福利状况的。

并且不仅仅是财富的特性这种技术的问题,我们的行为本身也具有公共性。在外部不经济这个概念中,当不通过具体市场出现相互依存关系时,进行怎样的具体调整才好呢? 这个问题,和建筑物的规制、环境问题等一样,与在理论的构建中思考"公"的问题是密切相关的。

虽然我们经常以个人主义的判断为前提,但我认为经济学者对"公"的问题,实际上拼命思考为了达到结果部分的体系和规则。

对我们经济学者的强烈批判之一，是研究方法非常机械或以数量来把握，怎么来看待由此引起的被忽视的要素的问题。我也经常受到这样的批评，说是研究经济的人完全不考虑公共性。

如果说只顾着追求私人利益、效率性，我可能跟说这话的人一刀两断。我在从事大学的实务的两年里，因为这种批评十分苦恼。但是，我想让他们找出被忽视的要素让我看看。从经济学者来说，与其他学科的学者交流时，以怎样的形式对概念进行扬弃，这也是一个课题。在这之中，如果建立了构建共通的框架的合作关系的话，这样的交流不是有意义的吗？听了刚才提问者的发言，在这方面我受到很大的启发。

山胁直司：说起"被忽视的要素"，当然这其中有很多问题，如政治的问题、法律的问题，尤其是竞争法和反垄断法等。制定这些规则一般被看做是私法。私法中也有公的要素。正因为如此，才有经济刑法这样的法律。它对于不法行为或者适用商法的特别渎职罪，或者追究违反反垄断法。另外，还有公正交易委员会。关于这些问题，我想请教一下法律专业的森际先生。

公共价值与经济利害

森际康友：如果在"市场"中能够真正实现最恰当的资源分配，那么无论什么都可以在市场中进行。就像卢梭和康德所想的那样，政治如果最终都能够还原为"道德问题"，那么就可以按道德来进行资源分配。但现实是仅这两者是不够的。如果社会中没有"法"和"政治"，那么在重要的地方无法实现资源分配。

我认为在很多围绕"公共性"的讨论中，都有一种乌托邦式的情绪，即如果可以的话可以没有公共性领域，想一切都通过道德或

117

私人交易来实现资源分配。

对于这个，虽然我说的话有点泼冷水的感觉，只要人还是作为人存在那就是行不通的。反而必须积极地承认"法"和"政治"的领域。承认这些（法和政治）是一直以来人类处理公共问题的智慧结晶，然后去分析有什么样的智慧和问题点，不是更具建设性的吗？我是这么认为的。

山胁先生提到的经济刑法等，在法律上看是属于公法。因此一提出"法"和"国家"，把所有的东西都当做权力过程来理解就很自然了。我认为这是如何理解权力的问题。比起露骨地使用反垄断法或经济刑法，把传家宝刀作为制裁的可能性保存到紧急关头再使用，这才是权力的正常姿态。只有这样才能说所有的一切都是权力过程，以至于作为纯粹私法的民法和商法发挥作用，经济交易的规则和道德在社会中的具备实用性。说起"权力"很容易被认为是一种不好的东西，但实际上也有"好的权力"，只有它的存在才能做出道德、市场无法做出的公共性决定，即对于用这些方法无法达成共识的资源分配问题做出决定。在自由民主的国家中的法和政治，实际上应该理解为是以行使这样的好的权力为目标的，否则民主主义就无法正当化。我反对把权力等同于暴力，把国家看成坏蛋这种风潮，我想说的就是这个。

我认为，"公共性"很明显是权力问题和权力现象在其中成为必然的领域。它绝不是总是通过对话能达成共识、完美协调的领域。"公共性"不仅有光明的一面也有阴暗的一面，有必要把全部接受之的做法作为基本姿态，经济营运和道德也应在这样的脉络中定位。关于公共性阴暗的部分，不应该把其当做零合游戏，而是要把其转换为双赢游戏，作为一种导向光明的制度性尝试，来把握自由民主主义这种权力体制。

具体来说,刚才本间先生指出,我们国家的经济处于非常危险的状况中,而不是像现在我们讨论这样的悠闲的状态。如果我们是在讨论"法"和"政治"的话,处在这种危机的状况中,就必须讨论解决的办法。

很多人总容易认为法哲学家、政治哲学家在谈到"自由"、"正义"、"民主主义"时,总是不顾经济现实,而只考虑"为了实现这种理念,大家应该怎样以善良的情感去努力"。事实上,可能有那样的人,但只要是懂得一些政治现象的人,就知道不是那么回事。

在经济状况陷入相当的危机中,容易被认为是奢侈的价值的"自由"和"正义",能在多大程度上、在现在的日本这样一个共同体实现呢?反过来说,不在多大程度上使用这些,就无法克服现在的经济危机呢?这样,只有承认这种大家相互帮助的状态,我觉得才能实现(并非纸上谈兵的)"自由"和"正义"的讨论。

像这样,政治的法的各种价值与经济利害是相互密切关联的,因此这些公共价值只有在特定的经济形势、社会形势的脉络中才能被现实地把握。相反,如果经济和社会无法能动地理解支撑其的法制和政治结构和其所体现的公共价值,也不能充分地把握。因此,我认为如果经济学者、政治学者、法学者、哲学者不坐到一起讨论毋宁说是不正常的。因为各自领域是非常有机重合的,所以不这样做很奇怪。更严格地说,如果没有这种合作,自由民主主义的实现是困难的。这是我的感想。

119

法与公共性

长谷川晃:我非常赞同刚才森际先生所说的,请允许我再补充几点。

第一,关于刚才提到的最近的美国总统选举过程。我未必十分了解美国的体系,所以就我个人印象而言,是否有必要注意那种"procedure"(程序)拥有其自身意义的背景呢? 当时我正好在美国,所以更是有那样的感觉。看昨天(2000 年 12 月 15 日)布什的演说就可以明白(戈尔的也一样),以"美国是一个整体"、"the law of the land(这个国家的法)所要求的",或"拥有 rule of law(法的支配)"的形式,先不论其好坏,存在着用很大的框架来概括"公共性"的侧面。

尤其在"法"和政治中,公共性非常突出。恐怕在经济中也一样,虽然我不是很清楚,但如果实际中发生了各种问题,马上就会提起诉讼。在日本的场合,相当一部分是公共贸易委员会加以裁量来处理的,而美国式的处理则完全在法院进行。虽然这也有很多不好的方面,但说得好听些,是"对法的信赖"程度大。

这时,对"法"的理解方式大致有两种。一种是把它完全作为工具的法律的理解。刚才,铃村先生所说的各种问题中很少出现"法律"一词,反过来说,有在制度设计中"法律"只是一种手段的印象。我想这在(日本的)法学中也存在。

另一种,是所谓的"the law of the land",在美国存在作为统合人们的多样性、多元性、异质性的象征性东西的"法"。这是个很大的问题,但这其中是否有一些思考的启示呢?

由此,我想"法"是否可以作为表现"公共性"的一种形式呢? 当然,"表现"也许不能完全抓住"公共性"的实质。可能政治也与此相同。

在这种场合,"公共性"所依据的基础,其历史形成过程有各种各样。如果拿法学来说,有比较法的领域,把英国、大陆、亚洲与日本等进行比较。在这里想到的是,至少"法"的形成过程是非常依赖历史路径的。实际上这成为重要的考察对象。这样一来,自然地在形成公共性的基础这种意义上,让人思考历史的变化、社会构造的变化。

比如美国的场合和日本的场合,从直觉上来说就相当不同。尤其在美国的场合,一个是体现为五月花的誓约,重视"契约"。然后是"移民社会"。再就是实行某种立宪契约,制定宪法,200多年一直遵守着这个誓约。这与日本相当不同。我想在这种意义上,在出现公共性基础不同的地方,也许会给予某种启发。

最后我想说的是,刚才与猪木先生私下谈到过的"专家的作用"问题。众所周知,在美国司法是一元的。现在,不管是法官,还是律师,或是法学家,其作用是可以变换的。但日本由于是一个职业体系,很少出现这种情况。

"专家的作用"的论点,在法律的场合、经济的场合及其他场合是很不同的。比如日本,实际上现在的司法改革成为很大的问题。包括法科研究生院要做些什么事情,法学学院、日本律师协会、法务省及最高法院的立场有很大分歧,其中有相当的紧张与矛盾。其中关于如何进行法科研究生院和司法制度改革,产生了见解的对立。当然这在美国也有,但是美国的"法"的观念,可以将这些对立在相当程度上统括、收敛起来。

在这种背景下,美国的专家们即使分布在社会的各个领域,但或许也可以集中到某种象征性的公共旗帜下。

121

伦理、道德与经济学

西冈文彦:长谷川先生的发言中有这样一句话:"法是公共性的表现形式。"这与我的想法不谋而合。经济学的问题,从我们门外汉看来,对专家的期望是很高的。因为从心情上说,经济学是与我们生存下去的奖赏有直接关系的学问。我这么说可能会受到哲学、宗教学专家的斥责，但作为日常感觉，我认为对我们日常伦理与道德最具影响力并起支配作用的是"经济学"。

马上就要迎来 21 世纪，我们真心希望获得新的生活方式和言行的指针。如果经济上的成功与繁荣，作为一种对无愧于良心的生活方式的奖赏能够实现的话，作为人的生存方式来说是很幸福的，但现实却并非如此。在我的朋友中，经常有人半认真半开玩笑地说，只要是认真凭良心工作，就是到了 21 世纪还是贫穷的。但不是说正直清贫的人要甘于清贫，如果人们能够追求更好更富裕的生活，我认为这是人们经营社会的最好状态。

我在学生的就职咨询中必然提道："不能做危害社会的事，不能做违背良心的事。"或者这也许是"贫穷的劝导"。因为对照自己的人生，（忠实于良心）我失去过很多的工作。"做这样的事对社会不好啊"，"啊，那算了，你走吧"，有时就这样失去了工作。把这些事说给学生听，总觉得自己不是给下一代作"繁荣的劝导"，而是在作"贫穷的劝导"。

我们在高中时经历了全共斗（全国学生运动）时代，当时被迫作出非常图式化的二元论的选择。所以认真思考了到底是选择"革命家"还是"帝国主义者"。当时我只想，虽然不一定能成为革命家，但如果成了帝国主义者一生也就完了。我想这是与我同时代的大部分高中生都面临过的问题。他们读《共产党宣言》和《资本论》，拼命学习马克思主义经济学。我虽然只看过《雇用劳动与资本》和《共产党宣言》，但也让人恍然大悟。但是，虽然努力学习了马克思主义经济学，在政治上却失败了。也有的朋友宣称"斗争失败了，今后要努力成为帝国主义者"，因而进了贸易公司。我们回避升学而就职了。可以说是选择了良心上追求贫穷的道路的一派。

过了 20 年后想一想,在高中时代这个最善感的时期学习了马克思主义经济学,进行了非常幼稚的斗争,在政治上失败后我们这一代人所进的公司,在我看来职业伦理明显下降。因为经历了"革命家还是帝国主义者"这样的非常图式化的二元论,所以他们的职业伦理下降了。我们的世代在这方面还是有负债。

但是还看不到还债的法则。比如,对亚洲我们要以虔敬的立场来对待啦,不能去冲绳娱乐场所游玩啦等,在感觉上是明白的。但是,说起值得传给后世的经济指导原理,和引导新的生活方式的思想时,老实说来,好像我们这一代是停滞不前的。

因此,无论如何我想通过今天这样的公共经济学的讨论,得到类似"经济伦理"或"经济道德"那样的东西来迎接 21 世纪。我真的很为难,拜托了!

山胁直司:这个问题能请金子先生来回答吗?金子先生以前学过马克思主义经济学。我知道明天的论题您要做长篇的发言,但现在能不能在这儿给点评论。

基于自立的连带社会

金子胜:这个问题很难回答。我本身是学财政学的,因此没怎么思考过思想性的东西。但最近我有(与西冈文彦)同样的想法。比如,经济学中假定的"人",比较朴素地还原为利益,因而评价不好。在自发性部门或中间团体中,最多还原为在非合作游戏中在意评价的人,只是说明的工具。通过让渡或交换公共的东西或效用,效用不断提高,在进入这样的状态的瞬间,理论总是感觉不好。我一直感到有这样的气氛。

这样一来,构成中间团体的人的动机到底是什么?本间先生具有危机意识,公共部门照这样下去会破产,因此必须以自发组织

123

来进行某种补充。这时出现在头脑中的是美国基督教徒的活动，或英国志愿者活动的传统。

日本在忽视个人利益这点上，这类组织不够完善。我直觉地感到，日本缺少美国、英国所具有的东西。或达成某种公共契约，有些部分只能在根植于道德的条件下才能成立。日本也制定了NPO法，但一不小心就很容易混进新兴宗教团体那样的东西，很难从这样的氛围中脱出。在经济学上，如果把这种部门从政策论角度来思考的话，事先就决定了想实现的社会目的，会由于公的部门特别臃肿化而失败。设想应纳入NPO来实现公共的目的的人，我总觉得他们在经济学中是非常不稳定的。

我的观点偏离了经济学的传统，是异端。这虽然既不是通说也不是别的什么，但听了年轻人的话，会强烈地感觉到他们"想自立"，或"想自由地生活"的要求。成为自由打工者，或工作不到三年辞职的人，心里应该是想要自立。但是，就像刚才提到的那样，拿不到养老金，裁员会在40多岁开始。即变成了不得不自己寻求自己的状况。要说市场能否保证自立的基础，实际上市场既不能保证道德，也不能保证自立的基础。

作为我的问题意识，我认为如果不共有某种制度和规则，他们就无法找到将来自立的根据。因此，"市场观"是不同的。是认为市场中已经纳入了道德性呢，还是认为如果不从外部导入制度和规则市场就无法运作呢？我觉得这是观点的决定性的分歧点。

我志向于制度派经济学。所以我认为，比如通过养老金的一元化，大家可以安心地换公司，即使换了职业也能保证拿到同样的养老金，共有这样的能促进自立的根据的制度，实在是个大课题。这里有财政的功能的问题，但同时也需要能容纳这些东西的社会。

即我说的"基于自立的连带社会"，实际上除了单纯的信息什么也没说。我觉得这种社会对现在的年轻人来说是非常切实的。这并不是什么空想的东西。

虽然对铃村先生、猪木先生、本间先生有些得罪，我把比团块世代年长的人都叫做"吃白食世代"。尽量避开"吃白食世代"，只有把年轻人能够自立的根据纳入到制度和规则中，市场才能发挥功能。因此，我是以与传统经济学的思考完全不同的方式来考虑问题的。

不知道这样算不算回答。之所以觉得现在的日本最"贫乏"，是因为不知道怎样才能看到未来，怎样才能够自立而最低限度地生存，无论雇用的规则还是社会保障的规则都失灵了。可能别的亚洲国家也是如此，有可能一旦发生短期资本流动，国库立刻空虚的事态。这样一来，就不能自主地决定一个国家的经济政策了。只有包含了自立的根据，市场发挥了功能，在这里"责任"才会成为问题。这是极其自然的想法。

实际上我对专家集团也不太信任。穆迪投资服务公司（对银行和企业排名次的美国公司）和 S&P（股价指数）总是错误百出，如果没有原子能安全委员会那样不可靠的东西，我想也不会发生 JCO 事件。

另一方面，在普通生活中没有人们发表意见的空间。即使是中间团体，在日本也存在很强的排他性。没有贯穿集团的共有规则的协调社会，以集团主义来追赶时虽然是好的，但是由于没有明示规则和准则，就弄不清楚应该对谁负责。在实现公共的东西时，重要的不是"市场"或"政府"，而是完备的制度和规则。"法"和"政治"的领域决定什么，这决定性地左右着市场，这实际上是我的观点。

护送船队方式确实不好应该将其解体，但是现在没有取而代

125

之的构想。我和法哲学家井上达夫先生论争时,这成为对立的论点之一。

我非常了解猪木先生的问题意识。我也认为中间组织和NPO·NGO是重要的。不过,排他性或协调社会这种社会体质不是应该改变的对象吗? 这不是所谓的路径依赖性或历史路径依赖性的问题,而是其自身必须改变。那么在改变时是否可以把它完全交给市场呢? 我认为是不行的。在这里可能存在很大的分歧。

山胁直司:这一点很重要,请猪木先生来回答一下。

猪木武德:我并没有说某种道德性的规则·原则中、长期地被纳入了市场中。我不太希望过于夸张性的描写。

下面要说的与刚才的讨论有点关系。刚才出现了道德性或伦理性这些词,我想这在伦理学·哲学等领域已经有很多讨论的积累。我非常朴素地认为,总之在有"选择"余地的地方发生伦理问题,是进行了什么选择这样的自由意志的问题。所以,扔一块小石头,石头按照引力的法则落下时,这既不是道德问题也不是其他什么问题。

那么,把"公共性的问题"和"现在的问题"联系起来看一下。将"私"、"共通"、"公共"并列时,假设在"私"的部分选择余地多,在"公共"的部分选择余地少,而"共通"位于中间。

这样一来,"政治"的问题会从"道德"的角度受到各种批判和议论,但一般来说,政治有些时候必须采取"没有选择余地"的行动。所以,"政治"问题未必和"道德"问题直接相关。我基本上也认为现代日本的政治缺乏道德性。但是,讨论"理念"是个百分之百自由的世界。要做某件事时总会有"正论"出现,这个正论是无法驳倒的,因为说得正确。

然而,实际我们在日常生活中,在讨论应如何改变现行的制度、习惯时，事实上选择余地并不那么大。我们被束缚着。按照自己的感觉去讨论是挺好，但实际上（按照理念去变革时会因为种种现实）被束缚着。

在"经济"，也存在"个人"与"公共"的问题。我认为"公共"与"共通"之间最重要的差别，是是否存在强制这一点。

所谓伦理性，是以选择的自由为前提的，与此同时，与不想被人知道的隐私也有关系。虽然这根本不是对金子先生的反驳。考虑到何为"私人"和"隐私"的问题，以及"选择的多样性"这些非常现实的问题时，我深切地感到讨论本身如不具备像样的理念是不行的。同时，存在个人作出独立选择的困难性。把一个人放在完全真空的状态中，说"等距离地既可以选择这也可以选择那，而我选择了这个"，真的可以这样说吗？

金子胜：如果从猪木先生的相关领域来说，如果置换成日本的企业组织的现状，我觉得那样对话就可能了。在某个时期，不管是青木昌彦先生还是小池和男先生，都对这种日本的体系给予很高的评价。他们的主张是，在某种意义上大家平等地组成小集团，由此所带来的网络的效率是竞争力的源泉。

但是现在变成了完全相反的评价，即认为日本式经营的现状从国际体系来说是非常落后的。从这个意义上来说，猪木先生的观点，即相对于以前走过头了的市场论述"长期性"视野，在对其持否定的议论中坚持自己的主张，应该使"中间团体"的作用或"专家集团"更加自立，在这个意义上我非常理解。

但是在日本企业，在审定同期入社的成员时，审定评价的内容几乎不公开。工会也不想让审定结果公开。

猪木武德：把审定结果反馈给个人，进行援助和面谈的企业增加了很多。

127

金子胜：这是最近的事。

猪木武德：不，从很久以前就做了。

金子胜：如人格评价的部分，还有其他各种内容。

猪木武德：他人如何评价当然是不发表的，但是关于自己自身……

金子胜：可能是那样的，但没有公开的评价基准。比如 OJT 在美国被制度化了，所以就可以决定一时解雇的顺序。如果是在欧洲，则以此为基础下降到个人层次，代理人出来交涉。

这样没有公开的基准，如果适用契约理论的话，就成大家默认的契约，成为不可能论证的命题。千叶铃没有被选为奥运会选手的过程也是如此。工会的投票也几乎是做样子看。这表明比起个人的隐私问题，明显存在着这样的结构，即不能采取协调行动的人是不能投票的。

猪木武德：职业棒球赛的谈判也是如此。

金子胜：比起出色的理念来，是谁如何来决定强制协调的制度和规则的呢，又是谁颠覆了它呢？这在形成个人的自立和自由发表言论的结构中，是极其重要的契机。我认为如果改变了这个结构，自然会改善下去，就不需要"出色的市民"了。

猪木武德：其（现行的制度和规则）是被"forced"（强制）的呢，还是不是呢？所谓被强制而选择，虽然其本身也表明了一种力量的界限，但也可以从中跳出来。这尽管有可能被您说是理想论……

金子胜：只说一点。"公共"不仅拥有权力，虽然不是福柯，但在某种结构中，实际上在私的领域中也存在着权力。我认为在游戏中处理权力问题是最困难的。也许会形成内置了类似那样的监视功能的社会。年轻人在那里深受其苦。总之如果终身雇用的话就想协调行动……在日本不就是这样的问题吗?

猪木武德:把它作为"日本的问题"来讨论,我认为缺乏一般性。

金子胜:的确有缺乏一般性的一面,但是在考虑今天的闭塞状况时,我认为这是重要的论点。

猪木武德:反过来说,这不是过于强调日本的特殊性了吗? 这是在当今产业民主主义社会中,某种程度上出现的问题。先不论日本的程度是否更为深刻,如果只把它当做日本的问题,我不赞同。

山胁直司:又提出了一个非常重要的问题。明天猪木先生不出席了非常遗憾,但我想会出现全球化等各种日本的问题。那么,下面请金泰昌先生谈谈。

经济学中人的形象

金泰昌:从大家宝贵的发言中,我学到了很多东西。在此基础上,难得今天来了很多其他领域的学者,所以尽量把经济学内部的讨论向与外部对话的方向推进,我想这样才更适合于经济与公共性这个话题。

我认为"公共经济学"与"经济学的公共性"稍有不同。所谓公共经济学是经济学的一个领域,有其相应的概念、范式。但是,现在思考的经济学的公共性,是把重点放在这样的问题上,即与经济学领域以外的人对话,经济学能否对其中出现的问题和呼吁给予应有的回答。

最近,在读英美出版的经济学领域的书籍时,发现了一部分经济学家的两种自问自答。一个是,到目前为止经济学家是面向谁发言的呢? 回答是"面向内部的专家"。另一个问题是,为了什么

129

而这么做的呢？回答是"为了在专业领域的世界中得到承认"。但是,如此一来,这就成了专业领域这个自我完结的、只是私密空间内部的被私事化了的学问。

不应是这样的,而是面对来自专业领域之外的问题和对话要求,用自己所掌握的专业知识能够回答到什么程度？思考这些,才是现在对于经济学家来说的重要课题,因此想强调经济学中的姿态转换。

我觉得"公共经济学"并不具备这样的性格,大家觉得呢？

这样说的话,尤其是与刚才西冈先生的提问有关,先不论其好坏,以往的经济学设定了一种人的形象。这就是所谓"合理的选择者"的形象,也与最大利益追求者这种形象相关联。在此基础上构建的理论、范式和各种观点,在一定时期内是很有效用性的,它能说明相当一部分东西。但是现在用这种经济人模式来考虑经济问题,在各个方面都出现了问题。从经济更为公共化的角度来看的时候,那么我们设定怎样的人的形象,才能构筑基于此的理论呢……

刚才猪木先生说过"正确的理论是不可驳倒的",但我认为日本社会的特征之一,正是存在不可驳倒的正论。接下来要讲到美国与日本的话题,我在美国居住过,现在生活在日本,在我看来,美国总是存在着异论与反驳,争吵不休,与此相对,日本因为存在着不可驳倒的正论,在这方面十分平静。但是最近好像正发生着变化……

比如在日本水户黄门（中纳言）一出来,看见了葵的家徽,全都立刻毕恭毕敬。这其中有大家承认的权威。所谓画押的权威……不认同的人会被视为奇怪而被排除或无视。但是在美国,因为聚集了各色人种,权威是建立在规则之上的。所以法律是最高权威。虽说"理念"和"价值"也许不能共有,但只考虑遵守"规则"。没有这个美国就无法成立了,在这个意义上,美国可以说是法规支配型社会。

日本人认为"美国是个诉讼社会,无论什么都用审判来解决,而日本不同"。在我的感觉中,日本是个相当程度的目标支配型社会。国家整体的目标志向性比法规(程序和方法、过程)志向更强。选举首相也一样,比起过程来实现目的倾向更强。这样一来,社会全体由国家目标而被一元化,因此一旦出现了一个正论就很难进行反论。这与目标虽然不同但尊重基本规则的社会当然会产生差异。

刚才提到了"自立"的问题。在谈从哪里自立才算是"自立"时,有人用了这样一个说法:"从习惯的横暴中自立。"以往的习惯是这样的,或先例是这样的,所以你也要这样,这种情况很多。在激烈变化的社会中,先例已经行不通了,不要拘泥于先例用自己的脑子去思考。这也是"自立"的出发点。

森首相曾经提出过这样的问题"灭私奉公有什么不好",谁也没能回答上来。因而森首相至今仍以此为信念。关于这一点,吉田公平先生曾在这个研究会上说过:"灭私奉公之所以不好,是因为自己不用大脑去思考。"换句话说,就是没有"私"(=个人)。从这个意义上说,用自己的大脑好好思考,是"自立"的出发点。由此产生自立的各种发展阶段,进而实现自立的成熟。

131

为什么现在会产生"自立"的问题呢?那是因为日本的社会也不再是以往的社会,用传统、习惯、先例、常规去解决问题,已经变得越来越不可能了。那么,人们依赖体系和制度等获得承认的形式,会持续到什么时候呢?比起这个来,每个人自主地拥有信念(可以是各自不同的信念),为了实现它的价值而竭尽全力做到最好,在这个过程中几乎自然产生的某种共感正在发展下去。

我认为"公共"与"公"是不同的。所谓的"公",不管是从这个词的中国思想、日本思想的背景来看,还是从现实的现象来看,都会发现国家中心性、行政管理性的倾向很强。说起来,是一种封闭特权式、指示命令式的东西。即使不是这样的场合,也是领域确定、分割式的,或理念制约式的。但是"公共"则是不断尝试、促成异论式的,而且具有重视开放、协调合作、生成性过程的性格。

不管是银行还是官僚,作为画押的权威而被尊崇的所有的公的体系本身,已发生了制度疲劳,陷入了功能不全。也可以使用"崩溃"这个词。这时留下的唯一道路,就是每个人的自发性行动。

从一开始就确立很高的理念,要求所有人都与之相符合的做法是陈旧的观念。我认为这种观念已经是不可能的了。如果不采用通过更为现实的质朴的过程,阶段性地来积累的方法,就不符合当今时代的状况和要求。我想日本也正在朝着这个方向发展。我觉得从最初就承认人的利己性的经济学,也许才是真正承认"人"的经济学。即使马克思主义、社会主义制度在理念上有相当程度产生共鸣的侧面,但其对人的理解过于理念化了,所以受到批判也有一定道理。我认为在思考公共性时,也应该以现实的人为前提。

追求利益与企业伦理

本间正明:我们经济学者原本就不是只对"物"、"服务"进行讨论的。制度与自身的行动这种价值判断的形成本身,是一种历史的路径依赖性。最象征性地表现这些的是法律、是制度,并且在其中自我合理地生存下去。其结果是产生的各种问题显著化,从而重新来认识制度或法律。比如官僚和政治家的腐败问题,在那种体系中那样地行动,在利己性的意义上来说也是合理的。

就像金泰昌先生所讲到的那样,是否能独立地改变我们的价值判断呢？或是否可以考虑公共的东西是从天而降的呢？或者说,包括我们的生活方式和价值观的形成,在这个路径中像选择通过的状况下,如果发生矛盾该如何应对呢？这在 NPO 的经济学或志愿者的经济学中,将私益部分与公益部分分别列入效用函数中,是自己在行动时把不当获得的利益用"金钱"贡献给社会呢,还是在自己获得利益之前分出"时间"用肉体从事自愿者活动呢？这种行为选择本身,也是依存于制度设计等而决定的。在大阪有这样一句话:"用肮脏的手段赚钱,干净地去使用。"也就是说,如果不贯彻到底的话,哪一方面都不行。

我们并不认为在将价值抽象化的时候,把作为函数的人从具体的人中分割开来的(被描绘成经济学形象的)人是好的。工作时用最好的方式赚钱,将在那里得到的东西作为结果用在好的方面。或者如果 NPO 的能力不足的话,还可以通过有专业能力的人的加入,来提高那里的效率,也存在着这样的选择的问题。

我非常深入地思考了如何去创造这种"机会"。也就是说,人们一旦认识到了伦理和道德,就会发生 180 度转弯,而加入 NPO。另外制度也会随之改变。这其中虽也有画在纸上的大饼那样的部分,但还是把所做的工作以看得见的形式公开了信息。我们一边"learning by doing"(从实践中学习),一边阶段性地变更改革的方向。应该怎样设计这样的进程呢,我认为这是很重要的。

这也涉及金子先生所说的问题。我非常赞同金子先生的观点,还有论述企业伦理的内桥克人先生式的观点,但反过来又有一种"太容易啦"的感觉。也就是说,问题是能否改变人们的价值观并将其推广,以及在这个国家里有多少具有这种操控能力的人。

133

如果不解决这个问题,作为理念,即使市场部分地想在使用的方向上强制推行,并做出相应的制约,在现在的社会又会带来多少具体成果呢?作为方向性,我也是赞同的。但是,追求理想的部分与现实的成果经常是相互交织……

金泰昌:按照本间先生的说法,比起清白正直地赚钱来,马马虎虎的做法是既不能赚到钱也无法做善事。因此,赚钱的时候应该彻底贯彻赚钱的逻辑,然后清白正直地使用才是现实的。是这样吗?

本间正明:是的。彻底赚钱并不等于非伦理性的。经济学中的所谓"效率化",正是包含了向外部支出的费用,都是列入利益计算之中的。因此,追求利益绝不等于恶。相反,给予这样的刺激,对于在所给的成本中提高效率是最好的。问题是,是否将在社会所产生的成本内部化。

在这个意义上,又与"NPO 不要紧吧"的问题相关。我经常对 NPO 的人说:"你们总是抱着内行的意识来批评别人(行政和企业),但你们所做的事是用真正适当的方式来做的吗?"即在"赚钱"这个方面,你们真的做得好吗?即使在募集基金方面,也是不付出努力只感叹"得不到理解",或是不具备作为基金增值的能力而悲叹。但是关于自己所做的事,虽然想法是与公共相联系的,但实际上做的是否真的与公共相关呢,那是另外一回事。我特别强调"想法"与"结果"是全然不同的。我认为这是很重要的一点。

也就是说,是否是意识到识别功能的主体。在圆滑的人的形象中随大流,在柔和的气氛中做下去,是否真的可以。我对此抱有疑问。

林胜彦:我很明白您所说的,但正是由于拜金主义流行,才造成了像现在成为问题的地球环境问题。

本间正明:这不是企业的责任,而是伴随着没将社会性费用内部化而产生的社会成本。在实行改革使其规范化时,我认为企业可以对此进行抵抗。但是,考虑到"将来世代",由于环境污染对将来会造成深重的负担,因此对于规范化最好能达成一致。在20世纪经济学的鼎盛时期,庇古说过这样的话:现在,经济手段是最有效的环境保护的对策这种认识,正在开始获得理解。从这点上来说,正是经济学完整地提出了问题,而不是利己主义的企业。

小林傅司:如果以刚才的事例为例,可能正如您所说的。但是,比如最近欧美的跨国企业的制药公司正在研发防治艾滋病的药物。这种药一个月的剂量需要 100 万日元左右。为什么需要高达 100 万日元呢? 那是为了收回投入生产前的长期研发费用,这也是保护"知识产权"的结构。这样一来,对于最需要这种艾滋病药物的 5000 万非洲人来说,100 万日元是无论如何也拿不出来的金额。因此,发生了巴西政府对抗这种"知识产权"的逻辑、规则的事件,要求以一种无商标商品的形式生产这种药物,以非常低廉的价格供给非洲。

在听到这件事的时候,作为外行人的直觉,觉得巴西政府做了好事。但在存在药品的专利这种国际协调规则的场合,实际上有没有蛮不讲理的意味呢? 另外,尤其是与科学技术密切相关的场合,制药公司所拥有的"知识"通过市场机制不断商品化这种结构本身,在长期的经济学理论中能否给出圆满的解释呢? 对此我抱有很大疑问。这方面怎么样呢? 我反过来很想听听经济学者对这个问题是怎么看的。

135

本间正明:药品的开发费用昂贵而患者很少,因此如果放任不管,价格就会暴涨。但是,如果从人权、公平的观点来看,这其中存在问题。因此,巴西采取了地下的对应方式。这样是否合适呢?

或者,采取法律的或补助金的形式在市场中对应下去呢？这里的判断属于各国的见解的问题。是该国针对风险如何看待社会保障、保险部分的问题。

日本、美国的价值与非洲那样的所谓发展中国家的价值完全不同。我想这是与国家间如何"subsidize"(援助)有着密切关系的问题。所以我认为巴西的做法不太好。

小林傅司:巴西并不是为了本国国民这么做的,而是为了非洲人这么做的。

本间正明:即便是那样,手段还是错的。搅乱市场,这涉及将来对艾滋病药物开发动机会产生何种影响。事后以何种形式应对开发能量或动机呢,应在与这个问题相分离的基础上讨论。

小林傅司:制药公司的确是这样的意见。而且,美国政府也提出向非洲提供购买高价药的贷款。

本间正明:首先,这是以何种方式购买的手段的问题。对于是否可以采取地下方式,我持保留意见。

其次,是企业道德的问题,正如刚才林先生所指出的那样,的确是非常重要的问题。企业在因特网的世界中也在不断地学习。不仅是 NPO,企业自身在"企业市民"这一说法中,也使用了"enlightened self-interests"(有见识的自我利益)这一说法。追求有见识的自我利益,从中长期来看强化了与顾客之间的关系。在与股东的关系中也是如此。企业行动是与需求相联系的,这种概念以非常明确的形式迅速推广开来。这是雪印(乳业公司)的教训。通过其他各种事例,大家都实际感觉到,其会给股票价格带来怎样的影响。我觉得,通过这件事,企业的道德扎下根了。这正是社会引入这种机制,提高企业伦理的大好时机。

公共的道德律、私的道德律与经济学

铃村兴太郎:我想就刚才的讨论回答两点。

我的第一点,是关于"公"和"私"这两个词的使用方法。我认为,道德律问题有"公共的道德律"(public morality)和"私的道德律"(private morality)两个侧面,如果不对两者进行概念识别和议论的话,就无法避免诸多的混乱和误解。直截了当地说,即使向经济学者询问"私的道德律"应是怎样的,作为经济学者也没有回答的义务与资格。如果是他个人的心情告白则另当别论,即便是问社会中应该确立怎样的"私的道德律",经济学并不具有回答该问题的学问背景。包括经济学者本身都应该明确地认识这一点。对于"私的道德律"的存在方式,经济学者所能理解的领域,只限于客观地分析构成社会的人们所具备的"私的道德",作为各种各样的个人之间相互作用的结果,会给社会带来什么样的归结。与此相对,对于经济体系的存在方式这一问题,作为"公共的道德律"的问题,我认为经济学者负有从正面给以回答的义务。经济学之所以对伦理问题不能视而不见,正是与这个部分有关。

我的第二点,与本间先生的发言有关。虽然说不上是经济学者内部对立的大问题,但是有点担心想确认一下。例如,经济学的工具,是否可以确信已经整备到可以对提出的问题作出充分的回答,我认为在这里仍留有很多应该冷静反省的余地。

作为例子,想提出地球温暖化(global warming)的问题。我认为这个问题与经济学者以往所思考的外部性问题,有着完全不同的规模和意义。在经济学者以往所思考的外部性问题中,加害者(外部效果的制造者)与被害者·受益者(外部效果的接受者)是共存于同一时代的。因此,关于处理外部问题的方法,双方直接交

137

涉来解决在原则上是可能的。

在地球温暖化问题的场合,一直在讨论现在世代应该如何处理这一问题,但实际上积累了温暖化气体的是产业革命以后的过去世代,他们中的大部分已经在地球上不存在了。金子先生说我们这一代人是"吃白食世代",但地球温暖化问题中的"吃白食世代"几乎是产业革命后的整个世代,即便是追究他们的所谓加害者责任,他们的大部分人已经不在了。这样看来,已经不能说由于在经济学中存在基于加害者责任的补偿原理和原则,问题就能基本解决了。另外,即使想要对受到负面的外部影响的接受者给予补偿,但受地球温暖化问题深刻影响的是数十年后的将来世代,而他们中的大部分人还未出生。从这点来说,传统的外部性的经济学,在地球温暖化问题的场合也失败了。

地球温暖化问题还存在其他层次上的问题。在此,我想归纳为三个层次来谈谈。

第一,由于产业革命以后的经济发展而走向富裕的发达国家,采取的立场是提倡用全世界的费用负担来抑制温暖化气体,但这在经济正在起飞的发展中国家看来,发达国家在达到当今的富裕过程中无限制地排放了温暖化气体。如今却要求发展中国家也来承担抑制的成本而限制其经济发展,这是非常不公平的。这是在经济发展阶段上存在差异的国家间的利害对立及均衡费用负担问题。

第二,地球温暖化的影响并非均等地波及地球上的各个国家。随着温暖化的进展,太平洋上的岛屿国家可能会被淹没,这正是在太平洋岛屿国家有区别地发生的问题。另一方面,比如西伯利亚、加拿大的部分地区,由于温暖化的进展,原来不适合耕作的土地有了耕作的可能,温暖化的进展反而给他们带来了成为机遇的可能性。

正因为地球温暖化问题是全球性的外部问题，所以它的影响在地理上也是不均等的。这种不均等性当然也会使温暖化对策的性质和费用负担问题复杂化。

第三，深受地球温暖化问题影响的世代，不仅只是数十年后的将来世代，而且他们会成为怎样的拥有"自我认同"（identity）的人，这不可避免地会受到现在世代所采取的对策的影响。这个问题的基本性质，与哲学家德雷柯·帕菲特早就指出的"非自我认同问题"（non-identity problem）是共通的。

外部性问题，自庇古的"福利经济学"以来，经济学的分析不断加深是事实，但只限于对加害者与被害者处于同一时点，能够共同坐到谈判桌前的状况下的分析。应当分担责任的过去世代已经不在了，而蒙受损失应被作为补偿对象的将来世代还未出生。在这种状况下，围绕外部问题的对策和费用负担原则，现在世代必须作出决定——我认为这是我们所面对的外部性问题。作为经济学者，不能推托以往的理论框架在原则上仍有可能适用而回避。

本间正明：我本不打算用经济学的关系来讨论这个问题，而且我刚才根本也没想说经济学是万能的。

即从逻辑上看，刚才我所说的世代间的问题也是一样，在存在的东西与不存在的东西之间，各个世代在怎样赋予价值判断的时候，对于不存在的世代，存在的世代能怎样地、在将它们的利益纳入自己的考虑中的同时来行动，是个很重要的问题。至于这算是经济学所分析的问题，还是我们所说的包含了伦理和价值观的问题呢？我认为是后者。

也就是说，关于时间性的资源分配的问题点，从某种意义上来说，在逻辑上我们自身是熟知的。也包括体系问题，怎样具体地把对将来世代的代理部分纳入进来呢？今后应该将重点放在这里。怎样纳入到舆论形成或意志决定体系中呢？这不是经济学者的个人利益或是个人义务，而是以此为基础社会全体怎样考虑，"法"的部分又如何制定。我认为只有这样思考，才能形成对话。

铃村兴太郎：这一点我赞成。我终于感觉到问题建立在正确的基础上了。熟知问题，恐怕正如您所说的那样，我认为克努特·维克塞尔以来的最适当人口的理论，确实有着同样的问题意识。

话虽如此，但一旦成为对于地球温暖化现在世代为什么必须负责这类话题，我认为这还是经济理论也应该参与讨论的"公共的道德律"问题。因为参与这种讨论，检验福利经济学框架的功能样态，对于经济学来说也是非常有效率的。我认为这里是不能逃避的。

熊彼特与凯恩斯

金泰昌：谢谢。本想明天来谈论这个话题，没想到提前了。本间先生提到当事人与代理人的问题，现在已不存在的过去世代和尚未出生的将来世代和现在存在的现在世代，在怎样谈论世代之间的公平性和资源分配等时，"代理人"这一概念非常重要。在经济贸易和法律交涉中也有代理人。代替"实际存在的人"行使职权的代理人，和代替"不存在的人"行使职权的代理人，当然是不一样的。但是为了推进讨论，锻炼思维，暂且以这样的观点对其加以议论，我想也是一个契机。

另一点与生命观有关。所谓"生命"是原子论式的"个体"呢，还是作为连锁相互关联的呢？因看法不同，各个世代与前一世代及后一世代之间的联系方式也不同。即使在经济学专业领域中，我也只关心这一点，对其他知之甚少。在我看来，以前已经有相当多的经济学者对这些问题进行过认真思考。只是,其观点的构建方式与现在的状况不是完全吻合。

还有一个我想问的是,在经济学专业中思考将社会向更好地方向变革时,有意思的是熊彼特与凯恩斯。熊彼特好像对"企业家"抱有希望,提出什么"创造性破坏"等,认为将以往的结构解体,构筑新的结构是革新,并与改变社会相联系。

凯恩斯则认为,如果放任自然就永远也不会发生变化,所以很好地了解事物,拥有未来设计构筑能力的"知识人"(精英)应成为其承担者。在经济学专业中也应该有(这样的精英层)吧? 铃村先生,您是怎样的立场?

铃村兴太郎:突然到我这儿来了(笑)。

金泰昌:您刚才提到,在"个人道德"与"公共道德"中,关于"公共道德"经济学者必须作出很好的回答。所谓"回答",同时也意味着提供基于专业知识的见解。这最好能与不断变化的社会相联系。其作用是应由一般的精英知识分子来承担呢,还是应将重点放在擅长创造性破坏的企业家那样的人身上呢?

我记得熊彼特在一本书中曾经说过下面的话。即:"资本主义如果衰退的话,那么其(资本主义的)敌对性要因是什么? 那是政治体系和知识阶级对企业家采取敌对立场进行反击。此时资本主义就有可能衰退。"反过来说这意味着,为了资本主义这种经济体制持续下去,知识分子不成为(企业家的)伙伴就比较麻烦。

铃村兴太郎:您引用的是 *Capitalism, Socialism and Democracy* (1942 年)吧。关于熊彼特,下面如有时间再谈。

首先回答您提问的关于我的"立场"问题。自边沁以来,对福利经济学有兴趣的经济学者——边沁本身与其说是经济学者更应该说是个法学者——有着改造社会的理想和热情,对为了构想和

141

实现正确的社会改革,应如何构筑社会认识框架的关心,一直处于他们的研究中枢。像边沁那样的法学者,想通过制定法律的体系,使社会改革的理想作为现实的制度扎下根。在经济学者的场合,不是对个人进行道德律的说教,而是始终以个人的私的道德律为前提,想通过设计与他们的个人诱因可以并立的经济体系,使社会改革的理想作为现实的制度扎下根。这就是经济学者拘泥于刚才提到的"公共的道德律"的实际形象。

因此,如果直接问我经济学者的任务是什么,我会回答:"以提高人类福利为目标,设计社会改革的结构,明确这个构造发挥功能的条件。"

刚才所引用的熊彼特观点的重点,我的理解是:资本主义体制没落的可能性,在于企业家职能(entrepreneurship)的盛衰。他是个浪漫主义者,对他来说,企业家就像骑着白马的骑士,是站在社会的前头引导技术革新的存在。正是从拥有这种意志与热情的骑士性人物形象的衰退中,熊彼特看到了资本主义体制没落的危机。那么,为什么企业家职能会没落呢,是因为企业活动被纳入了大规模的官僚组织中,常规化了的经营官僚取代了白马骑士那样的英雄领袖,占据了领导层。因此,我认为在他的资本主义崩溃剧中,知识分子的作用并不是拥有魄力的主角。资本主义崩溃的原因是什么——那是因为在大规模组织中,在官僚化企业的决策过程中,企业家职能渐渐被侵蚀而消失。我记得这是熊彼特的主要观点。

金泰昌:熊彼特是这样的观点,但在凯恩斯那里,精英式的知识分子成了主角。

铃村兴太郎:凯恩斯是一个对"知性"抱有伟大梦想的人。

猪木武德:接着金泰昌先生刚才的话,我认为对信仰理性的知识分子和社会群体,在凯恩斯和熊彼特基本存在着积极与消极的差别。从历史上看,知识分子中很多人信仰社会主义、共产主义。知识分子本身或者是一种拜金主义,或者认为"金钱是肮脏的",确实对商业道德持有错误的判断。从这个意义上说,知识分子也有伪善的因素。

凯恩斯的观点,像被称为"哈维路的前提"(认为知识精英的政治支配保证公共利益的观点)那样,具有社会主义的侧面。他虽然是自由主义者,但最终对边沁主义进行了激烈批判。因为他认为仅功利主义会导致堕落,所以他判断不对知识分子抱有某种期待不行。因此,我基本赞成刚才对凯恩斯、熊彼特这两位巨人的比较。

金泰昌:将他们对资本主义的看法整理一下会发现,如果资本主义衰退,原因似乎就在于官僚化(bureaucratization)带来的弊害。为了防止这些,一方把梦想寄托于"企业家",另一方则寄希望于知识分子。如果将两人的意见放在现在的时代,是不是想说知识分子与其跟官僚(政治家)合作,倒不如和企业家合作共同推进社会改造,这样更符合时代的要求呢?

猪木武德:因为企业家更聪明(笑)。

金泰昌:与其说企业家聪明,倒不如说官僚(或官僚政治家)被"公"的观念·原则束缚,无法向"公共"的方向展开。可以说公的思考被固定化了,或即使有"公"的意识也完全没有公共的想象力。仇视"私",不关心如何去发挥"私"的能力和意志。

143

本间正明:刚才所说的与规制缓和讨论的问题密切相关。如果说社会气氛对规制缓和表现出怎样的反应,有两种做法:一种是像以前一样全交给官僚的做法,另一种是为了维持动态的活力给企业家更多的自由的做法。在这之中,知识分子支持哪一方?最近我看到知识分子对企业家给予支持的状况不断增多。但即使在经济学者中,现在对知识精英集团的评价也不同。我想猪木先生恐怕是最评价知识分子精英层的,铃木先生、金子先生也是这样吧。

我认为人的能力差别实际上是很小的。能够共享多少信息,即由于信息的非对称性,就会产生当时的决策是基于地方性判断,还是基于全球性判断的差异。改变社会的力量,比起精英层的直接的改革理论来,缩小信息的非对称性减少矛盾,在共通的基础上实现意思决定时来自下面的改革能量,是不是更为迅速呢? 实际上这是我的基本观点。所谓 NPO・NGO 的动向也应该在这里面来把握,是我一贯的立场。

公共决策者的重要性

森际康友:我想接着本间先生的发言往下说,我认为战后的日本,无论是政治家还是知识分子或是企业家,都没有出现了不起的人物。原因是不出现亦无妨。这与其说因为有优秀的官僚,不如说官僚机构本身由于成为一个非常庞大的信息收集体系,所以就是在那里的平凡的人,也能够作出难度不大的集团决定。直至 20 世纪 80 年代末,日本的课题基本上只是经济上的追赶。没有必要作重大的公共决定。因此,没有伟大的公共决定者出现的机会,官僚就足够了。

但是,一旦追赶完了以后该怎么办时,就开始需要优秀的政治家、知识分子和企业家。然而,在此之前并没有建立培养这类人才的教育体系。所以,这是个难题。那么该怎么办呢,所以出现了行政改革、政治改革以及司法改革,我认为在这一点上,现在日本发生的这些变化可以受到好评,也应当受到好评。

为什么说在培养能够作出重大而艰难的决定、决定组织和集团的命运的人才时,行政·政治以及司法改革是必要的呢？比如,为了把某一企业搞得更好,或是为了淘汰几乎没有存在价值的、企业伦理腐败的企业,建立更好的市场社会,有时需要从业人员公开组织内部的秘密,纠正其错误。但是,这既是检举又是背叛,是在伦理上存在两面性的行为。对于这样的有勇气鸣响警笛的企业人,社会,即我们怎样才能给以保护,授予其该有的名誉呢？

比如,在公司难待下去而辞职来到 NPO · NGO 工作,但实际上要在这里生活下去,所以仅是"税制上的优待"是不够的。并且更重要的是,对于鸣响警笛的人,必须有"你做得对,是企业不好"的认识,肯定这种行为,并且要让大家都认为其作出的决定是对的。

那么,为我们提供这种服务的场所在哪里呢？我认为只有法院。因此"法",特别是司法单位的重要性就体现出来了。今天司法改革成为必然的背景中,我认为也存在着这样的侧面,即实际上培养让鸣响警笛的人获胜的法官已经成为课题。

但是,法官也是人的孩子。如果按照现在职业法官的秩序,做作那样的判决还是困难的。那么怎样才能做出让鸣响警笛的人获胜的判决呢？那就必须有一个对法律的需求量极大的社会,即便不做法官也能生活下去。

从某种意义上说,美国是这样的社会。但是据法学院院长介绍,虽然每年培养法律专业人才,但因退休而不工作的人是有限的人数。因此,要避免司法产业结构过密化是相当困难的事。所以我想也不能将美国太理想化。

很遗憾,日本还完全没有形成这样的基础。但这又是必需的。为了真正实施健全的中间团体的培养,必须防止中间团体用其内部的逻辑随心所欲,并且为此要建立一个能够保护鸣响警笛人的

145

"强有力的司法部门"。超越"公"的"公共"的可能性,我认为有必要看准这个方向,即从官僚制的桎梏中解放个人,并且创造能够接受的权力的方向。

铃村先生提出的地球规模的温暖化,是个超国家的国际问题。那是一个国家无法控制,只发生调整问题的领域的例子。但是,在考虑解决的实施时,我认为分为以下两种解决方法来考虑比较好:一是作为"调整问题"仅设定非意图性合作的解决方法,二是在"国家"或"拥有权力的公共空间"成立时,基于行使权力的自发性合作的解决方法。

现在,都在权力空间的意义上谈论"公共",但这是荒唐的议论。并不是一说权力空间,马上在这里就有"公共性"。传统的中国的法官实际上是行政官。在日本也是由代理官来进行审判。这时的"法"是行政的手段。这里完全没有我所说的那样,帮助鸣响警笛的反权力的人的"法"。

在美国有很多律师,其中一小部分人成为法官。说起"法律体系",我们容易有这样的印象。但是听说在现在的中国,法官的人数比律师多(有些夸张吧)。这就是"行政即法"的体质的表现。因此,我们在谈论"法"的时候,作为实施行政政策的补助机关而运作的"法"的形象,与确实被过于理想化了的美国的"法"的形象还是不同的。虽然都带着"法"的名称,但却是完全不同的东西。我想这样来理解比较好。与作为"官"的法明确相区别的作为"公共"的法,以及实施这种法的公权力——可以通过这些合作来寻求解决地球环境问题的方法。

那么,我们现在必须做的是什么呢? 我认为是在大陆法的日本的传统中,培育在美国那样的形式下培育出来的东西,形成能使鸣响警笛的人获胜的体质。只有完成了这个,才能谈论在本来的意义上承担公共性的主体。即权力当然要行使,但它不是"上面"意思的体现,而是支持"正义一方"。而且强制实现正义。是这种类型的权力。

这是画在纸上的大饼吗?我认为不是。当然这不可能一下子实现。虽然步履蹒跚,但由于政治家主导政治,往后如果不成为能够作出重要的公共决定的主体是不行的。现在的经济形势是,如果没有那样的政治改革,情况会变得更糟。同样的理由,如果司法部门不通过司法改革成为上面所屡屡论述过的主体,作为日本全体就无法生存下去。如果不想做不做也可以的话,那时日本就会沉没。

由于完成了追赶而失去了先导者的日本,再加上停滞不前的经济,处于未来不透明的状况。我也觉得我国以往的公共决定方式发生了功能障碍,的确陷入了危机状况。那么,怎么开拓道路呢?我认为创造新的决定方式,培养能够实现之的领导人是十分重要的。因此,富有公共心的决定者获得回报,以及培育的环境,一句话,形成能够发表公论的环境是必要的。正因为如此,我认为取代官僚制度的、能够培养及保护伟大的公共决定者的政治、行政及司法改革,成为必需的课题。

147

论题四

全球化、风险社会与公共规则

金 子 胜

1. 后凯恩斯派（异端派）的五个特征

我想在对后凯恩斯派的态度中，探寻自己主张的轨迹。实际上，与铃村先生、猪木先生的论题讲演有些重合，但为了突出观点的不同，在此我想从与两位相反的方面来展开。

首先，被称为后凯恩斯派的人中，也包含了多种流派。从琼·罗宾逊和卡多尔、美国的波利斯和金迪斯的激进派到闵斯基（H. P. Minsk）的金融不安定化假说，从在日本被认为是后凯恩斯派的人，到像新剑桥学派那样的现代古典派，或是马克思派、制度派（制度派中既有凡勃伦主义那样的人，也有不是那样的人），以及法国的规制学派和后我向思考经济学（post-autistic economy）等，各自独立，没有形成统一的形态。在主流经济学与后凯恩斯派之间的对立关系缓和之后，经济学的知性紧张关系也消失了。其结果难道不是经济学自我革新能力的衰退吗？这是我的问题意识。另外，我本身可能更接近于制度主义者的立场。

因此，为了整理现代的经济问题，我将后凯恩斯派的观点归纳为以下五个特征。这不是在讨论者中达成一致的意见，而且由于

149

没有原原本本使用他们的思路,因此也不是相互关联的陈述。不管怎样,我认为现在进行这样的归纳是有意义的。

(1)市场的不安定性

这些人首先强调的是"市场的不安定性"。按照以往的逻辑,"异端派"的人认为"由于市场的不安定性,所以计划或控制是必要的"。除了卡尔布雷思等一部分人,大家都多多少少认同这种主张。但是,我并不在这种意义上讨论"市场的不安定性",因为必须从"不安定性为什么不好? 它没什么不好"这一点来重新探讨。

作为"不好"的理由,如果换成个人选择问题,当做自由和自我决定的问题时,那就可以举出由于市场的不安定性,自我决定的领域明显缩小。我最初是以安全网论的形式展开的,但最近消费欲望冷却的问题,却是由于对包括就业不安和年金制度等未来的不安增加造成的。

另一点,如在亚洲金融危机中所看到的那样,如果投机资金攻击货币的话,就会发生仅靠一国的经济政策无法应对的事态。例如,只用美国三个跨国企业的资金,就能掏空泰国的金库。在亚洲各小国的场合,就会陷入经济政策上很容易失去自我决定权的状况。

那么,不安定性的根源在哪里呢? 当然,新古典派经济学原本并没有这样的问题设定。在所谓的通常标准教科书的开头,一般会出现作为财富和服务根本的三大生产要素,即土地、劳动和资本。而且写着,市场机制将这些稀少的生产要素进行最有效的配置,学习这些就是经济学。然而,就像后面将提到的那样,正是这三大生产要素中隐藏着市场的界限。

的确,存在着比起经济学更接近于经济人类学的卡尔·波兰尼那样的对抗性思想。但是,实际上卡尔·波兰尼也没能从自由主义原理与社会防卫原理相冲突的两分法中脱离出来。由于与新古典派的对抗关系,对于为什么在根本性生产要素中存在着市场化的界限这一内在根据,波兰尼未必做出了严格的归纳。当然也没有展开政策论。他意识到的明显是同时代的门格尔。门格尔试图把经济学应用于发展中国家,但是碰壁了。波兰尼从澳大利亚学派、东欧系的人们所共有的问题说起,但实际上没有涉及内在的东西。仅以实态与形式的逻辑加以区别,即使与古典派经济学存在紧张关系,但与新古典派的紧张感并不强。

　　重新从"市场与自由"或"市场与不安定性"的视角,来审视作为本源性生产要素的财富的性质,其意义就在于此。比如,拿"劳动"问题来说,这是人生来就具备的,所以在买卖双方交换时,如果卖方想要自由地行使权利,就需要规定自己的熟练是属于自己所固有的东西的制度。另外,通过尽量限制劳动时间等各种方法保护自己的"劳动"。

　　这样一来,买方自由地行使所有权就受到限制。如果买方想要尽可能自由地行使自己所有的东西,总是希望能够有取代"劳动"的东西,因而会想用机械取而代之,或使熟练解体。

　　在这里不可避免地会产生权利的冲突。通常,对于人的资本理论有着各种批评,如"是父辈投资的",或"无视人种和性别的差别"等。但是,本来在"劳动"这种财富的性质中,就包含着自由问题中的对立冲突,在这里完全不需要劳动价值说和不剥削之类的概念。作为自由和选择的问题,总是存在这样的社会性障碍。

　　下面是"货币"与"金融"的问题。首先,"货币"和"金融"是建立在信用与信赖的基础上的。正如在发展中国家所看到的那

151

样,如果"货币"失去了信赖,转眼间就会发生资本流失。如果在创造了"信用"的世界里失去了对银行的信用,就会突然陷入流动性不足而失败。或是一下子出现挤兑的传染现象,陷入危机。也就是说,正如新古典派作为前提的那样,如果互相独立的个人追求自我利益的话,体系就会不安定。为了消除体系的不安定性,有必要建立相互信用、信赖的组织结构。这些经常发生在我们眼前。

在这个意义上,从存在于根本生产要素市场中的"市场界限"中,可以看到社会需要何种制度和规则这一问题发生的根源。通常的经济学教科书中对"公共财富"的非排他性和非竞争性等的定义,实际上几乎是不成立的。另外,由于这个概念无论在历史上还是在各个国家是非常凌乱的,所以不能认为是十分有效的概念。并且,在"公共财富"的讨论中,缺少了权力和强制等支配力量的问题。

(2)个人经济合理性的界限

所有的后凯恩斯派人士都强调"个人合理性的界限"。最近金迪斯以限定合理性写了一本游戏理论的书。另外,类似弗里德曼的老师奈特的不确定性问题重新出现,经济学者也不是不做相应的思考。

我很少使用以限定合理性为前提的"信息的非对称性"这一概念。因为即使现在流行的"逆选择"问题,如果只是原先的旧车市场的话还有情可原,但一涉及养老金等问题,对我来说感到很奇妙。如果养老保险民营化,只要前提仍旧是消费者主权,就会出现早死的人不加入养老保险,有钱的人不加入雇用保险等现象。但是,原来传统社会政策的概念与现在所说的逆选择概念相反,供给方拥有主导权,排除社会弱者的撇奶皮方面是个问题。

保险公司有着多年的经验，能够以大数法则发现风险，因此用筛选的方式，可以排除对他们来说非常"不良"的部分。或是在医疗保险等中，排除低收入者、濒临死亡的人和有危险的人。

相反，如果从个人的角度来看，临死之期或失业之时，只要不是很明显，一般都无法预见。一般人正因为不知道什么时候死才会不安，知道了死期反而不会不安。大部分人的死法并不是像生命周期模型所设想的那样用概率来算死期，在此之前花光所有的钱。另一方面，对于（签订任意合同的）保险公司来说，（被保人的早死等）只不过是多数中的一个风险，风险的计算是可能的。但是，（如果没有保险制度，生病、失业）对个人来说风险是无限大的。

换句话说，是消费者主权与供给者主权观点的冲突，与加尔布雷思提出的问题在根底上是相通的。如上所述，以新古典派的消费者主权为前提，引入"限定合理性"来讨论"信息的非对称"，就有可能走到荒唐的人的超合理性。特别是很难把"逆选择"论引入社会保险制度。基于经验我认为，正因为存在特殊赢利商品和服务，养老金和医疗才是强制保险、强制性税收。

如果继续深入这个问题的话，"个人"和"共同性"的存在方式，或者也包括家族问题，就不得不设定不以强大的合理性为前提的"弱小的个人"（并不是社会弱者的意思）。因此，就需要某种中间集团的缓冲器，人不可避免地要求受家族保护等功能。

153

这样一来，包括所谓的战后启蒙主义，社会科学必须从推翻作为前提的人的形象本身处开始发展。即必须以"风险"为出发点，设定以普通人的眼光能作出何种选择的问题点。

不管是经济学还是政治学，一直都是以"出色的市民"、"合理的个人"为前提的。这在马克思主义也是一样，社会科学是从"阶级的先锋"这种非常"强大的个人"出发的。

如果排除这个前提,自我决定与共同性该以何种形式存在,其平衡方式等问题就会不可避免地发生冲突。处于这种转换期的社会,经济学家或政治学家的言论之所以很难传达给人们,我想是因为无法跟上作为社会科学前提的"人"。从这个意义上来说,现在正处于挑战的状况中。以往的社会科学以"国民国家"及"市民革命型的人的类型"为前提,现在也许有必要从根本上进行转换。

再重新来看一下问题的根源。为什么"bounded rationality"(限定合理性)这样的问题会显现出来呢? 在其背后存在着以下问题:风险社会的现代特色,已不是以往的保险公司计算并承担风险那种类型的风险。即新型的风险层出不穷。如果简单地来概括一下"新型的风险"的特色的话,就是一种原本发生率很低,但一旦发生就会给社会带来毁灭性打击的风险。这种风险开始经常出现。明确地说,就是发生了计算可能性很小的问题。

原因何在呢? 正如刚才铃村先生所提到的,是因为以往不曾有过的、跨时代的风险频频发生。哲学中所说的没有"集体记忆"的世界出现在我们眼前。原子能的问题也是这样。我想还有地球温暖化、药品危害、有害物质(二噁英、环境荷尔蒙)问题,或者迅速老龄化问题。这都是过去不曾经历的事态。金融体系不安也与此有着非常相似的性质。

我们的社会曾在20世纪30年代经历了金融危机。这个研究会中当时活着的人几乎没有,但在教科书和传闻中作为历史记忆流传下来。当看到征兆时,即使计算风险也已经无法实际把握其规模。地球温暖化也是当海平面上升1—2米时已经晚了。类似的很多问题都摆在我们面前。如何减少或分担风险呢? 在这里要求超越"经济学"的价值判断。我想也许铃村先生最后提出的问题在根底上与此是相通的。我将原来保守派使用的"安全网"这一概念，进行文明论意义上的转换解释，原因也在于此。

在此，致命的不仅仅是无法计算，而是越想使风险管理效率化却越使风险增大，即存在着经济学可能实际上发挥相反功能的问题。在 JCO 的东海事业所的铀加工设施所发生的事件等就是如此。那种事件的发生，是监督的松弛、全靠民间参与国际竞争的结果。JCO 事件之后，经团联会长表示"这是民间企业不应有的行为"，但真的是这样吗？因为全靠银行的不良债权处理，在某种意义上也有着同样的性质。

比如金融工学本身也是如此，现在的第 2 次 BIS 规制的"Value at Risk"，如果以概率计算为基础的风险管理效率化，反而有时会带来风险的扩大化。通常在第 2 次 BIS 规制中，设定单方为99%，银行全部消除贸易差额的状态，在过去变动的 99% 中，对预想最大损失进行概率性预算，并对此制定自己的资本分配方向。实际上，由于 1997 年的东南亚金融危机，与此相对应 1997 年决定了第 2 次 BIS 规制。但是，在其后的 1998 年，从俄罗斯的不履行债务危机中又发生了同样的事情，即发生了在概率计算中被排除的 1% 的风险。

这样一来，第 2 次 BIS 规制也开始发挥相反的功能。当损失开始超过预想的最大损失时，就不得不继续增大自己的资本。为此不得不让出利益，将其他可以获利的股票和证券等卖出。就这样，第 2 次 BIS 规制促进了传染现象。实际上，1997—1998 年之后，世界上投机性短期资金频繁流动的市场，几乎是联动地运行着的。纳斯达克、科斯达克、日本的股票市场、亚洲的市场都是如此。也就是说，第 2 次 BIS 规制别说规避风险，反而因无法分散风险而卷入其中。

从以上可以明白,风险管理的效率化未必能减小风险,反而一直存在增大风险的危险性的另一面。尽管如此,在考虑制定规则时,实际上没有注意到这个问题。

从学说史来看,普遍存在着以广义上的"限定合理性"为前提的观点。哈耶克和蒙着"无知的幕布"的罗尔斯的"原始状态"也是一样。用制度派的理论来说,韦布伦系谱的一部分制度派的进化经济学,是强调习惯和惯例的。或者说,西蒙的主体均衡论也是一样。实际上,为了不考虑无限的选项而节约时间(为了只从限定的选项中进行重要的选择),遵从习惯更节约时间。这是盐泽由典与 NP 计算问题相结合提出的论点。

凯恩斯也在《一般理论》的第 12 章"长期期待的状态"中,论述了由于在决定投资时存在无数的各种要素,因而必须遵从惯例的思想。一方面谈论着资本的界限效率,另一方面也一直存在动物本性和习惯那样的议论。这也属于"合理性的界限"的观点,但问题并不是那么简单。因为我们现在所面对的领域,是用以往逃避到"惯例"论的制度派经济学观点无法说明的。

其原因何在呢? 那是因为现在多数的惯例会随着全球化而发生很大变化。比如,日本的年轻世代几乎都不期待"长期雇用",也不期待领取养老金。我们这一代在就职时,几乎都以一种选择自己多半辈子人生的心态来选择公司。但是现在的年轻人就是在选择职业时,也根本不考虑 40 岁以后的事情。不,应该说是不能考虑更为妥当。可以说,这在某种意义上是惯例的崩溃。这实在是个大问题。

(3)市场本身不能纳入道德和公共性

我认为,市场本身不能纳入道德和公共性。我不赞同"市场淘汰是适者生存总是正确的"的观点。在某种意义上,这是不让制度、规则的政治性选择与公共性相分离的立场。这虽有一定危险性,但对于作出某种价值判断,我想铃村先生也在相当程度上承认必须把选择本身作为问题的领域。必须考虑清楚,所谓社会选择到底选择什么。所谓两阶段的游戏,在第一阶段也是先制定规则,所以我们必须考虑这一点。实际上,在以往的游戏理论中也是不过问由谁来制定游戏规则的。不断重复为制定游戏规则的游戏,就无法从无限的溯及中逃脱。

这实际上是模型建筑师能否逃避价值判断的问题,如果让经济学以外的人来说,是布尔迪厄的实践论,也就是隐藏着观察者与参加者的立场分离那样的问题。即"为什么你能当观察者,为什么你能处于模型以外无所不知地作出判断"的问题。从这个同义反复中挣脱出来是很困难的。

另一个问题是,如果设定了"弱小的个人",实际上存在着人们是依赖于制度而作出决定的侧面。这是像某种制度崇拜的问题。阿玛蒂亚·森等人认为,为了不陷入制度崇拜那样的东西,无论何时也应该从正面揭示"强大的个人"应该选择的问题。这在某种意义上是声明,但同时在反面总是伴随着非现实性。

我认为,制度和规则的政治选择与市场的功能(更广义地来说是经济机制)是不可分割的。如果是莱古拉西恩派、SSA、激进派,恐怕会把它与资本积蓄(capital accumulation)这一概念相联系,以制度结构与资本积蓄的结构来展开讨论吧。

157

还有两个分歧点。如果要追问如何设定公共规则的问题,如何把作为自立根据的制度和规则纳入日常世界(避开哈贝马斯的"生活世界"一词),如何创立多元主义且民主主义的选择可能的制度,我认为这些问题实际上在日本非常突出地存在。

其一,如同在不良债权问题中能典型地看到的那样,存在着规则的强制注入的问题,但是,在以往的经济学中,只存在市场或政府(民或官)、财政重建或景气对策(小政府或大政府)这种对立基轴。这大大削弱了经济学的有效性。为什么在现在的景气循环过程中乘数效果会减弱,有产业结构变化啦,消费社会成熟啦等各种说法。但决定性的因素,是银行不良债权的一半以上,由建筑承包行业、不动产业、流通业这三大行业所占据。不论投入多少公共资金,钱都会像黑洞一样被吸尽,是因为通货紧缩、资本的不良化。最近,经济学家使用"借贷对照表不景气"这一用语,其本身就是包含了政治性价值判断的概念。由使用"借贷对照表不景气"一词而提出"必须清算既得权益"的本人,实际上在关键处却无法采取措施。即偷换成了一般的宏观平衡理论。

但是,这里要追问的既不是官或民,也不是财政重建或景气对策,而是公共的规则是什么,如何强制性注入该规则的问题。

(4)如何导入历史性变化

接下来是如何导入历史性变化的问题。实际上这个问题在历史转折期必然会出现,是"理论与历史"的问题领域。一个是断言"动学就是历史"的琼·罗宾逊那样的立场。黑克斯也在1971年之后写了"经济史的理论",认识到了这一领域的重要性。

作为今天的问题,比如一方面综合历史路径依赖性与纳什的复数均衡,一方面以进化游戏给制度变化以基础的观点,包含了"必然性与偶然性"这一问题领域。实际上,这也是一种价值判断,可以归结为一种世界观。我想这是山胁直司先生最熟悉的问题,因为这是是否接受达尔文的"变化的偶然性与适者生存"这种世界观的价值选择。这就像自然科学中的要素还原主义那样的东西,自从诺贝尔生物学奖获得者雅克·莫诺于 20 世纪 70 年代写了《偶然与必然》一书以来,就成为支配性的观点之一。当然,观点不仅仅是这个。

另一个是"不均衡与均衡"问题的相位。比如,岩井克人把从均衡(理论理念型)偏离的过程作为不均衡的不均衡概念,典型地出现在如维克塞尔过程那样的现象中。这在拙著《经济的伦理》(新书馆,2000 年)第三章中,借后现代主义进行了批判。也存在这种类型的观点。

另一个是像刚才提到的盐泽由典,立足于主体均衡论,认为经济过程是有波动的稳定过程,这成为复杂系的观点,也是与否定要素还原主义的生态系相通的看法。其从哈耶克式的日常行动、习惯或认知能力的界限,把纳入库存的信号功能和时间概念的调整过程与经济模式相联系。

问题在后面。对于依存于制度的选择主体来说,在习惯、规则崩溃时会采取何种行动,或者必须怎样重新达成一致规则呢?我认为这实际上与历史认识是表里一体的关系。

比如有很多对 1997 年亚洲金融危机之后的"传染"(contagion)的分析。以经济合理性为前提的模型能够在哪种程度上解释传染产生的根源呢?它的根源在于信息的非对称性,还是囚徒困境,还是实体经济的恶化,围绕这个展开了各种讨论。我并不想仔细分析下去,简单来说,所谓"传染"是恐慌时发生的集体行动,是依赖他人式的行动模式。在这个意义上,我认为在经济合理性的范围内对其进行解释,本来就是不可能的。

无论使用如何先进的金融技术,一旦开始"传染",投机基金根本没有合理计算的时间就不得不卖出。如果互联网上信息速度更快的话,在俄罗斯发生不履行债务危机时,就没有时间确认信息

159

真伪,如果不脱手就会遭受损失。如果觉得大家都是卖的气氛就只能卖。极端地说,是近似于凯恩斯的美人投票论那样的,超出合理性的行动。

并且作为规则本身具有的缺陷,金融自由化与规制一直在交替出现。在日本记忆犹新的是,第 1 次 BIS 规制的自我资本比率规制引起了惜贷。之后,第 2 次规制的"Value at Risk",以一方 1% 的几率发生了暴跌,反而加速了恐慌。也就是说,我们面对着新的风险发生时,BIS 规制也不是有效的问题。

并且,对于后面要说的"全球化"的历史认识,当然也是问题。
这样一来,关于铃村先生的工作——WTO 的规则,也会有各种见解。我们可以看到,铃村先生的做法是其中之一,如果站在别的立场上也可以有别的方法。

(5)是否承认超越个人选择(意志)领域的存在:个人和全体

在后凯恩斯派的想法中,可以看到近代科学的一个潮流,那是关于是否承认超越个人选择意志的领域的存在,即与"个人和全体"的领域相关。实际上,结构主义和马克思派所说的"结构",或是弗洛伊德和荣格的无意识领域也是如此,在斯拉法(Piero Sraffa)主义那里人也几乎没有出现。所谓超越某种个人的选择意志的领域是否存在的问题之所以再次成为问题,是因为把宏观经济建立在微观基础上的"组织经济学",在应用于日本的过程中遭到了惨败。

比如,青木昌彦先生的理论说服力大大下降。事实上,关于主要银行制,虽然是用游戏理论来说明的,但按照同样的游戏理论的规则,也会得出正相反的结论。本来,微观的企业组织状况决定宏观的效率自身是否正确,在这里有必要重新进行审视。

像凯恩斯的"合成的谬误"论那样的东西,正是个人的微观选择与社会全体的宏观选择不一致的界限领域的问题吗？这个界限领域问题,在现在的主流经济学中还未作为主要问题出现。今天大部分的经济不景气可以以此得到说明吧。

并且,一旦成为差别和不平等的原因,实际上就连阿玛蒂亚·森也无能为力。在与汤森特(Townsend)之间所进行的关于绝对贫困的论争中,汤森特提出社会性耻辱问题,把产生原因的社会背景和文化背景当做问题。这是绝对还是相对的争论,但实际上深层次的问题属于"个人和全体性"领域。对共同体主义的议论,阿玛蒂亚·森抱有某种厌恶感,原因也在于此。我想由于立场不同,双方都有可能得到评价。是彻底思考个人选择的领域,即主体性的问题呢,还是站在如果不深入发现结构性原因就什么事也解决不了的立场上呢？在这里确实是很难的。

问题是,虽然马克思派致力于此,但关于阶级产生于是否占有生产资料这种观点,几乎失去了有效性。兴建大型设备来实现经济赶超的做法,韩国、中国台湾、东南亚各国是最后了吧。因此,能够消灭差距的想法也终结了吧。

WTO 规则中也有差距的问题。现在有"知识经济"的说法,是如何来评价为了保护知识产权而采取的产权政策的问题。因为这是用知识所有权把制度和贸易规则等纳入其中的政策。或者在染色体问题上,如果将来在蛋白质水平上不断发现物质的接受体,可以预料会大量出现单独获胜的制药公司。与 IT 相关的贫富差距问题也是如此。在这里,教育比起提高潜在能力,反而开始发挥差距再生产的功能。

这里实际上包含着深刻的问题。曾有过这样的时代:提出"第三条道路"的布莱尔连呼"教育、教育、教育",之后只要连呼

"交流、交流、交流"就可以了。但现在在福利国家的再分配政策下,出现了很难消除世代间差距再生产机制的问题。实际上在发达国家正面临着与森所给出的处方笺完全相反的事态。当森从共有集合出发主张遵循部分优越顺序时,即使在发展中国家能得到大多数的一致,但在多元化的发达国家却会面对不能由部分优越顺序来简单决定的事态。或者,森所举出的教育和医疗,在发达国家反而成了产生差距的途径。实际上,在发达国家与发展中国家之间,虽然目标相同,但存在着发挥完全相反的功能的状况。

比如在征收环境税时,在发达国家会使环境变好,但在发展中国家环境变好了却无法发展。即便是同样通过教育来提升资质,结果是使发达国家与发展中国家之间的差距进一步扩大。也有在发达国家内部差距扩大的问题。这其中有很难达成一致的领域。

2. 全球化的历史认识

(1)国际货币体制的动摇

由于时间关系,关于全球化的历史认识和历史表述的细节,在这里就不论述了。一旦国际货币体制动摇,在 20 世纪 90 年代,继 1992 年的欧洲货币危机之后,1994 年年末在墨西哥,1995 年在阿根廷,1997 年在东南亚、东亚,1998 年在俄罗斯相继出现了货币危机,1999 年波及到了巴西。之后,在剩下的"安全的地方"美国发生了 IT 泡沫。但是,牵引美国经济的 IT 泡沫逐渐开始破灭。

笔者预测如果美国经济减速,实现软着陆将会非常困难。现在的纳斯达克指数为2600,在今年(2000 年)的 3 月高峰期超过了5000,所以已经降到半值以下。欧洲的通信股也出现了同样的动向。在亚洲,韩国的科斯达克为 70% ,中国台湾为 50% ,在东南亚,股价和货币也贬值,因此以美元换算来看的话,大体降到了1997 年金融危机之后的水准。如果半导体的需求不断减少,首先会影响到依赖出口的韩国、中国台湾,这是显而易见的。在软着陆时,亚洲也无法逃避风险。

这样看来,可以说呈现出了历史性转折的样态。虽然不能简单地与战前进行类比,但这与 20 世纪 20 年代美国的状况非常相似,那时由于汽车大众化和高速公路的良好循环而带来的增长,但因股价的暴跌而一蹶不振时,整个经济也失去了方向。技术革新要真正到达消费者手中,扩展相关产业,是有时间差的。汽车产业用了 30 多年的时间。就算技术革新的速度很快,短期的经济政策与技术革新之间也许有 10—20 年的时间差。或者说,这与流动性资本由于没有其他出口都涌向了这里的结构非常相似。

由于过去发生过金融危机并成功地度过了,所以很难了解这次到底严重在什么地方。但是,对于这种新的风险,经济学无法从正面给予回答,还是让人觉得有些不应该。

(2)为了保护"国家利益"必须超越"国家"的悖论

从全球层面来考虑的话,世界政府论就会成为一个问题。有没有世界政府和世界中央银行,政府的结构是不同的,规则的设定也不同。如果无视这些初期性的条件去设定问题,那是很困难的。

这个领域实际上是非常困难的。我不太喜欢民族主义者。虽然是讽刺性说法,要保护国家利益必须超越国家。我想经济理论正面临着这种悖论。凯恩斯在《货币论》的最后,由于版本的不同可能有些差异,但最终都是论述世界货币论。《货币论》中有各种各样的描述,但作为一个国家的财政支出政策与作为管理通货政策的归结点的世界货币论,在某种意义上可以看做是一个组合。

163

那个时代的特点是在抑制金融乱来的同时建立财政政策主导这样的逻辑,现在的各发达国家在某种意义上也面临着同样的问题。

"战争责任"这个政治问题,实际上并不是个人的"良心"问题和"过去"的问题,而是和地域经济统合问题分不开的。也就是说,我认为这是"商业"问题。因为冷战体制崩溃之后,在由谁和如何来构筑新秩序时,又回到这个问题上来了。在构筑新的亚洲的规则时,也不能回避这个问题。我坦率地觉得欧盟中的德国做得很好。

但是另一方面,现代服务产业在规则领域里引起了新的问题。不管是金融还是 IT,掌握了程序控制、数据管理与网络者,就具有了"单独获胜"的性质。但我不喜欢网络外部性的观点。因为我们进入了一个不是外部性,而是大家都以自身为目的,想掌握 OS 与网络的时代。

与这种现代服务产业的性质变化相适应的美国,甚至获得了国际司法裁定者的地位。美国的法院开放了对纳粹的强制劳动和从军慰安妇的诉讼。对此,德国政府与企业折半出资进行赔偿。即如果在美国被提起诉讼但不让在美国解决,为了不被夺走国际法上的裁定者地位而自主地解决。一边彻底排斥海德,与过去的大欧洲主义相区别,一边自己老练地掌握着经济上的主导权。德国的这种状况与日本的状况形成了鲜明的对比。

也存在着政治选择的问题。为什么在亚洲的货币交换能够顺利进行?这是因为对等、平等的关系。如果从经济学的契约概念来看,就是这样的前提。但是,比如在 AMF 构想之际,日本露骨地表现出了所谓"日元国际化"的自我利益。我经常说,过去使人受到很大伤害,日后即使说"听听我的",对方也是不会听的。

从这个意义上说,希望制定对等平等的规则,就像欧盟制定了人工结算货币 ECU,制定了对等平等的形式上规则,以此为中心采用了平价网方式那样,规则本身的性质,实际上是由"形式"决定的。如何来制定"对等平等"的框架呢? 亚洲各国无论在国内还是国外所面对的,正是这个问题的难度。

(3)围绕秩序的选择:普遍与个别的关系

在围绕全球秩序的选择中,会引起"普遍"与"个别"的问题。我在《日本再生论》(NHK 出版,2000 年)一书中写道,必须冷静地接受全球标准。应该区分没有必要接受的事物与有必要接受的事物。然后在接受时,有必要看清什么是国内必须加以改革的事物。这样,失去了按照日本经济的实际状况进行冷静判断的基准。此时的问题,在于何为普遍、何为特殊。这时,我不是把"普遍的市场模型"当做"普遍",而是认为在支撑市场的非市场领域中具有普遍性要素。即任何一个国家只要在本源性生产要素的市场化中存在一定界限,在市场发挥功能时,以安全网为起点的制度和规则体系是不可或缺的。并且,由于文化和社会的差异,各国满足安全网的做法也会不同。即用普遍出现于特殊中的形式,来说明"普遍"和"个别"的关系。

在这个意义上,基于新古典派市场模型,试图把同样的政策运用于所有国家的 IMF 当然会失败。因为它不能承认文化的、社会的多样性。

另一方面,关于全球标准,"知识产权"问题今后会越来越突出。这个问题非常复杂,就是在美国自身内部也有很多矛盾。在转基因食品上,欧洲一开始的"不买"运动,与美国农民的利害就不再一致。因此开始出现反对运动,发生了仅以转基因技术出资公司的利益已经不能行动的事情。可以说,关于染色体也是如此。

165

就是有关 IT 革命,暂且不提密码技术的问题,美国公开举行黑客比赛,雇用黑客高手。现在是黑客们与政府进行对话的状态。

在这当中,以黑客中的优秀人物为中心,针对 Amazon. com 的点击的商业模式专利垄断,展开了消费者的不买运动。尽管亚马孙围绕点击的商业模式专利垄断提起诉讼并胜诉,但面对消费者运动,也不得不表明将知识产权的期限从 20 年改为 5 年。今后,跨越国境的交易会更加活跃,如果日本也利用专利政策在美国取得商业模式专利,那时"国境"将会变得非常暧昧。在这一领域中,"经济"与"司法"的问题,则不得不进一步"合作"。在这个意义上,我认为日本欠缺重视"国家利益"的全球战略。

3. 社会组织与共通集团的交叉点

(1)风险的减少与风险的分担

最后,作为二选一的问题,必须考虑社会组织与共通集团的交叉点。实际上俄罗斯经济就是在没有安全网的情况下开始金融自由化,经历了悲惨的失败。但仔细观察会发现,生活还比较富裕,存在社会的交换和赠予。我非常关注这一点。为什么说中间团体的 NPO 和 NGO 是必要的呢,是因为没有财政吗?我想并非如此吧。不能仅用效率性的基准来看中间团体。我认为那是对市场的不安定化的防御和对风险的处理的问题。

实际上,市场这么不安定,环境和老龄化等个人无法处理的风险一增大,就需要具有缓冲的社会。实际上,如何解决城市与农村对立的问题的根子也在这里。虽然我们还未认识到,但这与城市居民为了维持粮食和环境,如何与农村共生的问题相关联。我提出了叫做秩序组合战略的方向。这样的中间团体互相结合,是个很大的选择。

　　但是,仅仅这些是不够的。因为有必要将"共有"的思想在知识层面上加以展开和革新。如果不克服日本社会的"协调主义"这一社会体质,就根本无法应对全球化的事态。对"官"、"民"或"公"、"私"的区分,使问题更加难以理解。

　　如果将"护送船队方式"解体,全交给"市场",是否会变好呢?现在的日本社会被封闭于小集团内,搞不清审查的结构,也不清楚是什么基准和规则。这种密室中决定事情的体质没有改变,人们为集团利益相协调。一旦脱离集团,就陷入一无所有的状态。这种社会是根本不能应对世界性的时代变化的,这样的集团已经失去了对年轻人的统合力。

　　由于贯通于小集团之间共有的基准和规则是不明确的,我认为在日本消极的自由是很重要的。这就是"exit"(退社·退出)的自由。如果养老金的支付不满20年则无法领取企业养老金,处于这种状况下的人在第17、18年接到不合理的调动时,敢提意见吗?实际上只能忍着。只有拥有了"exit"的自由,"voice"(发言)的自由才能成立。

　　为此,有必要正视在日本社会中如何共有制度和规则,并在其中植入自立的根据这一问题。不管怎样来描绘特别的精英、优秀市民以及公共性的承担主体,学者应该清楚地知道在企业中是不存在这样的人的现实。极其普通的人要能够发表意见,如果不植入这种自立的根据,多元主义的民主主义是无法在日本社会中扎根的。

167

　　如果把我所说的"共有制度和规则"的意思极其朴素地来表达的话,就是"共有谁都使用的东西"。在"经济学"的世界中,共有是"共通集团的悲剧",几乎被否定了。但是,在技术革新的迅速进展中,出现了掌握规则者单独取胜的经济。尤其是掌握了计算机的 OS 或在染色体技术方面领先的人,如果采取独占利益的做法,就会变成"竞争"本身无法成立的社会。正因为如此,如何从新的视角来思考"共有"与"私有"的关系、"竞争"与"平等"的关系,或"平等"与"多样性"的关系,就成为极其重要的课题。

(2)超越共同体的规则与自立的根据

自罗伯特·欧文以来,从武者小路实笃的"新山村"、山岸主义到协同组合,虽然成立了各自的组织,但由于生活在封闭的地域、农协和企业中,即便是内部的基准也不明确,没有共同规则,这些组织充其量只能填补社会的缝隙。填补缝隙的选择的确对市场的不安定化起到了缓冲作用,但却无法改变协调社会的体质。因此,如何共有贯穿这些小集团全体的规则,这种问题意识十分重要。并且,有必要在其中植入"自立"的根据。比如,我之所以主张养老金一元化和一人一保险证,是因为我认为根据这些极其简单的规则设定,能够一点点地改变这种协调社会的体质。

这样,从削减风险与分担风险出发,采取共有植入自立根据的制度和规则的战略。以制度改革为起点,把对生活方式的选择的中立性植入规则之中。另外,不介入社会领域。我想这是非常重要的自由主义的最低限度的要求。

比如,我有一个二分二乘法的养老金的想法。主妇也好,双职工也好,无论选择哪一方都是中立的。用主流的经济术语来说,设定机会费用均等的状态,在改革制度时是很重要的。这虽然受到过性别研究人士的批评,我认为国家应该避免介入这一领域。

同样,现在的雇用流动化,在某种意义上是毫无个人保障的流动化,因此,无论是短期雇用还是长期雇用都应该同样适用社会保障制度。雇用保险也由企业与个人双方支付。为了避免企业方面朝短期雇用转换，应该提高企业方面对短期雇用的支付金。有必要通过这些制度性调整，尽量对短期雇用者也能做到中立性选择。

以上，在这次的论题中，虽然共有问题意识，但斗胆强调不同之处，阐述了自己的观点。

围绕论题四的讨论

后藤玲子：真是视野宽阔、基于渊博的知识和信息的报告。只是，在最初您提到，现代的各种经济学理论对现实的人们来说，是以一种难以接受的人的形象为前提的，因此会有一种排斥感。事实上，理论家总是一边关注着这一点，一边形成理论模型的。在构建理论框架时，总是不可避免地进行某种抽象，建立个人模型。尽管如此，总是在后面具有这样的问题意识："怎样建立与现实之间的关系呢？"我想金子先生自身也是如此。从这次的论题中，我觉得拥有"自我决定"与"社会共同性"的个人，作为一个个人模型浮现出来了。

另一方面，我认为金子先生有着以下的问题意识。用他的话说就是，从"弱小的个人"的假定出发，如何最终制定作为"自立"根据的制度和规则。因为非常清楚不能单纯地将自我决定和社会共同性寄托于个人。值得考察的问题还是在于此。对"自立"、"自我决定"或社会共同性毫无自觉的个人，以及受到制度极大制约和重压的个人在现实中摆在我们面前，应该如何让他们接受植入了"自立"根据的制度和规则呢？怎么来说明这一点呢？

金子胜：这个问题很难。森也说过同样的话。人有着被制度制约而行动的一面。曾进行过对自由打工者的调查。随着升入高

169

中三年级,希望成为自由打工者的人也在增加。因为他们暗中察觉到在高中毕业阶段就业机会很少。这是日本劳动研究机构(JIL)所做的调查,说明大家都希望自由地选择自由打工的道路。

启蒙型的人们会认为"这些人不道德"、"忍耐力不够"或"散漫的家伙"。也有人说"无可救药"、"道德缺失"。但是从自由打工者的角度来看,是真的这么想呢,还是不得不这么想呢,这很微妙。如果跟他们交谈就会渐渐明白,年轻人想要自立但又做不到,总是碰到厚厚的障碍。

即使他们到了40岁、50岁,也很可能不能在终身雇用的公司里工作。因此,即使交了养老金也无法领回。如果从合理的人的行动来解释的话,他们又是合理的。在设定抽象化的"普通人"的时候,可以描绘出各个断面,但事实上总会漏掉一些东西。我们面临着这种非常难以回答的问题。

那么森为什么接受了呢? 因为森指出,在计划经济型社会主义崩溃,马克思主义经济学的有效性降低的同时,以"帕累托最适应性"传染病的形式来倡导尊重"自由"的主流经济学,事实上并不尊重"自由",在他的问题提出方式中具有新意。实际上,冷战体制崩溃后,大家都知道他提出的问题是最重要的。

下面举个例子,这在论题中省略了,它十分接近后藤先生的领域。由于迅速的老龄化使核家族不断解体,并不像生活周期模式那样"合理地"减少储蓄,老年人成了"个人"。这些"个人",成了老老护理和独居老人等。或者因为家庭主妇有责任照顾公婆到什么程度,甚至发生了虐待事件。这时面临的问题是,痴呆老人的自我责任是什么,卧床不起的人的责任与自立又是什么? 在这种局面下,只有采取某些共同性的措施,这些人才能够自立。大多数人都是如此。

"弱小的个人"的假定,除了从现在的现实中经验性地导出以外无法证明。也就是说,当把问题置换成"普通人"的选择时,如果问到根据在何处,那么从现在的年轻人和老年人所面临的现实与实际出发,也许在一定意义上表明了价值判断。

此外,关于与个人主义和共同体主义之间的论争,我在自己理解的基础上写了《反经济论》(新书馆,1999年)等几部拙著,重新探讨了两者的紧张关系与相互关系。在探讨自我决定权与社会共同性的互补关系中有真正的近路。在此之前,我构筑了"安全网论",并在其中建立了植入自立根据这样的逻辑。或许在后藤先生那样从事数理经济学的人看来,"你的说明并不能成为说明",但这只是判断的方式而已。

后藤玲子:作为学问的态度,不采取基础主义。也就是说,不是根据某个人的理论来演绎,而是应当真正用自己的头脑来思考,我非常尊重这种重要的不同的研究方式。只是,问题的本质还是与社会选择理论十分相似。最后重要的是,各个个人在不被制度所束缚的前提下自己如何选择规则。但是,如果这些个人全是选择否定自由和自立本身的人,那么让这些人来设计自由、自立的制度是不可能的。如何解决这个悖论,是从比穆勒还早的卢梭开始就存在的问题。

在最开始的地方曾提到"经济学者难以被某些人们所接受,因为假定了某种人的形象",我有些生气(笑)。在构成某种理论时必须有一定的前提。但是,同时必须认真考虑这个前提本身的妥当性,我想这点大家是一致的。

金子胜:要说我为什么志向于制度派经济学,如果不把"强大的个人"作为前提,而是面对普通人所直面的问题,无论如何也要解决怎样摆脱制度崇拜的问题。这样一来,在"地方自治"、"养老金"和"护理保险"等非常切身的制度的具体场合中,能够亲身感受人们自立该多好,我是从这里出发的。

那时事先并不存在什么模型。人们被怎样的制度束缚着呢? 然后思考为了超越这个鸡与蛋的关系,怎样改变制度才好呢? 在展示这种远景时,要让普通人都能理解。不是从上向下俯视,而是自己也站在同一立场上,提出适当的养老金改革方案。在丧失了经济学有效性的现在,我认为也有必要恢复这种与现实的往返关系。

但是,制度会随着市场和社会的变化不断崩溃。此时,我所主张的"分权化战略"重视下放"公共空间"。即把政府和制度的操作可能性放到手边。这与猪木先生提出的问题很相似。把自己能够作出最恰当决定的领域下放。因此我提议,在地方自治能够做到的范围内,应该把能够分担生活风险的制度向这里(地方自治)转移。在其背景中,有着对"以现在的财政危机的状态已经不行"这一事实的认识。也就是说,一边将"理应如此"与"不得不如此"的逻辑相结合,同时把"公共空间"这一决定领域作为问题。

用什么单位来概括人,如何设定社会决定的基准,这都会带来行为的很大差异。公共空间越广阔,福利也就会越大。决定的领域越小,越是面对面的关系,虽然在一定意义上容易产生相互勾结,但也容易作出决定。因此,必须在这个问题中加入"制度改革"。

也就是说,普通人是依存于制度而生活的。所以在如何改变制度之中,实际上会碰到自立或共同的存在样态等非常切身的问题。关于这一领域,我想积极地发表言论,这才是政治学、经济学的课题之一。我并不是说模型建筑就不好。从这一领域的经济学过于衰退的危机感中,想对制度派经济学进行知识革新,让它再次回到手中,这是我的问题意识。

金泰昌:金子先生的论题中我特别有同感的部分,是从以往的社会科学前提的崩溃开始这种问题的出发点,和把焦点放在"风险"上以普通人的目光来探讨选择的可能性这种探索的相位。当然,同感的理由和根据可能与金子先生的意图有所不同。因为把金子先生的问题意识的出发点限定于经济学,我至今为止听了很多经济学者关于经济问题的讨论,尝试与他们进行对话,如果谈在这个范围内的感想的话,我几次深切感到有对基本前提进行重新构筑的必要。也就是说,我很注意是从什么地方用谁的眼光来看待问题状况的,是对谁来说具有可能性的探索。特别是我看到过很多经济学者或专家式的评论家,他们在反复进行不难给善意的第三者造成错觉和误解的议论,好像这些议论能给人们以某种安全、安定、确定性的解答。

在这里,为了更深入地讨论金子先生论题的内容,我想同时阐述我的意见与问题。

首先第一点,是怎样把握"风险"的问题。从我的观点来看,所谓风险,是尽管至少在逻辑上可以对其结果进行预测、计算,但由于各种理由和原因无法作出适当应对的危险状况,不希望看到的事态。

与此相对,把由于超出现在人们的认识可能性的范围而无法预测、计算的状况和事态,作为"凶兆"来大体加以区别。为什么这样的区别是必要的呢?是因为过于不负责任的预测和处方尽管造成了意外的损失,但责任者却毫无责任感,不负责任就了事的情况太多了。由于无法确定地震发生的时间与地点而造成巨大损失,与由于没有恰当进行核燃料的处理而引发的事故,其预测可能性的性质是根本不同的。

173

第二点是所谓自立的问题。从我多年的经验和研究来考虑，我认为最好把"自立"与自立的前一步——从各种束缚和习惯中"脱离的愿望"区分开来。所谓"自立"，如果不具备某种条件是无法做到的。因此，不应把"自立"与"脱离的愿望"混为一谈，如果不加以区分来考虑的话，恐怕就不能恰当地应对。

第三点，是从经济学者的立场与观点，在与商业的关联上谈论战争责任问题。因为这与从道德的层面来谈论历史认识问题的模式是不同的。

我以前曾经和原加纳共和国外务大臣、英联邦的事务总长休里达斯·兰发卢（Shridath Ramphal），谈论过大英帝国与大日本帝国有什么不同。为什么印度及其他旧殖民地保持了与英国的友好关系？但反过来，曾经是大日本帝国的一部分的国家与日本之间却永远不能和解，是什么原因呢？有必要从这样的观点来重新思考大日本帝国的经验。英国的经验现在以英联邦的形式形成了一种超国家的公共空间，而日本的经验却没有朝这个方向发展。这仅仅只是旧殖民地国家的反日情感过剩的问题吗？在他看来，帝国应有帝国应该具备的品格与度量。这个问题既是理论问题，也是现下的现实问题。

第四点是福利（welfare）问题。大多数观点认为，福利无论如何也是由国家和政府给予的。但是如果考虑到"自立"的问题，今后仅是被给予的"welfare"，那么自主选择与对其结果自我负责的意识与觉悟的不可避免性将成为更大的问题。与其说是"welfare"倒不如说是"well-being"。即选择人的"生活方式"。继而，这个选择作为选择能很好运作的制度、机构、框架，希望怎样、由谁和在哪里制定呢？是由"公"来制定，还是由公司和企业这样的"私"来制定呢？无论是哪一方来制定，都有必要由公共一方来确认对"公共"的责任或者社会的责任。

金子胜:我想您的第一个问题是必须对"风险"与"凶兆"加以区别,但我的把握方式是现代产生了"新的风险"。就像无论是汽车事故还是其他,保险公司都是计算了风险后公司才得以存续那样,通常在我们的日常生活中所发生的风险,也能很好地在经济体系中得到处理。但是面向 21 世纪,我们面临的新问题,实际上并不是像以往的保险公司能够处理的那种类型的风险。这类问题一下子蜂拥而至。这么说可能会惹宇泽(弘文)先生生气,但我即使对科学技术的专家集团本身,也有着强烈的不信任感。包括原子能安全委员会也是这样。为什么只有那些被称为第三者评价机关的人,才敢说具备信息的完全性呢?现在大部分人对此表示怀疑。

这样,在分担"新的风险"时,怎样解析公共空间的水平本身呢? 如何重新分配亚洲这一水平的问题与地区问题呢? 这实际上是非常重要的问题。"公共空间"的设定本身又放在怎样的水平上呢? 这既是避免陷入狭隘民族主义的途径之一,又是打开现状的方法。

自由打工者可能只是日本的问题。"想要脱离"的志向与"想要自立"的志向,就算能在理念、理论上加以区别,但在每个人的感情中却总是相关联的。虽然不能从公司自立而生存,但即使工作到 40 岁也被解雇的话就无法承受的心情,与想要自立成为自由打工者的心情,在这两者中摇摆不定。现在,真正想要成为工薪一族的小学生很少。

某种"想从束缚逃脱"与"想要自立",由于日本没有"exit"(退出)的自由,所以两者是重合着出现的。协调社会的问题也是一样。由于被集团主义这种"文化体质"所消解,所以制度上才形成了这种结构。因此,无路可逃。向这样的日本人提出自立的问

175

题只是徒劳。这只有超人那样的人才能做到。我一直把这作为问题。

第三个问题，在现在的全球化进程中，在亚洲这一地区建立怎样的合作关系，是非常重要的"公共空间"的问题。要问这时运用何种原理时，我讨厌无视冷战体制崩溃后世界上围绕全球秩序发生的各种争端，而谈论国际政府等那样的肤浅言论。这种议论应该置于为了成为国际法上的裁定者，美国的司法制度不断开放的动向，与尽量想由自己来处理的国家之间的斗争之中。

这与自己的国家本身必须改变这一点经常混杂在一起。在部分司法改革中也有这种倾向，养老金改革等也是这样。就是在国际会计基准中，为了提高会计的透明度也有必要实行联结决算。养老金改革也应该一边改革，同时好好履行会计公开的义务。但是，是否真正希望包含流动资金清单，因国家不同而有相当差异，应该有选择的余地。但这并没有形成国际上的意见，存在鱼目混珠的现象。

最后是福利问题，不是单方面的而是可选择的，就像您刚才所说过的那样。我说的是，规则与可持续性同时被植入安全网中。在国家的养老金制度改革中也一样。政府把这个从国家中分离出来，作为社会保障基金使其独立。护理问题也是以地方税为中心，即地方也自立。因此，个人可以把自立与可持续的自立性纳入其中。应该重视这种规则的制定。从这个意义上说，对像单方面给予那样的、迄今为止共同体主义所说的福利制度的批判，已经有充分认识并提出了制度改革的远景。

我认为现在应该是"经济学"复数存在的时代。由于媒体传播的信息过于轻率，因此必须以至少有一个人提出反对意见的方式提出不同的意见。也就是说，最好出现各种意见相互对抗相互切磋的状况。在这个意义上,不应该抛弃1955年体制。即自民党既是最社会主义的又是自由主义的,兼备了这两种性质。如果没有相互吸收的状况就等同于巨人队的单独胜利,在这种单独得胜的过程中棒球将会逐渐消失。现在就是这样的状况。因此,虽然我这样的观点的确是少数派,但是如果能够以某种形式接受并反映出来不是很好吗? 我想站在这个立场上去努力。

金泰昌:关于您所说的"新的风险",今天我们无论个人还是社会都应该好好思考的重要问题,是以往"公"的部分,无论是制度还是机关承担了全部风险。但是,这却事与愿违。原因是多方面的。其中,可以说有很多时候即使知道确实存在风险,但出于政府的体面、企业的利益、专家的自尊心等,不愿意坦率地承认风险。

您刚才提到了"原本发生概率很低的风险,但一旦发生则会给社会带来毁灭性的打击",但在思考低概率的风险为何会发生时,我想在什么地方存在着这样的姿态或想法,即只要对自己来说不是风险,即使现在不立刻深入思考也可以。

换言之,如果"公"的负担过大则将无法承担更大的风险。那么又该怎么办呢? 有人说交给"私",民营化或自我责任等。然而这对于抵御风险能力很弱的人们来说,只会造成负担费用过高,甚至连选择的机会都被否定的结果。因此,金子先生说对"官"、"民"或"公"、"私"进行区别只会使问题更复杂,这我能理解。

一个个的个人是弱小的,有着想依赖某种制度性保证的倾向。但是,在仅仅如此是不够的现实条件下,共同拥有必要、自觉和觉悟的人们开始通过自发地(尽管我认为很多时候是不得不去做的状况性力学在起作用)参加及协助中间集团,试图达到集合性对应。这里与"公""私"都不同,但是积极地活用"公"所能做的与从"私"可以期待的,同时用自己的力量来应对,设定这样的一种生活空间是极其重要的。这才能称为公共空间。是作为"公"与"私"媒介的"公共"。因此,我认为有必要讨论"公"和"私"以及"公共"。

最后我想再次强调的是,有必要改变把风险作为问题一味否定地来看待的观点。有必要从探求针对风险的安全对策的角度,把风险作为一种契机或是开创新局面的机会来把握。我认为,无风险即无所得,有必要进行这种能动性的、挑战性的视点转换。

小林正弥:我的看法和金子先生的意见很相近。那么,我想知道"是否存在不同",所以向您提问。首先,我完全赞成"市场的不安定性"、"合理性的界限"、"如何历史性地纳入道德和公共性"。我想问的是:在把这些当做理论问题来看待时,能否反过来这样理解,如"应该提出非合理性的逻辑,应该植入道德和公共性,应该纳入历史的变化",这样的话,是否可以理解为"通过积极地重新把握您今天的发言,会得出最后的政策性结果和结论"。

您刚才还提到了与政治哲学的关系,我认为"有必要统一自由主义与公共主义两者",这与金子先生的意见很接近。总之,以前有共产主义乃至马克思主义的公共,今天则演变成公共主义的公共,在我看来,这些"公共"与金子先生所说的"共有"是相关联的。

但是,由于是微妙的问题,下面我想问一下。您一方面强调"自立"和"自我责任",但与此相对,您最后又提到"共通与团体的交叉点",这种"共有"思想的知识革新的内容好像还不太明晰。自立、自我责任与共有的关系到底是怎样的呢?

我完全赞成协调主义是不可取的。"支援—协作工会—宇泽弘文",对这样的排列应该如何加以革新呢? 也就是说,是市场经济本身的革新,还是在其周边创造共有的部分呢? 如果是市场经济本身的革新,由于是公共性和伦理性的问题,我认为应该涉及"友爱"或"公共心"等动机的问题。您最近写了一本《经济的伦理》(新书馆,2000 年),我想问,您是否考虑"赠予"问题等,想涉及这些方面呢?由于您强调"exit"(退出),那么在多大程度上纳入积极的参加的方面呢?

金子胜:首先,我要从自己的立足点来说明一下。可能我的观点还没有成为主流(笑)。我只想自己明白。也就是说如果没有制衡能力的话,媒体就会发表无稽之谈,我想"这是不能允许的"。一般来说,多种观点相互对抗会得出更好的答案,即作为一种制衡力量占有重要位置,因此说能否把这些全部组合起来形成某种完整的体系,我觉得是很荒谬的。

但是,我从社会哲学的角度出发,有着想把"制度经济学"体系化的心理。我想从 50 岁左右开始淡出媒体、写一些有分量的书。现在正在联系出版社(笑),但是人家不理我。人家说"先生,请写点畅销书",虽然不明其义,但这样的志向我是有的。

至今为止,无论是制度派还是异端派的人,大都没有具体的选择。如果研究一些与人们所关心的课题无缘的东西,即使发表了也没什么影响。我想突破这一点,从相反的方向来思考体系性的问题。我希望大家能够理解我的这种依存状况的立场。

接下来是关于"共有"问题,实际上"参加"的问题是至关重要的,我在《抑制财政崩溃》(合著,岩波书店,2000 年)、《对〈福利政府〉的建议》(合著,岩波书店,1999 年)等,在所有的建议中都提出要通过规则的共有来开辟参加的道路。比如在地方的税源中,地方税的基础税率由"住民税"来代替,这意味着收入一般的人,如果将所得税率的 10% 转移到住民税中,从收入明细来看几乎只能缴纳地方税了。当认识到政府的工作下放到该领域,在该领域

179

交付税金的瞬间,就有了"小政府"论进入的余地。实际上,这只能由地域社会的领域来决定,因此为了开辟参加道路的规则和制度在这里就称为问题。

总之,要切实地把握操作可能性。对于政府,把自己能够决定的领域下放到身边,是改革的一个重要信息。从这个意义上来说,并不是简单的分权化,在分权化的战略中理所当然要有"参加"这一元素。

在市场机制的前提下,不是制度的改革而是制度的重组。由此来推进市场的重组,我站在这种相反的立场上。其中,在制定制度的同时,人们参加的领域是非常重要的,因为是(地域的人们)决定制度。

金凤珍:铃村先生在论题中提到了"围绕国际贸易规则与纠纷处理机制的公平性"。问题的本质并不是"公平性",而是公平性的概念问题。更进一步说,其背后存在着"价值观"或者说是"人类观"的问题。总之,我认为有必要思考公正这一概念的内涵究竟是什么,我想听听金子先生的意见。

金子胜:抽象地来讨论这个问题也不是不可以,但我想具体考察 WTO 的西雅图会议上所发生的事情。就拿罗尔斯的问题来说,在机会均等和缩小差别问题上产生了冲突。虽然存在非洲的重债务国的问题,但霸权国家开始提出"公平贸易"而不是"自由贸易",这是很危险的。问题在于"公平"这一提法。

实际上,在日本又发生了什么呢? 用铃村先生的话来说,美国从"结果主义"中得出以下判断。日本的银行在表面上是开放的,而美国的银行却总也无法进入。"为什么富于竞争力的美国银行无法进入呢? 那是因为你们采用了某种奇特的结构。"但反过来接受其要求,就会产生这样的问题:只对美国的银行提供日本国内银行所没有的优待措施,来使其加入其中到底好不好呢?

在实力雄厚的国家使用"公平"这一提法的情况下,虽然不是一国一票,但有必要在"规则"中不断地反馈。在这个意义上,我认为铃村先生提议的领域具有发挥有效功能的可能性。

但是,从 WTO 整体来看,仅靠霸权国家对重债务国说不要胡来是无法解决问题的。也就是如何来建立处理问题的机制,地球环境问题也一样。在这里所要求的,是作为政治学概念的"宽容",换言之是"强国对他人的共感能力"。美国在战后经济实力强大的时期,曾经有过开放本国,实施马歇尔计划帮助弱小国家的充裕。但是,现在的情况不一样了。

美国在贸易部分虽有一定程度的让步,但在金融和服务产业领域,却暗中将知识产权的保护纳入到 WTO。日本由于比较单纯不太清楚,全部接受了。并且,BIS 规制(自我资本比率规制)、国际会计基准等的"全球标准"也是如此。仔细看来会发现,这些规则都是有利于美国的最强大产业的。在服务产业的部分,也贯彻自己的自我利益。就像前面所提到的那样,现代服务产业有着这样的特性,即如果掌握了 OS 与网络就能够"单独获胜"。制度和规则的选择本身成了竞争的对象,如果基于这一点,可以说他们的"公平"中存在着很大的问题。另一个问题是,包括重债务国的缩小差别能够得到何种程度的承认? 先不论罗尔斯的原理的好坏,现在的事态是在原理间反复冲突。

181

这样,如果不能在全球层次上来决定一切的话,我认为,不仅全球层次,像以亚洲和地区层次也能应对和决定那样,尽量把"公共空间"下放到低处,是当前的重要工程。不具有对等的实力谈判就无法成立。因此,具备一定的实力是重要的,但是如何建立一些装置来防止民族主义和狭隘的地域文化主义呢? 这是非常重要的。纳粹德国的"反省"对于德国来说是一种"武器"。我认为,在亚洲各国,文化的统合等大体是难以实现的,因此至少促进在经济领域结合的计划,作为第二理想的措施是有必要的。这是一种现实性的判断。只有在这个判断的基础上,WTO 的谈判规则的相应改善才有实现的可能性。我是这样考虑的。

山胁直司:最后,由于是难得的机会,我想请非常熟悉阿玛蒂亚·森的铃村先生,来对金子先生的阿玛蒂亚·森批判做个回应。另外,铃村先生提出了这样一个问题,由于公共财富的概念根本无法使用,所以对公共财富的概念有必要进行重新构建。关于这个问题想请金子先生来回答。

铃村兴太郎:我想金子先生相当战略性地运用了反正统派或反主流等词汇。金子先生所说的正统派或主流派,几乎都是戏剧性的"稻草人",恐怕现实中没有——不希望有——真正拥有这样的信仰的经济学者。确实,描写"稻草人"世界的教科书有很多,但是也没有——不希望有——把教科书的世界原原本本看做现实世界那样愚蠢的经济学者。但即便如此,教科书的世界与现实世界是有距离的,这是不争的事实。所以认真的经济学者都会从各自的信念出发去摸索:在认识到这一差距的同时,如何来改善我们的认识装置。我想这才是现实。

如果与"稻草人"正统派或主流对照而言的话,阿玛蒂亚·森本身很明显是反主流派、反正统派。只是,我觉得他的反正统派举止更为彻底。因为他不仅把所谓正统派的经济理论基础作为"合理的愚昧者"的范式给予猛烈批判,而且面向新范式的建设,积极而持续不断地进行了哲学的、经济学的摸索。在部分正统派经济学者中存在近于憎恨的森过敏症,其原因之一就是森的正统派批判,但更重要的原因在于他在建设中的代替性范式,折射出了正统派认识装置的空虚。

那么，森是在哪些点上进行反正统派的经济理论的建设工作的呢——看看这些，我想在金子先生对森的批判中，存在着可以更加积极地评价他的工作意义的地方。

森的批判之一，是针对只把利己心的最大化当做经济主体的动机这一正统派模式的特征。森不仅把这一点作为"合理的愚昧者"来批判，而且他从人的行动动机的多个侧面中，准确地抽出了"同感"和"契约"这两个重要的动机，并在我们的认识装置中给予确切的定位。人并不是自己的利己心的奴隶，他通过想象中的境遇交换置换自己的立场与他人的立场，来理解他人的困境并伸出援手，从这个意义上来说，具有引起来自利他心的行动的可能性。这种意义上的"同感"，承担着作为人类社会非常重要的"交感原理"（principle of communication）的功能。但是，"同感"依然是在主观选择世界中发挥功能的代替性行动动机。与此相对，也有人为了道义的"契约"，敢于站在前头突破警戒线等，明明知道可能会给自己带来非常不利的后果，在不得已的想法的支配下而采取了反主观选择的行动。这也应该作为人的社会改革热情的表现形态，是不容忽视的行动动机。这样，不仅批判了正统派经济学的"自我利益"这种单一的行动动机，并且将"同感"与"契约"这种代替性的行动动机在我们的认识装置中给予确切定位，加深了对社会现象的认识，指出了社会改革途径的多样性。我认为，这正是作为异端经济学者森的本领所在。

183

森还强调，如果作为人们福利的测量尺度来看，选择或效用就像橡皮那样伸缩，是靠不住的尺度，他强调有必要扩大福利经济学的信息基础。比如，被虐待的妻子和没有土地的劳动者等，如果期望越高而无法在现实中实现时，其痛苦就越大，所以改变自己的愿望使其适应现实,这样一来,他们的失望和痛苦往往无法反映在选择和效用的尺度上。森认为,用这样的调整后的尺度来衡量人们的满意程度,本来作为福利经济学的出发点是错误的。那么,作为基于人们福利的建设工作,应该向何处寻求福利经济学的信息基础呢——我想这是森的福利与潜在能力理论的出发点。

金子先生在考虑以何种基准来看待人生的"善"这一问题时,批判森并没有深究不平等的原因。但是,我对这一批判抱有很大疑问。我认为森对"平等"这个概念提出了非常根本的问题。他提出的第一个问题是"平等是什么",提出的第二个问题是"关于什么的平等"。这样提出问题,对容易陷入情感冲突中的平等、不平等的概念提示了冷静探讨的方向,因此有着重要的意义。在快速推进对不平等原因的讨论之前,应该对平等、不平等这一概念本身加以准确理解——我认为更加赞同地看待这种观点,对于相互理解有关不平等的研究是建设性的。

对于金子先生的制度依存性选择问题,我也来发表点评论。我的确理解金子先生的观点,人本来就是依存于制度而行动的存在。所谓制度是我们进行游戏的规则,所以随着游戏的规则改变而合理地调整依存该规则的行动,应该说是理所当然的。因此,只有在理解了人们随游戏规则的改变来相应调整行动的基础上,才能设计出人们达成一致的制度。此时成为问题的,是设计与人们利害相关联的游戏呢,还是制定与公共伦理相关联的制度?我认为,这里才是制度设计的分歧点的看法,比较能够获得认同。因此,制度依存性选择本身不应该受到非难,反而制度本来就具有这样的性质,我认为应该以这一认识为出发点来推进有关制度设计的讨论。

金子胜:并不是森在我这里评价比较低。诸如为了什么的平等,以什么为基准的平等,对什么的平等会带来什么的不平等等问题,在他称为"主流"的经济学中实际上也包含了"平等"。在对森作出各种理解的基础上,要来思考在我国的现状下如何运用森的理论。比如,森提出的意味着"多样的生活方式"的"能力"概念也是如此,通常在游戏中无法描述的"说服"过程与"契约"同时进入,以及提出代理人功能的问题。还有在自由打工者那里提到的制度的距离性等等……我们应该如何对待森提出的这些问题呢,或者应该如何谋求"平等"与"多样的生活方式"的并立呢?

发达国家的现状是几乎全部满足了他作为共有指标所举出的事例。如死于疟疾的人几乎没有,或识字率很高等。这时,只有"制度和规则的共有"这种想法,才能使"平等与自立"或"平等与多样的生活方式"同时成为可能。

养老金的一元化问题与森提出的问题相位非常相似。我们从正面提出"制度"。实际上,在普通人的生活领域中怎样放置决定的领域空间,必须作为一个具体的问题来设定。并不是突然地形成共有空间或部分优位顺序,非常重要的是建立一个怎样的决定领域。这是空间与决定的水平的问题。然后是共有那些制度和规则,多样的生活方式才成为可能? 我认为至今为止几乎还没有人认真地将这些置换为日本的情况来考虑过。

虽然在发展中国家有类似人的开发指标那样的努力,但在我们(日本)这里却没有接受同样的问题。在这个意义上,我未必否定森的观点。在自己生活的空间中认真来考虑的话会怎样呢? 在接受他提出的问题的同时,在他的框架中无法说明的又是什么呢?对于这些问题的考虑虽然还不是很成熟,但我想已经到了一定的程度。

另外还想说的是,我担心的是铃村先生、青木先生、滨田先生

185

等,他们那一代的……

铃村兴太郎:（青木先生和滨田先生）他们是年纪很大的一代啊（笑）。

金子胜:虽然年纪大,但我觉得到他们那一代还不要紧。也就是说,在认真地阅读古典著作、认真学习的基础上,对各种事物作出判断,从多种学说中有所选择,从而创立自己的学说,对这些人才能安心。但是,与对教科书一知半解、被大众化和制度化的年轻人一谈话,就会发现他们当中的很多人几乎没有内省的、反省的原理。我不禁想问:"这到底是怎么回事?"确实,这其中有媒体夸大的一面,但是在年轻人中,很难看到与主流不同类型的经济学。

铃村兴太郎:请允许我再补充一点。经常听到的对森的评价是,他的观点对于印度——或是对于发展中国家——是恰当的,但对于欧美和日本这样的发达国家不具有妥当性。我认为这不公平。虽然森的框架是从如何改变他的母国的现实这一强烈的意识出发而构建的,但是思考在哪些方面能使他的框架在日本的背景下有效使用,通过反馈这些经验来进一步扩充理论框架本身,这些工作的责任就在日本的经济学者方面。

金子胜:的确如此。

综合讨论二

主持人：金泰昌

复数的经济学

金泰昌：经济或者经济活动从根本上说是"私的"吗？江户幕末的石田梅岩说，"商人的买卖是天下的帮助"，即商业活动是"公共的"。他的看法是，商人赚钱与士（在今天来说是官僚）为国家做事得到工资是一样的。因此，士、农、工、商没有什么差别，全部是为国家、为天下而工作的。即将所谓商道（用现在的话说是经济伦理）一般理论化了。亚当·斯密在看了《道德感情论》等之后，也说过与梅岩类似的话。

但是从今天的经济学的看法来说，经济及经济活动基本上被看做是"私"。至少在参加公共哲学共同研究会，在这里进行讨论的范围内是这样。但是，在经济学或经济学者能够为社会提供什么的脉络中，铃村先生说过，关于每个人的私人道德无权发言，但是在关于公共道德的问题上，有作出确切回答的责任、义务。

那么，我想问铃村先生：经济以及经济活动是"私"吗？与此相关，什么是公共善，什么是公共恶？其判定是来自于经济学内部的逻辑呢，还是通过与外部的对话形成呢？

另外，作为一名非经济学领域的人，我关心的是对复数的经济学的认识。从我这样一个非经济学专业人士的立场来看，现在的经济学好像产生了内部分裂。既有谈论国家经济的经济学者又有谈论市场经济的经济学者;既有人谈论企业及企业家的经济学也有人谈论知识和信息的经济学。还有人谈论生产者、消费者、生活者、人、市民,以及最近谈论文化、自然和环境的经济学。当然,这也可以称为经济学的发展。

环顾世界各国,置于"经济学"这一名称前的形容词不下数十种。我把这看做是人们追求新的经济、新的经济学的探索,给予积极的看待。在这个意义上可以说,现在正处于各种经济学相互批判相互吸收,从而创造新的东西的过程。作为从事非经济学领域的人来说,我是这么想的。也就是说,问题在于这是由谁、为了谁和面向谁来谈论的经济学。

如果说经济有着不同于政治和社会等其他领域的独立性,那么它的本质又是什么? 人们向经济学寻求的意义是什么? 如果说教育创造人,政治创造国家,那么经济是否如其本来的意思创造财富呢?

明治时期的日本实行的"富国强兵"是由谁和为了谁而推进的呢? 最近听到了"富国有德"这样一个词。可以说这两者都是为了"公",为了"国家"。其中几乎感觉不到"私"的存在。毋宁说是一种灭私奉公的关系。因此,本来为今天的经济学者几乎共同理解为是"私"的经济和经济活动,被强迫专为了国家而承担"公"的作用。几乎不存在"私"而只强调"公"的功能和意义的经济所带来的财富,难道不存在脱离了人们的切实生活的问题吗? 那么,经济仅仅成为"私"的就可以吗? 我们在很多地方经历过这样的状况,即企业、尤其是大企业因扩大私利而带来的财富独占会使个人的生活实感极度贫乏。因此,应该有一种与为了国家的经济(公的经济)、为了企业的经济(私的经济)所不同的,为了大家的经济(公共经济)存在。这是我的问题意识。

在富国强兵和富国有德这样的以"公"为中心的看法·思考中,看不到富国利民的思想。我认为只有"利民"才是经世济民的本体,今后的经济学的出发点与目标(如果设想其是存在的话)应该是"富国利民",不知如何? 我想提出在经济学想象力中的公共回转。

这或许也可以叫做经济学者的共同体,我希望它超越经济学专业集团内部的言论空间,能够与外部进行对话,进行关于经济问题的讨论。因为经济问题也是大家的问题,所以有必要让大家都能参与讨论。

在充分了解存在反论可能性的基础上,把经济学的主流或正统派的理论假定为"普遍(公)"的理论,把与此不同的非主流非正统的各种理论作为"特殊(私)"的理论。我认为,围绕这样的两极对立的经济学的存在方式,有可能从不拘泥经济学内部逻辑的外部,出现要求基于相互媒介观点的对话的呼声,而对其敞开心扉进行回答则是公共经济理论的应有方式。在这个意义上,我们想不断推进公共经济学的问题意识、议题设定和论点验证。从这种立场出发,下面把我们财团与研究所考虑的公共善作一概括的说明。

其一,现在世代所采取的行动会对将来世代给予直接或间接的影响。无视、拒绝或否定将来世代的选择的行动和思考是公共恶,而不是公共善。使用"世代间的责任"或"时间轴的公共性"等词汇对其加以说明。

其二,"空间轴的公共性"。比如人们的生活质量怎样才能在充分利用生活状况和条件的同时(地域性问题意识的同时),超越国境、民族和宗教的界限,成为能够共有的东西(全球性问题意识)呢? 我想从地域全球化、公共善的观点,来把握在这个问题意识中的地域性与全球性的共进发展。如果确立了这两个基轴,那么"教育"、"环境"、"科学技术"这三个问题就会成为集中性的课题。

在进入综合讨论之际,我列出了以上几个清单。我想请大家以此为参考,然后深入进行自由讨论,并不断拓展。首先,请铃村先生。

公共善与公共财富

铃村兴太郎:我想谈两点。第一点是,在经济学中如何来理解公共商品这一概念。

即使考虑到金泰昌先生所说的,如果把公共商品表述为公共"财富"的话,就成了非常狭隘的概念。从内容上来看,我认为用公共"善"来表述则更有意义。那么在经济学中,符合公共"善"这一表述的概念规定在哪里呢?我认为只有阿罗考察的社会评价形成规则——集合了构成社会的人们自律地形成、表明的选择顺序,所形成的社会评价规则——所产生的社会"目标"或社会"善",才是公共"善"这一概念的最贴切的原型。因为这是由集合了构成社会的人们的个人"善"的观念,所构成的社会"善"的概念。

与此相对,公共"财富"则如文字所示是具体的"财富"。经常举出的例子是公园、港湾等。尽管恶或善的评价因人而异,但是仍然可以举出军备、司法制度等合适的例子。然而,最符合萨缪尔森所定义的公共"财富"这一概念的,应该是灯塔的光吧。深夜在海上航行的船舶如果看到灯塔的光,就能知道自己现在的位置。实际上,这提供了非常有益的服务,但是事实上,不可能有人划着小船到那只船舶去征收这项服务的等价报酬。因此,灯塔的光与萨缪尔森的公共财富的定义——能够共同消费,并且由于技术上或者其他原因,无法向从这项消费中获得方便利益的人那里收取等价报酬这样的财富定义——是非常贴切的。

在经济学中经常与公共财富相关联而被议论的概念,是价值欲求或价值财富这样的概念,尽管两者在内容上是非常不同的。财政学者理查德·马斯格雷夫思考并导入的这个概念,虽然无法还原为人们的个人喜好而加以论证,但由于其是从社会性价值的观点而被提供的,所以是具有公共意义的财富。我认为这是重要的概念,但事实上它在标准的经济学中是个不稳定的概念。给这一概念以理论基础,应该说在现状下还是个开放的问题。我认为即使在深化公共"善"的观念方面,马斯格雷夫的价值欲求或价值财富概念仍然具有重要性。

萨缪尔森关于公共财富的贡献,与其说是独创性的,倒不如说具有综合的性质。在约翰·斯图亚特·密尔、克努特·维克塞尔的古典著作中,包含了对萨缪尔森通过公共财富概念捕捉到的问题所进行的先驱性的颇有趣味的洞察,哈瓦特·伯恩(Howard Bowen)将萨缪尔森的公共财富理论的要旨,约在他十年以前已经在论文中公开发表了。

那么,正如萨缪尔森所强调的那样,与私的财富相比,公共财富具有的最大特征是免费利用问题。由于公共财富可以集中性地消费,但是无法个别地征收等价报酬,所以产生了免费利用由他人负担费用而提供的公共财富的动机,导致了从利用者中作为等价报酬而征收的费用,通过市场机构来提供公共财富的机制不能发挥功能——这就是免费利用问题。那么,通过什么样的非市场机制来提供公共财富呢? 这个问题将长期成为公共经济学的大课题。

公共财富的免费使用问题,会扩大到在社会意思决定问题中

191

的"诱因整合性"这样的更为一般性的问题,以至要证明与阿罗的有关社会评价形成规则的一般不可能性定理相提并论的一般不可能性定理。根据哲学家阿兰·吉巴特(Allan Gibberd)和经济学家马库·萨达斯乌埃伊特(Mark Satterthwaite)二人各自证明的这一不可能性定理——被称为吉巴特=萨达斯乌埃伊特定理,由个人战略性地虚伪表明自己的选择而操作的没有危险的社会决定规则,除了允许独裁者的存在之外,在逻辑上是不可能的存在。萨缪尔森把公共财富的概念作为杠杆,将我们引导到了这样的地步:位于公共经济的中枢位置的诱因整合性问题,如果是民主的社会决定规则就成为难以避免的一般不可能性定理。

为了把前面所说的具体化,想举出有关公共财富的免费利用问题,就像能够免费利用由他人纳税负担所提供的公共财富那样,考察一下你战略性地操作社会意思决定规则的状况。

在由"直接民主制度"来实行关于公共财富供给的社会意志决定的场合,你在进行公共财富的供给水平以及纳税体系的社会决定时,自己一边战略性地宣称对公共财富并没有兴趣而进行免去纳税负担的工作,但实际上为了能够使他人以他们的纳税负担提供公共财富的供给,又必须采取战略性的投票行动。但是,如果有很多人都采取与你同样的战略行动的话,由于无法征收到足够维持公共财富的供给费用的税收,结果也就无法实现公共财富的社会供给。

与此相对,如果存在很多具有以自己的纳税负担提供公共财富的社会供给的意愿和能力的人的话,这种公共财富的供给——尽管是很低的水准——就能够实现。但当想免费利用这些被提供的公共财富——比如公园——的你兴冲冲地出现时,人们就会质问宣称对公共财富不感兴趣、拒绝负担费用的你自身行动的整合性,你也会被人们冷淡的目光刺痛吧。

由"间接民主制度"来实行有关公共财富供给的社会意志决定时,又会发生别的问题。此时,你所能够采取的具体行动,也只是比如在选举国会中参与社会意志决定的国会议员时,行使投票权。这样所选出的国会议员,为了能够让选区的人们(包括你)免费享受到公共财富的方便,会在国会上伪装选区选民的真正选择,展开没有必要按照费用负担供给公共财富的宣传,但回到选区后又宣称在国会的宣传是为了大家而伪装的行为,公然要求大家的支持。这样的问题到底会不会出现呢? 我们应该认识到,选民还没有天真到去信赖一个对某一问题公然采取虚假行为的国会议员,在将有关各种问题的代表行为全权委托国会议员的选举中投上自己的一票。

这样思考的话,我们可以看到,公共意志决定机构的制度性特征,发挥了抑制公共财富的免费利用问题在现实中表面化机会的作用。在与间接民主制度的关联中,暗示了这一展望的重要经济学者是挪威的列夫·约汉森(Leif Johansen)。我认为这个论点在与"公""私"问题的关联上,值得今后继续探讨。

我想说的第二点,与金泰昌先生所说的限制将来世代的选项的选择是公共"恶",和金子先生所说的卧床不起老人的自立性与责任这两者有关。我认为,这两个问题的要点都在于:人们对其行动应当追求的责任范围以及根据是什么,以及人们对其不幸能够要求社会补偿的范围及根据又是什么? 在与地球温暖化相关的问题上,受到温暖化影响的将来世代不仅仅只是未出世,他们将来会作为怎样的有着自我同一性的人而出生,也会不可避免地受到现在世代的选择的影响,这一点是至关重要的。正因为如此,现在世代的选择责任重大,将来世代有伦理上的资格对现在世代的选择所带来的伤害要求补偿。在与卧床不起的老人问题的关联上,我认为福利经济学中不存在要求他们自立责任的逻辑。但是,以法哲学家罗纳德·德沃金的 1980 年代的连载论文《何谓平等性》为契机,产生了所谓"责任"与"补偿"这一新的范式,这在有关自我责任的范围及其根据,以及对于不幸的社会补偿的范围及其根据方面,对深化我们的理解有着很大的影响力。在与金子先生提出问题的关联上,我们有必要认真地讨论"责任"与"补偿"的范式。

金泰昌:从我的观点来看,对"公共商品"有"公共善"与"公共财富"两种理解,在我们前面的讨论中也出现了,总之我认为这二者很多时候不太能分离,是一体的。

知识产权与公私

金泰昌:在这里我想再换个角度问一下。从学问中产生的"知识",在我们的讨论中认为这既是"公共善"又是"公共财富"。但是,最近把"知识"看做"私有善"、"私有财富"的倾向不断加强。"知识产权"就是如此。从这样的观点来看,是应该把"人类的知识"看做"公共善"而非"公共财富"呢,还是其从一开始就不是"公共善"呢?

英国著名的学者夫妇丹娜·佐哈和伊恩·马歇尔博士(最近共同出版了 *Spiritual Intelligence*:*the Ultimate Intelligence* 的著作),曾高声呼吁要将原子论式的自我观和以此为基础的追求自我利益一边倒的资本主义社会的弊端,向关系式的自我观和以此为基础的充满关照和共感的社会转换。我在邀请他们并进行座谈时,他们自己画了图表来说明。然后,在图表下方写上自己的名字"copyright ~"。我问道:"有必要连这里都写上吗?"他回答说:"现在的时代,如果不清楚地表明自己的所有权就会被盗,虽然这样不太好但也没办法。"这是一个极端的例子。然而,这样的问题会随着知识经济学或信息经济学的发展,越来越成为一个大问题。

铃村兴太郎:这个问题真的很难。人们的学问观不同,答案也会发生很大变化。听着您的话,我突然想到了阿罗。我们在从事学问的生产活动时,能够要求自己的知识产权的独创性到底在多大程度上存在。我们大家都是站在伟大的前人的肩膀上,只不过有一点点发现而已。如何来回答这个问题,取决于当事者本人的学问观以及对于公共"善"的看法。在锐气十足的年轻人当中,尽管实际上大部分知识都是从先人那里继承来的,但有人就是无视这个事实,错误地认为一切都是自己独创的。阿罗虽然是一个可以叫做知识怪物的超一流学者,但他明确断言知识是公共"善"。他有着这样的谦虚意识,即不管自己丰富了多少内容,那仍然也是站在前人的肩膀上得到的。

开场白先到这里,下面进入现实问题——知识产权的问题。专利制度在国际上的不整合性成了很大的问题。先发明主义与先申请主义的问题。除美国以外,几乎所有的国家都采用先申请主义——在做出同一发明的人当中,最先提出专利申请的人优先的立场。美国的先发明主义——与申请专利的先后无关,最先发明成功的人优先的立场——非常孤立。为了调和国际专利制度,出现了认为美国的让步是必要的动向。此时,在美国诺贝尔奖获得者一致提出反对的声明。承认对知识创造性的所有权,具有扩大知识生产的诱导效果,能够为知识资产这一公共"善"的扩大作出贡献。正因为有了这样的制度去保护最先发明成功的人的权利,才能更加刺激人们努力去创造将来的知识资产。它们之间有着这样的动态的关系。我听说在这一反对声明中阿罗也签字了。作为我本人来说,并不认为这是阿罗的矛盾。因为阿罗作为私的道德

195

律问题,认为"站在前人的肩膀上能看得更多、更远一些是自己的荣幸,并不打算把它作为个人独特的贡献而要求排他性的所有权",作为公共道德律问题,认为"通过先发明主义制度所具有的诱导效果,能带来人类知识资产的扩大,因此应该维持这项制度",这两者在他那里是统一的。

然而,这恰恰同时也说明了知识确实具有两面性。我认为必须充分意识到这种两面性,来深入我们的讨论。

金泰昌:所以,"公共商品"尽管从结果上看是公共财富,但如果从它形成的最初动机和其现实的存在方式来说,仍然不能不说是个人所有(权)的形态吧。我所说的"活私开公"(灵活运用私而开放公)这个词正可以适合于这个"知识"的问题。"在激励他(先发明者)的个人贡献的意义上大体承认(知识产权)。但这在结果上是更加开拓全人类的公共善的道路。"我想只有这种说法才是现实的。

铃村兴太郎:是这样的。请允许我再补充一点,就是从最近的经济学者中,出现了认为萨缪尔森所指出的无偿利用问题并不那么重要的观点。比如,看一看互联网就可以明白。乍一看,互联网像是公共财富,但是要连接到互联网,自己要买电脑等必须进行个人投资。被称为公共财富的大部分,在这个意义上都有着通过支付连接费用,来显示自己需求的一面。现代公共经济学的代表性理论家让-雅克·拉丰(Laffont Jean-Jacques),从这个观点出发开始了重新建构公共财富理论的工作。请允许我指出,就是在经济学者中,也有人以萨缪尔森为出发点,从事着重新看待公共财富这一概念的工作。

小林正弥:对刚才的"公共财富"的讨论,我感受很深。这就是铃村先生提到的"如何能够建立价值欲求或价值财富概念的基础是个开放的问题"。因为从我目前对经济学的理解来看,刚才的说明在一定意义上是革命性的。

为什么这么说呢? 我认为关于"公共财富"与"公共善"的区别正是如此。在此之前,我们讨论了公共性,但在我的分类中另一方面还存在自由主义的公共性概念。这是以自由选择为中心的。从定义上来说,与非竞争性和非排除性等相似。但并非仅此而已,这在前面已经讨论过。就是有关"共"的部分,即"公"与"私"之间的"共"是重要的。那么,按我自身的见解看来,它不仅是"公共财富",而是 public"good",即与先生所说的或翻译过来的公共"善"的部分相关联。

我想这里还有另外一个分歧。在这个研究会上讨论环境问题时(参照第 9 卷《地球环境与公共性》),金泰昌先生提到了"公共善"与"公共害"。"公害"属于"公共害",它的反义词是"公共益=公益≒公共善"吧。在这里,"善"与"恶"、"益"与"害"是明显区分开来的。在"善/恶"、"益/害"中,是仅仅基于每个人的个人性关心或选择说是"恶"或"害"呢,还是从"对于公共的世界全体来说不好"出发,即"客观地"加入"价值"性判断来说是"恶"或"害"呢? 我认为这是非常重要的问题。

从我的哲学感觉来说,人在判断"善""恶"时,还是会带着"客观的善恶"印象的。因此,把社会选择理论中的"public good"翻译成"公共善",从语感上来说我有一些抵触感。我自身认为"善"和"良"是不同的,把基于主观价值意识或选择的东西称之为"良"。因此,在这里我会翻译成"公共良"。与此相对,与"客观的价值"相关联的东西翻译成"公共善"。这样的区别,是基于古典政治哲学的思想的。

例如,昨天讨论了卢梭(在卢梭看来,这是与"公共性"最密切

197

相关的基本概念)。"一般意志",并不是个人特殊意志的总和。如果引用近代经济学的观点来说,我认为它"并不是个人选择的总和,不是在这个意义上的单纯的归结主义的讨论"。这一点与现在的围绕"公共性"的决定性问题相关联。

因此,我认为"价值欲求或价值财富的讨论是公开的疑问",包含着我所追求的类似"公共性"概念的再定式化的可能性。即有必要把个人选择的质的要素或质的变化加以概念化。

在这里,出现了经济学的根本概念与哲学之间的联系。刚才,出现了关于新康德派的讨论,我吓了一跳。在(受到新康德派影响的)南原繁先生的政治哲学中,"价值"这一概念非常重要。这个"价值"原本是从经济那里来的概念。也就是说,如果"存在客观的价值,从哲学的观点把价值引入经济学"的话,就会出现"从客观价值的观点判定选择"的基准。这样,如果把"公共善"或"公共害"问题更为高度地定式化的话,我想就会形成一种以"价值"为前提的函数形式。

如果顺着这条线继续追究的话,就会出现不仅是"公共道德",还会以与"个人道德"问题相关联的形式,将市场经济或其经济理论从根本上进行再定义的议论。从这个意义上来说,我觉得铃村先生所说的"开放的问题",给我们展示了非常大的可能性。

科学知识与公私

小林傅司:我是学科学哲学出身的人,所以"公共财富"等概念就不用说了,也根本不懂"经济学"。只是,在讨论过程中我有这样的认识:在科学哲学中,"科学知识"作为其本质属性具有公共财富的性质,也就是说是与灯塔的光非常相似的东西。正如铃村先生所说的那样,"公共财富"实际上像灯塔的光那样完全满足条件的并不多,其外大多数都是等价交换的。在这个意义上,好像准公共财富那样的东西更多,关于科学知识我也是完全这么认为的。

实际上,认为"科学知识"本身在本质上具有公共财富那种感觉的属性,这是错误的。比如,在日本国内,为了使物理学看起来具有一种公共财富的性质,每年要投入多少教育经费才得以维持呢?即使把一堆物理学的教科书拿到没有教育、研究组织的地方,也是没有任何用处的。从这个意义上说,只有通过物质的基础和投资效果,才能使"科学知识"具备准公共财富的性质。这种理解也是最近才开始的。

以前的科学家好像都有刚才提到的阿罗的感觉。这是牛顿他们提出过的观点。就像在大海前面捡小石子,或像站在巨人的肩膀上,对他们来说,自己生产知识是对人类的贡献。其等价报酬基本上是成为奠基人,曾有过科学家为自己的名字成为单位等而满足的时期。但不知从什么时候起,要求等价报酬成了理所当然的了。并且为了将其正当化,开始出现了这样一种说法,即采用奖励机制更能提高知识生产的效率,从而成为公共贡献。

但是,这是真的吗?即军事秘密这种知识的隐匿化和企业以专利证形式的知识的商品化。这些与为使公共贡献成为可能的知识产权的应有方式,具有怎样的关系?我认为这应该好好思考。因此,作为制度在有可能防御的时候,只要不说出参照怎样的"价值"基准这个制度的防御才是可能的,就会觉得除了"科学家只要研究就赚钱"之外什么都没说。从这点来说,是否成为公共财富,或是参照怎样的公共善知识产权体系才是防御可能的呢?必须进行这个层次的讨论。我认为,正是因为现在没有这类讨论,才必须将诺贝尔奖获得者的声明作为大的问题来看待,现在已经到了这

199

样的状态。

铃村兴太郎：作为基本认识，有相当一部分可以共有。准公共财富是支配性的这一认识在经济学者中也存在。考虑到各种意义中的混杂现象，有很多人都在尝试着修正公共财富的概念。

价值财富已经有了很明确的位置。因为这是在马斯格雷夫的古典名著《财政理论》中讨论过的概念。从这点来说，它在经济学中占有相应位置，但用它来做的经济分析没有公共财富那么发达，这也是不争的事实。为了强调这个概念在历来的经济学中的基础并不稳固，所以我说价值财富的讨论是个开放的问题。

私的选择与公共判断

后藤玲子：请允许我使用铃村先生在论题中使用的记号。（以下，一边在题板上画图）假设个人的私的选择为 Q_i，个人的公共判断为 R_i。我想也与刚才小林正弥先生的话相呼应，并非一元性地来把握个人的环境喜好、判断和价值评价，而是在二元性的构架中去把握。通常，个人的选择是把自己的分配分（Z_i）作为定义域。经济学中所说的公共商品（y）也可以纳入个人选择的定义域中。y 的旁边之所以没有添加的小字母，是因为没有把财富在个人 $1, 2, \cdots, n$ 之间排他性地分开的缘故。但是在经济学中，公共商品也可以作为自己的私人财富的延长来考虑。想要多少公园，想要多少警察，或想要多少汽车，等等，在与私人财富之间有着无数的代替可能。

比如，我们来看一下汽车、清洁的空气、教育和酒精。这样一来，有人很喜欢汽车，所以就会有人说比起清洁的空气来多买汽车最好，也有人更重视清洁的空气，所以说即使想开车也要忍耐。下面就是生活扶助等问题了，有人将扶助资金用在了酒上，也有人将它储蓄起来用作自己孩子的教育投资。也就是说,根据自己自身的善的概念和价值,在某种制约中想得到怎样的财富是因人而异的。公共商品也可以纳入个人选择的定义域,即使不同于通常的经济学框架也无所谓。

问题在于另一个公共判断。这在通常的经济学中没有,是我们独特的概念。首先将没有添加 i 字母的 z 作为定义域。它意味着不仅要考虑个人,而且要考虑如何在社会全体人员中分配私的财富。与此同时,将 θ 也纳入定义域中。这个 θ 就是规范社会全体的规则。规则可以是各种各样的。比如,既可以考虑完全不给个人选择的余地,大家为了保证清洁的空气而不能买车的规则,也可以有限制一台,或是使汽车本身成为低公害的,等等。

另外,如果是用在教育上还好,但生活扶助不能用在喝酒上等,可以考虑到各种规则。由于把这样的 θ 作为定义域,使得公共判断的性质与私的选择产生了不同。比如,作为自己本身是很喜欢汽车的,但是出于公共的观点,在自己的判断中附加了条件。接下来,判断满足何种条件的规则是所期望的。

拿刚才的知识产权和劳动的问题来说,比如想要承认某种自己所有,想要承认自己的劳动是自己的东西不能随便被人榨取的自由,但是想想,自己的劳动也是由很多人的合作来完成的,又使用了很多包括制度本身的公共资源,所以想制定再分配的制度,为此,用阿玛蒂亚·森的框架来说,就是选择能够满足保证所有人的最低限度的潜在能力这一条件的规则。

问题是,自己个人的环境喜好和想选择的规则并不总是一致的,存在着发生矛盾的可能性。这种时候,就如罗尔斯说的是"正"的优先性。就算存在每个人的"善"的多样性,但是作为公共判断的特征,首先要考虑 θ 应承担的公理(正的各项条件),选择

201

满足这个公理的 θ。在这个 θ 下,每个人选择自由的劳动时间和劳动的质量,然后消费在 θ 的约束中得到的工资,买自己喜欢的东西。重要的是,在规则下追求个人的善和那样的规则要由大家来决定。

因此,用小林(正弥)先生刚才的话来说,问题就是制定怎样的规则。把首先保卫清洁的空气这样的事作为最优先的条件是否真的能够得到大家的认可呢? 在这个意义上如果说教育是非常重要的,那么能否得到大家的认可也是个问题。

规则设定与"选择的自由"问题

松原隆一郎:对这两天的讨论,我想归纳起来谈谈我的感想。

有人提出对经济学所具有的人间观有着不和谐的感觉。这到底是怎样一种人间观呢? 一个是像铃村先生所提出的那样,合理设计规则本身的人,以及遵循这一规则为使满足最大化而行动的人吧。铃村先生说过,人虽然是这样行动的,但在这里应该承认"选择的自由"。

并且,还依据德沃金的说法提出,如果有"自由"就会伴随着"责任"。我想您是认为在这种场合,"选择的自由"对市场经济来说是重要的道德。根据它来设计规则,统治市场。进而,当人们遵循这一规则而行动、引发矛盾时,应该变更规则本身。

也有人提出不太明白"什么是主流",但是即使在 WTO 现在也在重新设计规则本身,所以我认为可以把"选择的自由"作为主流的观点。

这样一来,金子先生所暗示的"风险"问题,基本上就从运用规则来驾驭市场这一想法中漏掉了。即使人们按照"法"和"规则"来行动,但作为其结果,如发生全球崩溃的可能性还在增大,我想金子先生已经提出了这个问题。

这到底意味着什么呢，是在发生了像更改规则也无济于事那样的意料之外的情况时，应该怎么办的问题。在这里，金子先生可能提出了铃村先生的观点无法覆盖的问题。

再有一点，按照我的理解的话，金子先生论题的出发点，是将经济"财富"中的"劳动"、"土地"、"资本"这些东西作为非常特殊的"财富"来看待的。但是一般来说，并不把"劳动"、"土地"、"资本"作为特殊"财富"来对待。应该把这些都交给市场，可以说是主流派的观点。我觉得铃村先生好像也说过，基本上所有的"财富"都是"自由选择"的对象。

如果是这样的话，例如关于劳动就会产生下面的问题。斯蒂格利茨在他著名的教科书中写道："假设在芝加哥有个电焊工被解雇了。假设这个人认为自己是非自发性的失业因而觉得这是不公平的。此时可以这样反驳吗：你不是有在旧金山的葡萄园摘葡萄的工作吗？你不干就是自发性的失业。"在这里斯蒂格利茨所说的，按主流经济学的观点来看，就是"失业全是自发性行为"。一切都交给了"选择的自由"，因而"不存在什么非自发性的失业"。

实际上，经济学基本上都与这一观点接近。因此，极端地说来，并不存在非自发性的失业或严重的不景气等。至少从长期来看，市场会对所有的因素进行调整，所有的人都在"选择的自由"下以自我责任来行动，所以没有任何问题。

但是，我们听到这个问题，在直觉上还是会有"很奇怪，这与道德相违背"的感觉。为什么会感到"与道德相违背"呢？这就说来话长了。假设我现在被解雇了，完全没有收入，几乎快饿死了，怎么办呢？这时，"你不是有两个肾脏吗，可以卖掉一个啊。你有

203

选择的自由,你选择不卖,那么挨饿不过就是其结果罢了"。或者是女性的话,"你有卖春的权利,不那么做是你的自由"。如果真的开始出现这样的情形,"选择的自由"到底是什么呢？真让人弄不清楚。

在类似于决定领带的颜色这些事情上,"选择的自由"是完全成立的。但是关于刚才提到劳动、土地(我认为如果把土地作为自然环境来把握的话,它就会成为地球温暖化问题的对象)或资本等,一般只承认"选择的自由",即使想将其规则化,还是有可能在其中出现无法控制、超出范围的其他问题。这不正是金子先生所说的"商品化的不合理"吗？

设定"规则"之后,人们在其中根据"选择的自由"来行动,在这种问题的设定中,仅依靠变更规则无法解决的问题会在"规则"之外产生。

那么,什么是"规则之外"呢？

有自由吸烟的权利呢,还是应该禁烟呢？这是普通规则的设定问题。但是仔细想想,如果原本就有在没有人的地方吸烟的道德和惯例的话,就没有必要设定规则了。但是由于现实中有人会在他人面前吸烟,没办法只好设置了禁烟席位。不卖肾脏、不卖春,这也是道德吧。但是这些道德或惯例正在崩溃。因此,提出了制定规则或选择自由等,但根本的问题在于道德的丧失。我认为,凯恩斯所致力于的研究,就是这种危机管理状态。

基于以上观点,我想请教一下金子先生和铃村先生。

我想金子先生说过,在规则之外的有风险的场合,"组织"是重要的。这个"组织"又是哪个层面上的呢？假设在全球规模膨胀的资本的流动有可能使市场陷入危机状态,那么如果不是世界政府水平的机构的话恐怕无法对抗。能否把这种危机管理用"组织"的概念来建构呢？

下面请教铃村先生。当产生了以更改规则而无法规避的风险时，应该怎么办？您说过，更改规则的是可以相互交换立场的人，亚当·斯密式的交流场所必须成立。我对此也有同感，但这样一来，好像"公共商品"不是"规则本身"，而是"能够对制定规则进行讨论的场所，或是参与该讨论的道德"了，可以这么理解吗？

金子胜：只把"组织"抽离出来是很奇怪的，为了与猪木先生的话相关联，我涉及了"组织"的缓冲功能，谈到了仅靠这个而无法超越的"制度"和"规则"的共有这一领域的话题。

我假定了"多层共同体"。刚才讲到了亚洲，在亚洲之外的其他国家与地区等各个层面上，有必要建立分担风险的制度性机构。而且，无法在市场过程中实现的自发性交换关系或厂家直销组织等，能够成为改变"市场"的起点之一。

实际上，从"市场"中选择的东西未必总是正确的。比如，NPO、NGO所致力于的"环境"这种价值观给"市场"带来冲击，改变着市场。在德国，正在发生不使用再生零部件的汽车销路不好这样的状况。也有着创造这种"前景"的一面。

或者，如果把一切都委于市场性交换关系的话，那就无路可逃了。都说在农村无法居住的话就住到城市里好了，但仅仅依靠与公司的雇用关系而存在的都市经济，是一种对食品价格剧烈变动、环境发生很大变化等风险非常软弱的经济。在这个意义上，不能无视自发性的部门所拥有的缓冲功能。在设定这样的规则的时候，还是与道德问题相联系的。

实际上，问题在其后面。现在仍然残留着冷战时期的两种意识形态的对立。是大政府还是小政府？是政府介入还是市场？除此以外，没有别的选择。但是，就像在泡沫经济破灭后不良债权处

205

理的失败中所看到的那样,只在这种政策对立间摇摆的话,是解决不了任何问题的。在此重要的是,"协调社会对风险是最弱的"。也就是说,最好是复数的对立价值能够共存。

我想,金泰昌先生所说的"复数的经济学"也是这样的意思。日本社会一旦出现了某种潮流,全部都会与这个潮流成为一个颜色。这用我的话来说,是对风险非常弱的社会。在这个意义上,我认为多元的民主主义即使作为经济利益的问题,也是非常重要的要素。

也考虑到与铃村先生的平衡,我想说的是,问题在于民主主义与设定公共空间的关系。为了能够分担风险而分权化,或是重新设定公共空间,这很重要。从日本的状况来说,在公共领域中最大的问题,是怎么对待"公共事业",然后是怎么对待"福利"问题。实际上,在直接的(一元的)民主主义中,多数居民是拒绝不必要的大规模公共事业的。比如,吉野川可动堰、新潟县卷町的原子能发电站。但是,在代表制、代议制民主主义中,经常会出现选举了(违背居民意愿)近乎搭便车的公共事业诱导型议员这样的分裂。

如何来梳理这个问题呢?从与铃村先生的关系来说是个大问题。其背后存在着这样的日本的现实:在公共领域里靠所谓人际关系进行的选举,与依据内心判断的正义逻辑的选举,没有加以区别而相互混淆了。因此,这是只用"规则与选择"问题很难把握的高难度问题。我认为,牢牢把握"场"实际上是很重要的,公共性和道德问题与如何改变用来设定规则的"场"的问题,无论如何也是紧密联系着的。

铃村兴太郎:作为对提问的回答,我想应该谈两点。

第一,在我们选择研究方向时,我们完全不知道在多个选项中哪个会带来具体成果,在某种意义上来说不得不进行类似赌博的跳跃。至少,对于某些具有规则的现象,哪怕构筑统一的说明原理的可能性很小,我们也会拼命朝着这种可能性跳跃。即使关于公共"善"的定式化方法,也不是说在事先就确信这是唯一的方法,而是从一开始就知道有提出异议的余地。问题是,对于我们来说能够接受的、具有整合性的代替选项,至今还没有人提出来过。既然这样,为了弄清我们自发选择和跳跃的方向会导向何处,暂时只能全力来做而别无他法。我想,在暂时不知道哪里有坚实的马路可以安全通行,多少需要一些有野心的跳跃时,研究途中的道路肯定是黑暗而孤独的,不得不时常迟疑踌躇。只是,虽说向着某一选项跳跃了,但也不是不承认该选项外部现象的重要性。虽然是平凡的回答,但我认为很真实。

第二,怎样对成为选择对象的"选择空间"进行定义,有时是非常重要的。我们经济学者通常是以"财富空间"来思考问题,但在你提问的那样的状况中,作为"选择空间"最自然的选择,应该是森所导入的"功能空间"吧。所谓"功能",是在思考人们的福利时具有关联性的"生活方式"、"存在方式"的侧面,我们通常并不把出卖自己的肾脏、卖春等看做与福利相关的人的"功能"——人的"生活方式"、"存在方式"。对于松原先生的提问,这就是我的回答。

还有一点,比起过程以及规则,想强调参加讨论的意义。我们所使用的过程以及规则的表现是非常抽象的概念,人们参加讨论,作为相互说服的结果达成怎样的一致,这个结构正是我们所说的过程及规则的好例子。"权利"也是用游戏形式来表现的过程及规则的好例子。谁有着什么样的选项,作为人们自律性选择选项的结果,会得出什么样的社会性结果——这种制度性结构的记述整体就是过程及规则。

207

拓　展

市场、国家与人

金泰昌：比起"差异特定"我更关心"比较展开"。我的博士论文也是以韩国的现代化这一课题为中心，对如何参考亚当·斯密、卡尔·马克思以及马克斯·韦伯的理论进行了比较研究。那么，作为讨论的当事者应该学习些什么呢？这是我最关心的。从经济学中能学习些什么？"市场"对于人来说具有什么意义？用别的方式来说，人在每天的生活中无法逃避与"国家"以及"市场"的关系。关于后者即与"市场"的相互关系的意义，比起其他学问领域，从经济学中能够学到的东西是最多的。基于以上考虑，设定了这次的题目。

有人极端地认为，现在的"市场"是西方文明的盎格鲁—撒逊式的制度，有其优点和缺点。但是，真是那样吗？根据我的调查，这么说是毫无道理的。在西方，"市场"被理论化充其量是从1700年左右的亚当·斯密时期。但在中国是怎样的呢？从公元前770年到公元前221年之间的中国叫做春秋战国时代，中国在春秋战国时代之前就有了市场。

从文献资料来看，它出现在《周易》里。《周礼》中把市场的形式分为"早市"、"晚市"和"大市场"。在掌管市场运营及管理的机构中,有叫做"质人"的监察官,负责监管商品的价格和品质的问题,并且还设置了"关使",即关税业务担当者。随着制度的理论化,无论是作为市场的参加者的商人还是其他人,都在一定的基准上进行买卖行为,如有违反就会加以制裁。这在儒教形成过程中产生了很大的作用,一直持续到 19 世纪末。这一研究成果已经在中国发表了。把所谓"伦理道德"引入到市场机制中,以这样的市场观来进行买卖行为的中国的市场,与剥离"伦理道德",建立在其他规则上的西方的市场的冲突。有人认为,应该从这样的角度来看待近代中国和英国的关系。

我觉得,与我们今天所面对的以美国中心的全球标准为名目的市场开放要求和自由化问题十分相似的事态在当时已经发生了。当时中国"有着自己独特的文化传统与伦理道德。因此突然间以自由市场的形式来接触是很困难的。这里需要内部调整"。在基于中国思想与英国思想的共通规则来设定全球市场,并进行贸易的过程中产生了矛盾。无视中国的市场规则,突然大量输入鸦片,结果"市场"成了战场。发展成为使用暴力来强迫输入西欧的特别商品鸦片的事态。

从历史的过程来看,大量购买以丝绸为代表的中国商品的西欧,无法把钱还上。结果作为对抗政策,他们将鸦片这一完全异质的商品输入中国来返还。

昨天,金子先生好像曾经在什么地方说过,不良债权和国债等国家所拥有的借款问题,也许是我听错了,您的立场是可以不还。我突然想到,美国现在背负着巨大的借款。作为极其普通的人的立场自然会抱有疑问,他们真的打算偿还吗,还是认为不还也可以?这是其一。其二,在日本的媒体中经常听到的观点是,强调美国是向其他国家借钱,与美国不同,日本是向国民借钱。那么,从国民借的钱可以不还吗？为了"不还"会拿出怎样的逻辑呢？

金子胜：并不是说可以不履行债务。总之，就是要设定国债的上限，用新的借款来偿还旧的借款这样的方式来维持。

金泰昌：这里有一个反复多次的问题。那就是"经济从根本上来说是私的、公的，还是公共性的活动？所谓市场是公的空间、私的空间，还是公共空间"。我可以肯定地说，市场不是公的空间。但能说市场不是公共空间吗？这个问题还需要仔细考虑。为什么这个问题会反复被问到呢？那是因为这个研究会的问题意识之一在于"人的自立"。的确，每个人都有界限，但也不能因此过分期待和依赖国家。因为"国家"的功能在于不断重新调整。

那么，"市场"又是怎么样的呢？"市场"对人能够做什么，又不能做什么呢？"市场"与"人"的关系，今后会怎么发展呢？也有人说"市场会全面崩溃"，但是我并不这么认为。"市场"的存在方式也许会改变。我认为，在认识到有必要重新构筑"国家"的存在方式的同时，也将要求市场存在方式的变化。今后的市场，应该是价值中立的追求私利的自由竞争的空间呢，还是应该在那里设定某种伦理道德呢？

中国的传统思维方式从公元前一直延续至今。那是作为一种文明（纳入了价值与道德伦理）的市场的思维方式。这与盎格鲁—撒克逊式的自由主义市场有着很大分歧。在日本的知识分子和经济学者中也有相当一部分人坚决反对盎格鲁—撒克逊式的自由市场的全球化。我想，其反对的根据并不是来自于纯经济学理论，而有许多更为心理上，或感觉上的东西。但是，能否说感觉的就是非合理的、非逻辑的、不精练的呢？对于只要遵守规则就能把为了扩大单方利益的攻势正当化的"市场的逻辑"，其规则本身是否违反了更高层次或者说是更为基本的人的道理呢？这种直观的

211

感觉(因为有时不能用逻辑来说明)在强烈地发挥作用。也不能说规则本身是完全公共性地被制定出来的吧。我认为,真正有必要通过公共性的讨论来制定全球的规则。与此同时要有这样的问题意识,即现存的所谓全球标准是否具有全球的公共性。

因此,问题并不仅仅是"反全球化"还是"亲全球化"。我想,这两者各有各的道理。两者的不同在于,在运用有说服力的逻辑来说明各自的立场时,是用文明、文化、价值、习惯、惯例的方式来展开议论的主旨呢,还是从规则本身的问题这一脉络来思考? 后者说起来更接近自由主义。那么,日本是怎样的呢? 这就是我提出的问题。

首先,请参加讨论的各位自由发表意见,提出问题。

小林正弥:总之,我认为是文明中"市场"存在方式不同的问题。这个问题,像经济人类学的卡尔·波兰尼等人就提出过。他说:"经济本来是被掩埋在社会中的,其自律化之后才有了近代的市场经济。"从我们友爱经济学的问题意识来说,就是"应该将经济重新掩埋到社会中去"。我想八木纪一郎先生在中国的围绕公共哲学的研究会上也说过这样的话。

经济会随着文明的存在方式而改变。在今后新的文明下应该选择什么样的经济呢? 这是很重要的。对"不应该放弃市场经济"这一点我持相同意见,但问题是"为了把道德经济的要素重新纳入市场经济中,应该怎么做"。

那么,我给金子先生提个问题。我觉得您好像在批判波兰尼,其理由是什么? 我认为,以伦理和道德为基轴将经济掩埋到社会中去,毋宁说是更容易理解的话题。

市场、资源与环境

原田宪一：我是个地质学者，完全是个门外汉，接着刚才金泰昌先生提出的问题，我来谈谈必须注意"理论"问题。为了把经济理论化必须设定"人的形象"。因此而强调"个人"。但是，在与环境问题和资源问题等相对照时，所谓"理论"又是什么呢？

在白垩纪末恐龙灭绝，但陨石撞击说也并不是决定性的。在灭绝前，恐龙蛋的壳就已经很薄了。发现了很多未孵化的胎儿化石。德国人说原因在于"恐龙神经过敏"。他们认为，由于恐龙过于繁荣，竞争者的增加使母恐龙精神紧张而神经过敏。德国人一到周末就会去人迹罕至的湖泊和森林露营。回来以后他们会说："周末谁都没碰到真好，恢复了人的本性。"然而日本人，一到周末就会去百货商店或是庙会，被挤得一塌糊涂以后说："周末真好啊，有那么多的人。"作为理论化前提的人的形象完全不同。

另外，海森伯在19世纪50年代的讲演中提到，在现代物理学的量子理论中，"场"的问题非常重要，而欧洲人很难理解这个"场"。"原子"这个"个"为什么会随着外界的"场"而变化呢？然而日本人，氛围不同说的话就不一样。这是理所当然的（笑）。物理讲的场也是如此。因此，海森伯预言，如果日本人会对现代物理学作出贡献的话，恐怕其就在于这种终极的把握方法。

认为将自然科学的学问理论化、数字化，其就成为价值中立的东西，这是误解。但现实中，欧洲的知识传统反映在今天的自然观上。最明显的是物理学。把自然进行某种程度的单纯化、模型化，在其中用数式表达量的关系。这样一来，在理论上所有东西都有操作的可能，然而现实的自然并非如此。因此，越是运用普遍性的理论，在将其技术化时越需要建设庞大的装置来创造普遍性的条

213

件。原子能发电就是如此。外部装置的庞大造成能源的浪费,伴随着巨大化风险也增加了。

就像宇井纯先生所做的那样,离开"理论"到现场中去,水处理等就变得简单且便宜。然而,却有人以这不符合"普遍性理论"为理由,特意投入大量资金引进设备,使其合乎"物理的理论"(参见第9卷《地球环境与公共性》)。

听了各位先生的发言,如在经济理论中是这样的啦,以此为前提的话又会那样啦等,逻辑非常严密。但是,现实的人绝不是以经济学为前提的个人。欧洲人所设定的人的形象并不能用来说明所有的人。

此外,现实地考虑"资源"与"环境"的话,"市场"也是处于有限的制约之中的。如果没有制约,有无限的资源就有无限的东西被抛弃。如果能够无限地使用能源,无限地生产商品,无限地分配,这样事情就简单了。但现实不允许,所以出现了环境问题、能源枯竭问题。

我也和西冈先生一样,在"经济"中追求浪漫。我也知道什么叫白日做梦。但是,就像本间先生所说的因600兆日元赤字而坐立不安一样,我一想到地球环境问题给将来世代带来的深刻影响,也会坐立不安。所以为了找到某种解决办法,才参加了这个研究会。

"经济学"以"物理学"为范本创立了精巧的理论,虽说这不是徒劳的,但我觉得理论化的结果,会使人们对现实世界的资源、环境、人性和文化等问题的态度感情淡化。

文明与市场、战场

金泰昌:我想在与原田先生提到的"场"的关联上谈一谈。关于市场,最近我在英国旅行途中发现并阅读了一本书,是将以英国的经济人类学家与经济学家为中心召开的研讨会的论题及讨论结集出版的《市场的意义》[James G. Carrier ed. ,Meaning of the Market: *The Free Market in Western Culture*(Oxford & New York: Berg, 1997)]。

看完以后,我总觉得欧洲人把"市场"作为理念来把握,认为那是运转的"空间"。其理念是自由。我觉得他们从这里出发构筑了社会、经济思想和理论。比如,从市场中得出了"自由的个人"这一概念,还有"自立的个人"、"选择的个人"等人的形象。"自由民主主义"等一系列原理原则也是从与市场的关联中发展出来的。这种观点可以说是绝大部分学者的共通项,即使他们的研究领域不同。

但是,在中国和日本,我想韩国也是一样,"市场"并不作为概念,而是作为"场"来把握的。在《周易》中,人与人相遇进行物物交换的"场"就是市场。在特定的场所、特定的时期进行。无论何时都是以"场"为中心。因此,market 一词被翻译成"市庭"、"市场"等带有"场"的词语。

我想把战场与市场作为文明发展的场来理解。在战场,最终力量是制定标准的决定因素。在市场中,交换价值(价格)是决定因素。战场的规则带来胜败,市场的规则带来贸易。我个人认为,在西欧文化、近代化的过程中发生了一件事,就是连市场也战场化了。不仅人为地操作需求和供给,而且在以此无法牟得暴利的时候就动员军事力量来改变市场的规则。可以说,鸦片战争正是最具代表性的事例。

金凤珍:金泰昌先生在发言中提到了中国,说鸦片战争时"市场被战场化了"。中国的市场,实际上不仅是中国还是亚洲的市场,在那里有其运作的规则。下面请允许我向大家介绍其中一个规则。

作为中国的市场原理,首先应该举出两种形态。一种是在鸦片战争前(或在此之后也仍然延续的)以中国为中心的,在东亚进行贸易的"朝贡贸易"。另一种称为"互市",相互设立市场进行交换行为。这个互市是纯粹的经济关系,欧洲各国也参加了数百年。而且在这里,按照中国的规则进行贸易。事情发生逆转是以鸦片战争为契机的。现在已经过去了150年。但是实际上,在此300—400年以前,即从明朝末期开始,欧洲是遵照中国的原理与中国进行贸易的,这是事实。

说起"朝贡",可能印象不好。但据我的调查,它与我们一般所想象的不同。首先,它起到了一种集团安全保障的作用。再有,它的贸易形态并非自由贸易。实际上,对于来到中国的其他国家来说,中国必须给予更多的恩惠。是在这样的原则下进行的一种管理贸易。

其形态也有各种各样,也进行完全等价的交换。但作为基本的观念是不平等交换、不等价交换。支撑着这种不等价交换关系的观念、规则是"厚往薄来"。这是《中庸》(20章13节)里出现的词,表示优待重视回去的人而不重视来的人。即如果来的人带了1美元的商品,要给他10美元带回去。这种观念是儒教中的一种道德,甚至列入了德目当中。

这里就出现了刚才金泰昌先生所说的情况。我提出的问题是:在"公平性"这一概念中到底有着怎样的内涵? 在亚洲的儒教原理中有着"均分"或者叫做"平均"的概念。这个用英语该如何翻译? 我暂且勉强把它翻译为"fairly allocatedness"(公平的分配),因为必须先把它和fairness(公平)区别开来。

从经济看公私问题

216

这种均分的"原理"并不是"平等"。但是也不能说"因为是不平等的所以不行"。如果基于现在我们头脑中的经济逻辑,拿出 1 美元去买 1 美元的东西是理所当然的。给对方 10 美元这太傻了是不合理的。但是,如果引入了经济"伦理"而不是经济"逻辑"的观念,就不能这么简单地断言了。

在思考 21 世纪的新经济学时,如果把这种自古以来就有的观念·传统置于头脑中加以考虑的话,或许会产生非常出色的新伦理经济学。或者可以成为根本解决位于经济学观念深处的人性和价值观问题的契机吧。这是我的感想。

市场与竞争

八木纪一郎:市场由于通过视野短期化的竞争来达到自己的目的,所以出现了各种病理现象。我想猪木先生在论题 I 中已经说过了。这就是因为"竞争"的结构中包含了促进视野短期化的结构。

在经济的常识性理解中,最基础的是劳动价值学说。即作为劳动的结果而制造的商品,在市场机构中的交换比率中被反映出来。但是同时市场是交易机构,具有在其中决定结果的性质。

我有个同事是从事类似实验经济学的工作。在做了各种实验后,发现在"竞争"和"市场"中,有的"竞争"和"市场"具有必然产生不平等的结构。也就是说,假如市场中存在只要能在初期阶段以某种形式幸运地领先于对手,以后差别就会不断积累下去这样的结构的话,就算对各个参加者采取了再平等的进入途径保障,也只能产生损失。

我想"竞争"或"市场"的结构实体,对于参加者来说有时就像赌博。即在"市场"背后的结构或其决定的"规则"中,出现了与古典经济评价基准不同的情况时,应该怎样来应对成为了问题。

由于铃村先生以程序性的形式进行了论述,我对这点非常感兴趣。对于市场我们经常提到的,是作为出发点的平等还是作为结果的平等。然而,现实的经济过程每天都在继续,没有"起点"也没有"终点"。如果说市场在这个过程中的话,那么用什么方式才能把公共或伦理性的因素纳入其中呢? 这就是我的问题。

市场与制度运用

长谷川晃:在我看来,包括金子先生的问题,从某种意义上来说是提出了尖锐的法哲学问题。之所以这么说,是因为金子先生的论题基本上是制度派的见解。我本身对此也有相当的同感。如果采用这种观点的话,"规则"及其内容、根据、射程、功能、运用,等等,肯定会成为问题。当然,其中相当一部分也是"法"的问题。因此,这就自然成了法哲学的问题。

如何把作为自立根据的系统或制度性框架植入日常的世界中呢? 如果用我的话来解释金子先生的意思的话,就是在日常世界的理念下引进、运用怎样的"制度"的问题,我认为这正是法哲学或法理论学的问题。

以这样的观点,已经对制度或规则设计,以及其根据和"场"等问题进行了很多讨论,但我想就对法学家来说是重要问题的"制度的运用",来谈谈自己的看法。这和金子先生所说的制度崇拜有点不一样,可以说是(法)制度的自立化倾向的问题。

这不仅限于法哲学,例如在法社会学中也出现了自主创作论。如果再多少加以具体化而言,我想就会出现这样的侧面,即作为在这个研究会也成为问题的"专家集团"的法律家在做什么? 之所以这么说,是因为法律家在某种意义上是寄生于法律制度的,这么说可能有点过分，但他们是作为制度的承担者而生存的。而且，法律家通过假定各种状况来创造理论。这就是法理论或是法解释理论。法律家的理论，在制度运用中起到了非常重要的作用。当然，它也影响了法官（判决）、律师的日常活动或行政活动。总之，法律家的法解释或是法解释理论使得制度不断膨胀。这样一来，制度本身非常复杂化、自立化。如何来抑制这种制度的自我增值呢？我想有必要考虑它反过来会对市场产生什么样的影响。

我想由于这种制度的运用，问题大致可以分为两个。第一个问题是，特别在从法哲学的角度来看时，以法理论能够怎样控制或规范法律家的理论形成工作？金子先生已经提出了这方面的框架。即提示了定位在"自立"或是"普通日常市民感觉"形式下的制度运用。

但这是在法理论的世界中作为制度运用的理念而出现的。还有与其相对抗的各种各样的理论。比如在经济法领域，存在如何运用反垄断法的问题，但认为应该以彻底定位于市场的形式实行自由放任的运用的观点，则想将政府的介入抑制到最小限度。各种条文也有从这个角度进行限制性解释的倾向。反之，也有观点认为，为了市场的适当运用反而不得不进行相当的介入。在这个意义上，出现了需要大规模结构限制，对条文进行扩大性解释的倾向。这两者之间出现了对立。另外，在劳动法的领域，对于定位于工会的法运用、法解释，有个人主义形式的法运用、法解释与之对立。这样的问题出现了很多。我想，如何来调节对立的立场，最终对于制度运用来说是非常重要的因素。

另一个问题是，在制度运用的观点上，变得重要的是"法制度的设计"。确切地说就是，如何设计诉讼制度、司法的应有方式，如何拓宽狭小的诉讼的范围？另外，如何制定日常一般市民身边的法制度？

特别是从与市场的关系来说，在美国相当一部分问题是通过打官司来解决的。在采取这种应对方式的同时，市场机制也在运行。与此相对，在日本未必就是打官司，以某种程度的企业间交涉和谅解这种方式来运用的体系发挥作用。其区别在于对"市场"所具有意义的不同理解，我认为对这点有必要进一步讨论。

换言之，"规则"的形成总是在设计、运用、再设计这样的循环或连续运动中发展的。尤其在法的运用的场面，并不单纯只是某种规则的实行，毋宁说也成为产生新的规则的一个契机。在那种场合，铃村先生所说的社会选择的过程，会对现在所说的运用层面上的问题有怎样的看法呢？在立法或出色设计的情况下虽然是非常容易理解的，但对于在某种意义上来说是微观形式下的制度改造过程，社会选择的观点到底具有什么意义呢？这就是我想问的问题。

围绕公平性

金泰昌：中午吃饭时，在我和辛先生及铃村先生之间有过对话。作为我们，非常重视经济学者对公共道德的回答责任。刚才我讲到了文明、文化，也是为了将讨论引到公共道德上去。在经济学者与他人的对话中，关于各种具体道德谁也不能说什么。但是，在有关公共道德的范围内，至少应该对人们的要求作出回答。

我想把和辛先生难得的对话，跟大家一起分享。辛先生来自印度，所以大致属于英语圈。在他看来，"道德"本身就是"公共"，私的道德是不存在的。比如，所谓"公平性"不是一个人的意识内部的问题——私的层面的问题。

无论是把"市场"作为"原理"来把握，还是作为"场"来把握，关键在于两个以上的人碰面进行交易。这样一来,比起每个市场参加者意识内部的道德志向来,市场参加者的相互关系影响更大。而且,从中生成的道德倾向更具有重要意义。我与辛先生的意见有所不同,我采取道德是基本的东西,伦理才是公共的这样的立场。但重要的是我想知道,作为经济学家的铃村先生所说的公共道德到底是怎样的东西。

铃村兴太郎:我想在谈几个预备性论点之后,来回答你的问题。

第一点,公平性到底是什么,这个论点已经出现过很多次,但我觉得意见还是没能集中。关于公平性的"程序"的侧面和"结果"的侧面,经济学者一贯以来主张什么,我想在这里把这个提出来作为下面讨论的素材。第二点,就是长谷川先生提出的问题,即如何看待制度改革的构造。重复二阶段的社会选择机制的远景我想已经说过了,请允许我再次涉及一下,最后来讨论公共道德律的问题。

首先是关于公平性的概念。虽然有点唐突,我曾经有机会去过几次牛津大学和剑桥大学,当初对他们的研究人员穿校服感到很不和谐。总觉得是假绅士的象征,在感觉上有些讨厌。但是,随着对牛津和剑桥的大学生活的适应,我开始认为这其中有着社会的意义。比如,在出席正式晚餐、庭院宴会等公众场合时,在学者当中也有相当的贫富差距,有人在正式服装里面穿着破旧的毛衣,也有人穿着鲜亮的晚宴服。但是,物质上的贫富差距与研究上的价值评价无关。问题在于穿什么样的正式服装的资格被客观认可。正式服装是社会性的平等化装置,与人的贫穷或富裕无关,只要穿着通过某种明确的手续获得的、象征着某种资格的正式服装,就值得给予平等的尊敬和待遇,正式服装具有作为信号发送的功能。

从奇妙的故事开始谈起,只是想在这里指出:在市场中有一种(与牛津和剑桥的正式服装相似的)作为平等化装置的社会功能。在《资本主义与自由》这本书中,米尔顿·弗里德曼写道,买面包的人根本无法知道种植小麦的人是共产主义者还是共和主义者,是立宪主义者还是法西斯主义者,是黑人还是白人。这个事实雄辩地说明,没个性的(impersonal)市场机制把经济活动从政治见解中分离出来,人们具有保护功能,以使在他们的经济活动中不会因为与生产性无关的理由而受到差别对待。

根据这一观点,市场机构具备这样的功能,即通过隐藏与经济活动无关的背后事实,来平等对待在经济活动的生产性中获得资格的人们。换一种表达方式,就是市场机构是保障程序公平性的社会制度。这是经济学者就公平性进行讨论时的一种典型观点。

关于公平性,有人并不像弗里德曼那样关注资源分配机构的"程序"的特性,而是关注其"结果"。问题在于如何定义结果的公平性,如果是功利主义者可能会主张"从结果得到的效用的平等性",但放弃效用的基数性与个人比较可能性的现代普通经济学者则不会采用这样的定义。因为他们立足于序数性的、个人间不可能比较的效用概念,既不能窥视人们的心理,来基数性地测定他们从某种资源分配中得到的满足感,也不能比较不同的个人得到的效用的大小。他们能做的比较,只是在这一资源分配下人们得到财富的物理性数量比较。为了从如此贫乏的信息中得出关于资源分配的公平性的定义,他们把目光放在个人间的"羡慕"(envy)这一现象上。某个个人 A 羡慕另一个人 B,定义为如果把 A 和 B 实际得到的财富关联产品相交换的话,从 A 的序数性效用尺度来看,是他的满足感升高的场合。而且,某种资源分配是"平衡"

（equitable）的，定义为在其分配之下，是任何个人对他人所获得的财富相关产品，都不羡慕的场合。最后，某种资源分配是"公平"（fair）的，定义为是其分配达到了帕累托效率性均衡分配的场合。

据我所知，最先提出有关公平性的这种观点的，是经济学家约翰·理查德·黑克斯——"新"福利经济学的重要人物之一。据说他的这种观点在 20 世纪 50 年代已经成型，虽然在国家法人召开的研讨会上发表了，但受到阿罗的批判，以致黑克斯终于没将这一观点公开发表。对于把公共"善"的观念作为社会评价秩序而定式化的阿罗来说，资源分配的善恶的比较，作为当然的要求应该满足推移性的公理。而且，如果根据黑克斯所定义的作为无羡慕状态的公平性概念，分配 x 比分配 y 更公平，分配 y 比分配 z 更公平，但是分配 x 比分配 z 更公平——如果有推移性当然应该成立的——这一推论有时并不成立。由于推移性这个逻辑概念在当时的经济学者的工具箱里并不存在，听说黑克斯甚至还不理解提问的意思，因此这一独创性概念被束之高阁几乎 20 年，直到 20 世纪 60 年代后半期才终于被重新发现了。

以羡慕的观念为基础的公平性理论，仅仅是基于有关结果的序数性信息而构想的。经济学者在考察公平性时，要注意从程序性侧面和结果性侧面两方面来看问题，这在讨论时请一定要放在心上。这就是我想谈论的预备性论点中的第一点。

制度改革的结构、公共的道德律

铃村兴太郎：第二个预备性论点是制度改革的结构。在我心中的结构是很简单的。第一，我们理论上表述的社会选择，不是关于社会状态这种"结果"的公共选择，而是人们根据自律的战略选择来谋求实现自我利益的游戏形式——"程序"的制度构造——

的公共选择。在进行这种制度的社会选择时,就像人们把主观选择的最优化作为目的的游戏称为"公平游戏"那样,关于制度的应有姿态,有必要把人们理性地表明的伦理选择作为信息的基础。如果能公共地进行以此为主旨的公平游戏的制度选择的话,社会状态这种结果的选择也会作为分权游戏的结果由私人来进行。大胆地说,根据社会选择理论对我们所构想的"公私问题"进行研究的要谛,就是这样被归纳出来的。

第二,即使根据这个方案进行制度设计,也不意味着进一步制度改革的必要性消灭了。就像童话世界中的王子与公主那样,以后两个人永远过着和平的生活这样的幸福结局,在社会制度设计中是不可能期待的。因为作为公平游戏而设计的游戏形式——"程序"的制度结构——实际上对照玩游戏的经验,总是包含着改善余地的。不管是在我的论题论文中作为例子举出的竞争法和竞争政策的场合,还是 GATT/WTO 的国际贸易规则与纠纷处理机制的场合,制度的结构基于实际使用的经验不断被重新设计,原因就在于此。我们的理论方案也是一样,在第一阶段选择的游戏形式——"程序"的制度结构,在第二阶段的实施经验的基础上,被下一轮制度设计的第一阶段所继承。

第三,是"私的道德律"与"公共道德律"的问题。只要"私的道德律"也是道德律,它就不是从社会完全孤立的个人的行动规范。对漂流到绝海孤岛的罗宾逊来说,在星期五到来之前,是不存在道德律的问题的。道德律之所以具有意味和意义,正是因为有他人存在。我想,认为所有的道德律都具有公的性格的观点,就是扎根于这种看法的。

但是我认为,"私的道德律"与"公共道德律"的区别不仅是可能的,而且也是重要的。在与他人的关系中,规定作为个人应该做什么,不该做什么——不能剥削他人,不能杀人,必须遵守约定,等等——的伦理,就是我说的"私的道德律"(private morality)。与此相对,规定社会的制度结构应该是怎样的——社会应该尊重的个人权利是什么,人们应负的社会责任是什么,人们对其不幸可以要求社会补偿的根据是什么,等等——伦理,就是作为构成社会的每个人参加公共游戏的基本规则,在进入与他人的竞争性、协作性关系时应该作为其行动前提的"公共道德律"(public morality)。社会选择理论虽然与在此所定义的"私的道德律"没有关系,但我认为研究"公共道德律",正是社会选择理论的特权。

市场与语言的类推

金泰昌:为了我们正确理解铃村先生所讲的,下面再请教一下。所谓"市场",认为其本身就是"公共空间"是否可以? 或者应该把"市场"看做是公共与私人在那里相互碰撞,时而分开时而聚合的场呢?

听了你刚才所说的,我想到了与市场相似的"语言"。"语言"也在其作为"语言游戏"之处存在着规则。虽然说参加的人有着为达到私利性目的的一面,但又不是完全出于私利。另外,我想在某种意义上"货币"也是这样的东西。"市场"、"语言"、"货币"都是人所创造出来的一种"制度"。"制度"本来应该是公共的,但是如果过度向"公"的方向倾斜,就会成为"强固"的东西,或反过来朝"私"的方向歪曲,就会成为几乎不能相互理解的东西。具有容易趋向私利倾向的"人",在共同生活中以作为"场"的"市场"为契机,开放了"公共的"部分,如果按照这种观点,与其说"市场"本身是"公共的",还不如说"市场"是由"私"而成为"公共"的,或是"公共"与"私"相对照而再次被反馈的"场",这样把握不知是否

225

可以？"公"对"私"的侵入防御性地关闭，"私"为了对抗"公"的压抑保护性地隐藏，"公共"则使其相互媒介重新开放，如果采取这样的把握方式的话，我想市场也具备"公共"的功能。

铃村兴太郎：这又是一个很难的问题。我认为，还是把市场经济的"游戏"与市场的"场"，大体区分开来考虑比较好。所谓市场的"游戏"，是指市场经济的制度性框架。采取什么样的战略在市场"游戏"中是合法的，对于某种战略组合在市场"游戏"中会达到什么样的结果——体系性地记述这些信息的就是市场的"游戏"——正确地说是市场的"游戏形式"。从这个意义上来说，把它比作"语法的体系"更合适。

与此相对，所谓市场的"场"，正是进行市场"游戏"的舞台。有人可能会在严格的伦理性自我规制下，在容许的范围内实施战略，别的人可能只想追求自我利益，而在允许的范围内实施战略。不管怎样，作为他们选择战略的结果，会产生社会性相互作用——我认为这一相互作用的舞台就是市场的"场"。

"语言"的类推也很有意思。我去年（1999年）12月在波士顿对萨缪尔森做了一次采访，他对"市场游戏"和"语言游戏"也很感兴趣。类推虽然有着使我们对意想不到的关联性存在打开眼界的价值，但是也应该意识到，过度拘泥于此的话，就会有危及分析的本来方向的危险性。的确可以举出各种"市场"与"语言"的共同点。其中一个例子就是网络的外部性。我想游戏的性质也是一样。只是，如果我们只看到以这些共通点概括出来的性质的话，就有可能失去像竞争性市场机构中的待遇公平性，或竞争性资源分配的均衡性那样的，从与语言游戏完全不同的大视角来概括市场特征时所得到的有意义的见识。

森际康友：请允许我从我的专业——法哲学方面来补充几点。

在进行"市场"与"语言"的比较时,我觉得还有一个"不同"的地方。"市场"具有带来公平等一定归结的规范操作的可能性。与此相对,"语言"虽然也有国语审议会说这说那,但一般不有意图地去进行规范操作来改变收入的再分配等利害关系。

关于"市场",国家和政府有责任实施景气对策,毋宁说市场顺利运行已成为一种义务。作为控制市场的方法,往往最先想到的是改变相关"法律"。现在也有经济法和商法等的修改。

另一个重要的手段是"审判"。认为"规则"有着固定的解释,只要不是有意地进行不正当解释其意义不会改变的看法,实际上是错误的。按魁恩等的说法,即便是在最严密的形式科学的场合,也不可能有绝对固定的解释。我认为也有程度的问题,尤其是在"法"或"政治"成为问题时,对解释进行解释是"规则"的常识性的存在方式。因此,因一点小事"规则"的功能就会被改变,"规则"也会随之变化。法学家以解释论争的形式进行着关于此的斗争。"市场"的操作也是如此,就是其他的"人权"、"个人的各种权利"也是同样。

无论是立法还是法解释,在从"法"的观点来看的"规则"中都存在这样的方面。以上就是我对在市场中运行的法"规则"的性质,所做的一点补充。

金泰昌:明白了。刚才也说过了,我对比较、比喻这方面很有兴趣,因此总想把强调点放在市场与语言的类似点方面,但像您这样强调差异的观点也是很重要的。一般化是很危险的,在确立自己专业领域的方向上看事物时,要把强调点放在"差异"的方向上。但站在跨专业领域的立场上时,是否对"类似"的方向也应该给予注意呢?

森际康友:我自身也是从"法、语言和行为"这样的论文开始

227

我的学术生涯的。关注差异与类似这两方面都很重要,今天是为了强调市场公共的权力性与政治道德层面而特意举出不同之处的。

"共有的规则"

金原恭子:我想就"经济"与法律的关系部分提问。关于金子先生在论题的最后提到的"社会组织与共通团体的交叉点",您在大的圆中画了各种小共同体、中间团体的小圆,在这里我有个问题。

在宪法学中有叫做"部分社会论"的观点。在一个国家的国法秩序中,存在很多各种各样的中间团体或部分社会,都拥有各自独立的内部规则。在部分社会中,比如家庭、学校、工会、企业、政党、宗教团体、NPO、NGO,等等,存在人一生当中发生各种关系的种种团体。它们各自以其内部的规则来运营。但是,各个部分社会或中间团体也有与国法秩序相接触的时候。即有些情况仅在内部是无法解决的。

一种情况是成员的出入问题。加入各个团体,很多时候都是随本人的自由意愿而定的,但"退出"的时候就有问题了。如果原原本本使用金子先生所说的"exit"(出口)这个词,暂且不提从自己所加入团体的"exit"部分自发地退出,但有时是违背当事人的意愿而让退出的。比如来自学校的退学处分、被宗教团体等驱逐或被政党除名,等等,有时是违反本人的意愿被迫退出的。如果那是因为滥用裁量权,就不能把一切都委任给那个团体。国家就会介入。如果出现以明显伤害当事人名誉的方法加以驱逐处分的,或以"村八分"那样的形式侵害人权的事情,国家就会通过国家的法律、规则来追究其民事、刑事责任。

另一种情况是国法秩序与部分社会相接触的场合。那是团体内部发生纠纷,团体本身无法解决的时候。比如围绕团体所有的资产和财产权发生纠纷时,不得不由国家的法院来解决。这样,为了各种各样的中间团体的并存兴盛必须承认各团体的自治,但是在最低限度上,仍然存在着国家法律不得不介入的场面。

那么从与金子先生论题的关联上来说,我认为"植入自立根据的规则的共有"可以有两种意思。第一,是各种各样的中间团体,由拥有内容上相同的规则,而共同拥有规则的做法。第二,是与团体相分离,由外部的国家或市民社会等设定一元的、共通的规则,各团体共同拥有规则的状况。

如果采取应该繁荣中间团体这一立场,那么关于"规则的共有",若站在前者的立场上理解的话,不是对中间团体的繁荣反而会起阻碍作用吗?

换个角度来说,繁荣中间团体与国家的作用,或代替国家的某种一元性规则的设定者,虽然我也不清楚是否存在这样的东西,关于它们的关系您具体是怎么考虑的? 我的问题是,所谓植入自立根据的规则到底指的是什么? 请您一定给予指教。

金子胜:我对"法律"并不擅长,但如果说"不知道"而完全不回答就没法对话,所以我尽力而为。我先从金原先生的问题开始,然后再进入长谷川先生的问题。

实际上,"中间团体"是多种多样的。如果把诸如企业内社会以及学校社会,或者把 NPO、NGO 那样的全都概括为"中间团体"是危险的。金原先生所说的具有两种印象的团体的两个侧面,有必要根据各团体的性质加以区别。

比如工会中的现状是怎样的呢? 虽然也可以把其说成是"企业之中",但是按企业组成的工会,也没有公开的审定基准。OJT

也并不伴随着先任权。并没有形成像欧美那样的横向性的工会。在这样的状态下,(虽然不能说是全部)会出现企业的劳务人事部与所谓的工会领导,在高尔夫球场来协商决定提前退休人数的情况(虽然是多少有点极端的事例)。

如果是在欧洲,能够针对每个人进行交涉。为什么呢? 因为是横向性的工会,代理人介入了。如果用一定的基准来评价的话,就是能够用"冷静的眼光"认识到谁正在为难,而后出面交涉。但是,在日本是针对大概的人数进行交涉,而无法对从谁开始解雇(因为当事人都互相认识)进行严格交涉。接下来就是默默地,为了让当事人知道公司已经不需要他了,假设这个人是会计,公司会在会计年度周期的一年中让他调换好几个地方,在每个调动的工作场所都让他知道,你已经是多余的人了。学校的虐待问题也是如此。

也就是说,不管对解雇权的规定是如何严格,实际情况却是因为解雇方式出现了很残酷的事例。

美国最近总是在裁减人员,年功序列也变得没有意义了,但由于先任权规则暂时还存在,所以比较平静。也就是说大家事先知道裁员顺序的规则,所以也明确知道谁是下一个,本人也比较容易接受。

日本的企业各自都导入了业绩主义工资。但是这样并不能改善以往那样的事态。看来,没有企业横向间的共通规则还是不行。

另外,在日本,作为"exit"的自由和作为"自立"的自由实际上是表里关系。因为从被解雇的那一瞬间开始,由于没有共通的规则,会造成突然落入谷底的事态。不仅再就业变得困难,就连养老金和健康保险都明显变得不利。另一方面,不管学校如何进行"宽裕保育"、"宽裕教育",出口的墙还是太高。结果,自由打工者认为自己是"自由"的,也不得不这么认为。

　　做什么样的事情能够达到人生的某一阶段,或者说能够看到出口对面的未来,这样的规则还不存在。这不仅要求之于法律领域,而且也包括由自由意志来决定的领域,我认为最好能有社会全体所尊重的资格制度和雇用规则那样的东西。小学生还抱有幻想,所以会"想成为一名木匠",但实际上等他们到达一定年龄时就会明白,也会明白自己无法成为比尔·盖茨。就拿名人制度来说(据说从 12 岁进行选拔,尽管这到底好不好是个问题),至少开辟了能够坐上奥迪车的可能性。进入了这样的世界,就能看到未来了。

　　教育学家苅谷刚彦等人说过,为了刺激劳动意欲而设定报酬的差别,实行优胜劣汰的话,大家虽然为避免落后而努力工作,但如果在"出口"处一开始就不存在能看得见未来的制度、资格和工作规则,那么一旦落后就很难再爬起来。因此,首先作为一种安全网,从为每个人办理养老金、健康保险以使移动变得容易开始,并且要制定企业横向性的工作规则,只有这样日本的组织才能活性化。

　　至于为什么要这么做,是因为在日本企业不能提"反对意见"。不能提反对意见,就算说要培养风险企业的创业者,也是行不通的。经营者应该对什么负责任,这并不明确,所以留下了吃白食的一代。这样就不断地把问题推向下一代。因为大家除了防卫别无选择,所以只能趁早辞职。在这种状态下,造成了大家都涌向了自由打工者市场的局面。

　　另一方面,即使回到 NPO、NGO,也像过去的新左翼党派一样十分零散。虽然有着共同的主张却没有共通的规则。究其原因,他们并不是因为同样的主张而是因为人脉关系而参加进来的。这样类似痴呆的状态很难做成什么事。也就是说，并没有要去制定基于共有价值的共有规则的志向。虽然在共同的场，有着多元的价值，但是不能制定相互碰撞并加以解决的规则。尽管这实际上正是使组织生机勃勃、具有活力的地方……

在学校为了刺激工作欲望而设定工资差别的那一瞬间，就连认真的日本教职员工会的教师也卷进来了。他们对学生说教"要为了正义而努力"、"要成为一个能够自立的人"。然而，在学校的出口处无法自立的现实却摆在面前。虽然他们也很清楚"你们没有未来"，却仍然在认真地说教。这种事态，也不会为学校自身带来活性化。也就是说，日本进入了一个没有共通规则的协调社会走过头了的境地，这是我的一个问题意识。

有必要打破协调社会，这就会出现保护文化和传统的问题。但是，如果以规则问题为媒介，保护文化和传统与市场竞争未必就是矛盾的。比如，法国采取了商标战略，通过商标这一共通的规则来保护地区的农产品。最典型的就是葡萄酒。由于明确标记了产地，"我想喝某某产地的某某酒"这种消费者的自我认同，与生产的葡萄酒是对应的。因此，就算稍贵一些也会买。

与此相对，美国内部虽然是个极其多元化的社会，但是对外并不是消费者主权而是生产者的逻辑。将效率作为最高的价值向外输出。其象征就是麦当劳，以低廉的价格为武器，想让大家吃同样的食物。曾经发生过法国农民打破麦当劳店玻璃窗来抗议的事件。抗议的内容是要求出售安全的肉。即法国的农业，相对于价格来说更注重安全性、口味和质量。而且通过产地指定和安全性的标签，就能够知道这些食品是对环境无害的。当地农民通过共有这样的规则也认识到了地域的特性和个性，反过来也保证了消费者能够从复数的选项中选择这样的消费者主权。这就产生了这样的悖论。

"共有规则"的应有方式正是体现在这个地方。当然,由在亚洲水平上缔结两国间互惠信贷协定,或设立 AMF(亚洲货币基金)能否连文化也实现一体化,我认为是相当难的。但是,为了对抗现实中全球化带来的问题,可以在经济的共通利害上达成合作。这提高了各个国家的自主决定,使其活性化。从这种合作关系中,"共有的价值"与应该独自保护的文化、传统,是需要花费很长一段时间来加以整理的。这种关系现在正处于开始阶段。暂且不论它是否永久有效,至少从现状来看,我认为是有效的。

那么,在长谷川先生和金原先生的问题中,都提到了作为"法的程序"会怎么样的问题。有人认为市场本身会自然地创造出法和道德,是"纳入了道德的市场",我对此抱有疑问。我认为只有"纳入了制度、规则或法",市场才能运作。如何看待一般法的世界这个问题另当别论,至少从日本的现状来看,虽然提倡"道德",但为什么现在的银行经营者、大建筑公司的经营者不下台、不承担责任呢? 每当五年的刑事处罚时效到来的时候,就会要些花招来逃避责任。对此,"法"如何有效地发挥作用呢? 至少日本的现状,是一种会计作假和渎职十分普遍的状态。

不仅仅如此。尽管明明失去了维持的可能性,可是在财政赤字下拥有特权的官僚,却隐瞒信息,吃白食然后跑到地方任职。"法"和"政治"为什么无法杜绝这种现象呢? 我想是这样的问题。

"市场"发挥自净性的道德来取代身份社会,那是近代的话题。在从封建的世界建立近代社会的时候,"市场"正是起到了这样的作用。但是现在却正相反。在市场中投机货币横行,泡沫经济破灭带来了长期的不景气等,在经历了各种失败之后,实际的现状是市场扩大了不平等、不公平,并且不顾道德危机来推行市场原理。我认为铃村先生提出的两点,正式服装的问题与市场本身为取代身份社会所带来的道德,两者实际上是不同的。

我重视的是前者的正式服装的世界。这并不是把一切都平等化了,但是在多样性中,可以在某种程度上、在社会中、在市场中保存"价值"。这是理所当然的结构。在日本,也由于没能形成横向的劳动市场,明显欠缺"纳入"贯穿社会全体的雇用规则和资格等的问题意识。

如果社会与经济继续这样闭塞下去,银行经营者就会觉得"为什么只有我受到处罚"。在这种感觉被共同拥有时,无论是英美法还是大陆法,作为将其适用于日本时的法的原则,我们应认真再三追问,怎样纳入能处以刑罚那样的结构才好呢? 如果没有这样的问题意识,我认为就无法进行现实性的讨论。

有人认为我的发言相当严厉。比如刑事处罚的时效应该全部延长五年。我一直主张:"要强制注入公共资金,在此基础上对银行经营者适用刑事处罚,使年轻的经营者面貌一新。"但是,法律专业的人肯定会回答:"没有那么粗暴的议论吧。"然而,我倒反过来想听听这个主张"为什么是粗暴的"理由。

抽象的讨论是简单的。但是现实中我们所面对的问题,是银行经营者、大建筑公司经营者,或是对财政赤字毫不在乎的官僚。我认为对那些经营散漫,搁置自己的责任而一心解雇员工的经营者,不仅要导入横向的公平的(处罚)规则,而且要扩大能够自主决定的决定领域。

按照现状,即便司法界的人士再增加,由于没有针对内部纠纷的公平的基准,可能还用不着去找律师商量。虽说是处理纠纷,但当事人知道无法公平地处理。因为虽说"我可以(向司法和警察对公司)提起控告",但是从提起控告的那一瞬间开始,那个人已经无法在公司继续生存。如果不从根本上改变这样的社会结构，无论是说建设盎格鲁—撒克逊型的法律，还是说建立契约社会，都是不可能的，这是我的意见。

这样一来，就要求将决定的领域彻底下放。我认为为了改变现在的社会，把决定的领域尽量下放到身边，这一分权化战略是非常重要的。国家的社会保障也进行分割。由地方自治体来做的事情也要不断分割，使它尽量以小的单位出现，然后以促进参加的形式尽量整备能够解决纠纷的结构，在今天的日本是必要的。这就是我当前的改革理念。

对于陪审员的问题，我是这么考虑的。亚当·斯密在《法学讲义》中也对一般法（普通法）与修正法（基于公平和正义对一般法加以补充、矫正的法）的关系作了论述。如果把他所说的"公平的第三观察者"放在具体的层次来说的话，我想英美的陪审员制度与其相当。即陪审员是与《道德感情论》中的公平的第三观察者相联系的。他是道德高尚、富于对他人的同情心的人。但是在当今的日本，陪审员是属于小团体（尤其是企业）的，只拥有那里的"道德"。即其核心是不向外透露（纷争事件的）内部秘密，如果这些人的"道德"带入司法的过程成立话，能否真正陶冶出公平的第三观察者是个问题。

另一方面，在不具备对他人的同感能力，实质性多重人格的孩子不断增加的情况下，就连掌握在"公关空间"中作出判断和决定的意义到底是什么的场所本身也被剥夺了。无论是学校还是企业，只要不首先给予自立的根据和恢复那样的空间，是无法形成作为选择主体的人的判断的。

最后，我想就"家族"进入黑匣子的状况来谈一谈。我想孩子在自立、成人的过程中，最亲近的存在应该是父母。夫妻关系崩溃是在"克莱曼夫妇"以来,发达国家共同的问题,虽然是理所当然的,但在日本最可怕的是,亲子之间运用经济学的手段为了保险金而杀人。进入路边的人家将家里的主妇杀害,原因只是"想杀个人看看"的少年。还有的孩子整天关在作为最安全的家中,认为只有自己的房间才是安全的,亲子之间的关系崩溃了。

在自丸山真男以来的战后日本的思想传统中,家族是应该解体的对象。在性别论中也是如此。今年(2000年),在实施护理保险之前,共同通迅社做了一个国民意识调查。从中可以看到,认为护理保险"好"的占一半,"不好"的占一半;认为"照顾父母是理所当然的"占一半,"父母应该由社会来照顾"占一半。也就是说,人的形成基础的"家族"已经崩溃了,看不到具体的形态了。

那么,在这样的时代,我们的社会科学对于人的形成场所的"家族"和"地域",仅仅提倡抽象的"传统"或"自我认同"就能解决问题吗? 在选择主体是如何形成的讨论中,就连英国的社会学家吉登斯都提出了"家族的民主再建"等。这是一个连英国劳动党都这么说的时代。我想家族功能的质变不只是日本的事。

的确,媒体只报道突出事件。少年犯罪并不是突然间增加的。尽管如此,其突出的状况还是令人感到异常。这里有少年法改正问题的难点。我不喜欢"惩罚主义"。尤其是自由化与惩罚主义的结合是我最讨厌的模式。话虽如此,只要不深入发达国家家族观的变化潮流,就是对于"道德"和"公共性"这样的问题,也不会得不出现实性的结论。这是我最近的感觉。不知道这样是否回答了你们的问题,老实说,我也想趁这个机会向法律专家们请教一些问题。

规则体系与协调社会

长谷川晃：我想金原先生可能还有别的意见，请允许我先来谈谈听了刚才的发言所想到的几个问题。首先想说明的是，我实际上不是法律专家，因为不很清楚具体的法律事务，所以想从基本的、原理性的方面来谈。

首先，日本的法律制度已经基本上迎来了一个大重组的时期。明治的近代化时期、战后的民主改革时期，以及现在的涉及日本所有领域的第三次重组。

我想一边把这一认识作为前提，一边沿着金子先生刚才发言的脉络来谈。比如"企业经营者的责任"问题。原来在日本的体系中的所谓企业经营者，是指公司是一个家，而社长就是像家长那样的存在。由于其为了家的成员而拼命努力，所以不会有太缺乏道德的人。在这样的前提下，对于企业经营者的责任当然是从轻处罚，反过来也形成了一种对自助努力给予承认的态度。但是泡沫经济以来，事情发生了很大变化，出现了很多根本不具备家长式道德的经营者。对此，我认为也存在既存的制度本身没有跟上的问题。

用审判中的法律解释这种实际业务来弥补这一点，在某种程度上是可能的。但是五年这一界限作为实定法被规定了下来。为了打破这一界限就必须重新立法。无论是社会选择还是别的，要改变法律制度，我认为这才是个很大的问题。

另一方面，还存在着很多迄今为止没有被制度化的方面。刚才稍微提到了一下资格，但特别是在现在的经济不景气情况下，存在着女学生无论如何都要不断考取资格证书这样的就业行动类型。这对于她们来说，作为某种安全网虽然不是很完美，但还是起到一定作用。因为就算好不容易找到工作由于某种理由不得不辞职,但是只要还想工作就有可能重新就业。而男生很少有这种类型,因为他们总觉得会有办法,最终成为了自由打工者。正是由于女生被放在了某种弱者的位置,所以会去考取资格。但是,关于资格的制度化是否完备呢? 这倒未必,选择的范围还非常狭窄。我认为也包括新的制度化,还存在应该扩大选择范围的部分。

制定一定的共有规则是需要时间的。如果现象不积累到一定程度政治就不会动作。这当中存在时间差,这时需要支援体系,包括律师的免费法律咨询,或某种避难所。共有的准规则、体系还是不充分的。家庭暴力等是最典型的,但避难所在一点点地增加。法律和法律咨询等日常性的事务也在不断推进。但是即使有了规则,还是存在不知道警察心里怎么想,不知道诉讼能把事情解决到何种程度的情况。我想,这里有必要推进一边运用别的支援体系来进行一定程度的支援,一边致力于解决规则的不完备这样的方法。

与这一点相关联我想补充的是,日本近代化以来,法学领域的一个大课题,就是如何才能将近代化与日本社会的结构特性相融合这个问题。尤其是战后民主主义以来,站在对战前的反省立场上,为了实现更好的现代化,能否和怎样修正日本社会残留的封建制度的问题。

对于这个问题有各种各样的看法,即这个问题设定本身的对错。在非常浓厚的现代主义下,过于蔑视日本社会有问题。反之,过于强调日本的独特性,要恢复到(战前那样的)天皇制也是问题。如何处理两者的关系呢,可能无论法学还是政治学都共同具有这样的问题意识。

在法学领域作为实定法所具备的规则体系,与日本社会所具有的协调压力之间无论如何也有背离。日本的法律基本上都是用近代的法学语言来写的。虽然一贯提倡"个人"与"个人"的权利义务关系，但是作为法律对象的社会是一个协调压力极其强大的社会，很多时候都不知道"个人"是否存在。这种背离一直以来由法理论或解释理论来进行相应的弥补。但是，现在发生的结构变动，毋宁说把问题转向了怎样改变为能够在一定程度上支援"个人的自立"的体系，但理论还不能充分与之相对应。因此，如何改变法律体系，成为当前法理论的一个大课题。

关于最后提到的家族问题，我认为极其重要。家族的问题，按照作为外行的我的理解，尤其在民法学领域作为一个非常重要的课题已经进行了各种讨论。讨论的基本模式是，即使在日本国宪法下以往的家族法加入了男女平等原则被修改了，但基本上仍是以遵循以往的家族法的形式来运用的，为了与其对抗，应提出怎样的新的家族形象呢？我还是认为，这是走向"个人主义式家族形象"的一条道路。

据我所知，很多家族法学者对家族的个人化很有同感。但这肯定是把双刃剑。在具有把家族从以往的家制度中解放出来的一面的同时，也具有可能导致家族崩溃的一面。将其引向什么方向，我认为是法学上的一个非常重大的问题。只是，基本上是个人化的方向。在法的领域存在不同动向，作为整体会怎样变化，其又会给市场带来怎样的影响，对这些必须宏观地看，这是我的感想。

经济学的公共性

金泰昌：这次论题的设定，是从非常基本的问题意识出发的。在人的生活中，无论如何也避不开"经济"。今天的文明，我认为从某种意义上可以说是经济文明。而且，好像所有的问题都是以经济为中心而运动的。那么,这种文明的存在方式作为人的生活方式具有什么意义呢? 今后又会如何变化呢? 这一直以来都是我们的问题意识。希望诸位从不同的专业领域,活跃地发表各种意见和展望。当然,从高度的理论专业来进行讨论也是必要的。但仅仅这样还是不够的,下面希望能得到大家的允许,想转到更加基于生活实感的问题。

"法律"与"市场"是怎样的关系呢? 这是怎么讨论也无法解决的问题。不是这样,难得以经济学为中心来讨论,所以例如我们的日常生活与市场是怎样联系的呢? 另外,工作与市场是怎样的关系? 每个人从学校毕业开始自己的生活。这时,一直以来就业都是生活经济的第一步。一旦就业,那么到一定的年龄生活的基础都是有保障的。可以说这种经济结构使人对工作单位的依存固定化,很难再去考虑除此以外的选择。这种生活样式几乎已经常识化了。但是,现在其开始崩溃了。

那么,该怎么办才好呢? 这就要说到无论如何自立才是最重要的。能够持久地提供生活手段的就业场所,无论是国家还是企业,在数量上都在不断减少,而且在质量上也在发生变化。在这种场合,"经济"或是"市场"对于"人"来说到底会起什么作用呢?

另外还有"金钱"的问题。最近,不仅在经济学者中,就是在很多其他领域中也展开了如"金钱的社会意义"、"金钱的社会学"、"金钱的哲学意义"等,把"金钱"与"人"的关系以扎根于具体的生活感觉的形式,来重新看待其意义的讨论。在面向 21 世纪重新探讨生活方式之际,相当一部分人在发掘"金钱"的意义。

与此相关,例如"财产"是什么? 将巨额金钱存入银行账号而满足的是资产和财产吗? 在巨大的社会变化中,对人来说意味着真正的精神的富足和物质的富足的"财产"是什么? 虽然生活整体具有各种层次,但在其中,今后的经济层次还会和以往一样吗?

之所以多次提到石田梅岩,是因为他在与"经济"这一概念几乎相同的意义上使用了"俭约"这个词。英语的"economy"本来的意思不是"经济"而是"俭约"。

我认为这具有很重要的意义。尽量不要浪费而要储蓄。储蓄之后有了一定程度的富裕,这才拿出来为了大家的利益正当地清廉地使用。这才是物质的富足,精神的富足。因此在节约时有必要彻底地节约到让人感到吝啬的地步。这并不是为了自己使用,而是为了在存钱后真正地从事公共的事业。不依赖他人、不抱有不纯的目的,从更纯粹的动机出发,用现在的话来说就会出现NPO 活动和 NGO 活动。简单说来,有这样的经济观点。

但并不是说将其原原本本地运用于现在的时代,比如一方面存在这样的经济观,另一方面也存在着完全不同的经济观。不是作为一个"学者",而是作为一个普通的生活者、一个极其普通而平凡的人,应该如何来看待这个问题呢? 对于这个问题,当回到一个极其平凡的人时,应该从自己的专业领域中学到些什么呢? 希望大家在剩下的时间里来讨论一下这个质朴、切实的问题。我想这才是经济学的公共性问题。

"蚂蚁和蟋蟀"

金子胜:马上回到普通的话题吧。对于金钱、财产、节约等的认识,因国家、时代不同而很容易发生变化。我认为无法用一个定义来规定什么才是正确的道德。我有个人的价值观,由于是拉丁式的气质,所以讨厌储蓄,基本上很喜欢借钱(笑)。虽然基本上有这样的个人,但不能将其强加在所有人身上。

有一个叫做"蚂蚁与蟋蟀"的伊索寓言,在日本成了孩子们的童话。最初这个伊索寓言从希腊传入时，叫做"蚂蚁与蝉"。但是传到了北方，因为没有蝉所以就变成了蟋蟀。在最后，当不工作的蟋蟀到来时，蚂蚁说"你在夏天吹笛子了，冬天就跳舞吧"，然后关上了粮仓。一般故事到这儿就结束了。但在日本的童话里有这样一个结局，即"因此蟋蟀就死了"。我想这大概是市场原理主义很强的时期吧。还有另外一个结局，即"蚂蚁帮助唱了一夏天歌的蟋蟀，把食物分给了它"。这可能是由于经济成长，或是具有福利国家的意识吧。

在泡沫经济时期出现的北野武的笑话，表现了日本人勤劳观

的变化。说的是"蚂蚁拼命工作拼命储蓄，死于过劳死，而蟋蟀快乐地度过了余生"。当时正值泡沫经济的鼎盛期，觉得比起在制造业拼命工作赚钱，靠投机成功的人发了横财。把这个笑话放在今天来说，恐怕就笑不出来了吧。很可能变成了这样："蚂蚁要工作却找不到工作单位，蚂蚁的粮仓里什么也没有，和蟋蟀一起死了（笑）。"这样的状态，已经不是笑话。其实，童话与勤劳精神很有意思。

有"三只小猪"这样一个故事，是英国的民间传说。也有说哥哥用稻草盖了一间房子，被狼给吃了的。也有说是哥哥被狼追，逃到下面的弟弟用木头造的房子里，这间房子也被狼破坏了。最后逃到最小的弟弟用砖盖的房子里，总算松了一口气，但狼打算从烟囱里下来，结果掉入了烧着开水的锅中。不知道兄弟三人有没有把狼吃了，但故事就这样结束了。细细想来，这个故事非常适合寒冷的盗贼猖獗的国家。但是，把它放到炎热的发展中国家又会怎样呢？砖盖的房子十分闷热无法居住，因为是全封闭的。木结构的房子一旦破坏，重新搭建也是很费劲的。实际上，稻草的房子就算台风过后还是很快就能重建的。开放性的稻草屋由于很容易闯

入,反而没有盗贼、犯罪。在这里,不工作的人反而受益了。像这样,由于国家、时代的不同,对于勤劳观和储蓄的感觉也是不同的。

泡沫经济崩溃以后,"财产"的含义完全改变了。由于没有工作岗位,"蚂蚁和蟋蟀"寓言中那样的勤劳(劳动)已经不再是自己自立和自卫的手段了。即:资产的价格决定经济的程度大大提高。对这种"资产"的认识,在零星的个人与所谓富人的个人之间也是不同的。恐怕"资产"在与"金融"相结合时,决定了经济活动的一大半。就连有名的丰田,实际上在制造业获得的利益与在金融贸易中获得的利益几乎相等。

现在日本经济不景气的程度,对于在体系末端工作的人们来说,资产的比重还是非常高的。就是零星的个人,如果对未来感到不安,也只能依赖仅有的一点资产。资产控制经济的程度决定性地提高了。与此同时,金融市场非常不安定。而且,日本是异常的低利息。

俭约、节约本来是美德。我想今后在人口逐渐减少的同时储蓄率会上升,但储蓄额会减少,消费会减少、衰退,出现这种前景的概率很高。之所以俭约,不是因为是美德,而成了不得不自我防卫的经济。退休后的生活得不到社会化,由于公的部门无法起到支撑家族的作用,所以个人的储蓄率过高,消费欲望不足。因此,虽然说是成熟的经济、内需主导的经济等,但现实却几乎全是输出主导和必须依赖于公共事业的状态。

我认为,公共部门必须支援私人的生活。从这个意义上来说,俭约与其说是美德,倒不如说必须由家族来支持每个人的家族的解体状况。如果不通过护理的社会化、社会保障的社会化而使世代间的抚养进一步社会化,那么无论家族还是个人都得不到支援。我认为,我们正面对着这样一个悖论。

244

这样一来,实际上问题就不在于公共部门是扩大还是缩小,只要每个人的生活富足了就可以,所以无论"市场"也好"政府"也好都没关系。毋宁说不取"储蓄是美德"的观点,如果不致力于一个大家能够安心消费的社会,那么连芬理希梦都卖不出去(笑)。

我认为,在某种意义上,我们将不得不生活在两种束缚之中,即一方面面对着无法以适当的方式解放欲望的社会,但同时又说请按照欲望来行动,

金泰昌:1992 年在里约热内卢召开的联合国环境开发会议(地球峰会)上,矢崎胜彦理事长(京都会议事务局长)采取与美国的某财团合作的形式公开发行了《会报》。我也投了一篇稿,是"新伊索寓言"(参照 Kyoto Forum, Voices from Kyoto Forum in Earth Summit Times(Kyoto:Kyoto Forum,1992),pp. 84 – 85;90 – 91)。

故事的前半部分和金子先生说的一样。蚂蚁对前来乞讨的蟋蟀说:"蟋蟀,在我们拼命工作的时候你做什么了。不劳动者不得食,这不是理所当然的吗?"就拒绝了它。在严寒的冬天,蟋蟀在孤独的角落里死去了⋯⋯这象征着一直以来的勤劳精神和俭约精神。

那么,这样能解决一切问题吗? 并非如此。第二年夏天,蚂蚁又打算像往常那样努力工作,但不知为什么总是提不起工作的精神来。它觉得不对劲,去了好多医院检查,但是没有任何不正常的地方。但总是全身乏力,没有工作的欲望。

有一次,它去了一个非常有名的医生那里,做了各项检查。医生说:"你没有任何不正常的地方。只是我想问一下,周围有没有什么你一直认为是理所当然的存在,但突然间消失了? 有没有什么剧烈的生活变化?"蚂蚁仔细想了想,回答"啊,有! 有!""一直到去年,在我努力工作的时候总会听见蟋蟀的歌声,今年好像消失

了。"医生回答说："果然如此。你之所以拼命工作,是因为蟋蟀的歌声给了你更加努力的动力。因为你不知道而拒绝给蟋蟀食物,所以使蟋蟀饿死了。事到如今,你一个人想要工作也无法工作了。明明一切都是相互依存的,却傲慢地认为仅以自己的能力就能做到,这种想法才是你生病的原因。只要蟋蟀不能复活,你的病就没有治愈的可能性。到最后你也会死。"

蟋蟀在严寒的冬天因没有食物而孤独地死去了。这回蚂蚁在食物正丰富的时候,并且是以集团的形式,虽然没有病和任何原因但也死去了。也就是说,对于所有事情都能凭自己的能力做得到这种人类的傲慢想法,总之环境与人是相互联系的。自然界中有些事物乍看好像是在游玩,但实际上那也相应地发挥了很大的作用。相互对此加以认可是很重要的,从这个意义出发我写了"金泰昌版新伊索寓言"。后来,引起了一些反响。

现在日本相当强调"自立"、"自助"、"自力",但我认为与此同时有必要认真地思考相互依存、相互扶助、相互帮助的意义。我认为,在采取不给别人添麻烦这一态度的同时要相互帮助,这将成为在生活现场中生成公共性的基础。对大家有益的事情,只能共同合作来办。靠一个人的力量能做的事是有限的,并且会被权力和金钱所压倒。我认为,大家共同来思考从官僚的傲慢和企业的霸道中保护自己的集团性自卫方法,今后将变得越来越有必要。

不是以专家的眼光而是以普通人的眼光来看,我认为如果存在自力的经济的话,那么也存在他力的经济以及相互依存的经济。自力的经济是活私的经济,他力的经济是开公的经济。制度、政策、安全网等是通过"公"来谋求改善依赖"公"的状况。相互依存的经济,实际上就是怎样使自力的能量与他力的安全装置能够相互补充地相生(公共)。我们可以这么来看,蚂蚁只知道自力的经济,蟋蟀则受到了只依赖他力的经济的批评,但是由于蚂蚁和蟋蟀都不知道相互依存的经济才造成了悲剧。

市场这一直接民主主义

西冈文彦:听了金泰昌先生改编的"蚂蚁和蟋蟀"之后想起了一件事。意大利有个世界有名的连环画作家李欧·李奥尼,他创作了叫做"老鼠阿尔弗雷德"的故事。出场人物全都是老鼠。当冬天它们躲在地窖里无精打采的时候,被大家认为整个夏天都游手好闲的怪人阿尔弗雷德说话了。它开始谈论夏天盛开的花朵,春天的微风轻拂的感受,这时大家仿佛都感觉到了夏日花开、春风吹拂,因而恢复了精神,重新获得了在地窖里度过寒冬的生存智慧和生存活力。就是这样一个感人的故事。我当时的理解,李欧·李奥尼是个艺术家,他可能想通过这个作品来肯定艺术家的存在价值。

但是,当我向他本人询问时才知道,他是希特勒政权所镇压的包豪斯美术大学的幸存者。他曾经面对过被迫作出非常严酷的历史性选择的场面,即在第二天希特勒政权以强权介入包豪斯美术大学时,是留在包豪斯继续战斗呢,还是逃往美国。实际上,主人公老鼠阿尔弗雷德就是留在包豪斯的自己的投影。即在欧洲的冬天的时代,从事艺术创作的人们,作为社会的使命是怎样承担艺术的,他的万般感慨都融入到这个作品中了。儿童故事当中有着传达这种思想的能力。通过在感受最丰富的幼少年时代听这样的故事,会给人的一生带来影响。

这次会议上还有一个我深有同感的童话性故事,是铃村先生所说的作为公共财富象征的灯塔的故事。当我意识到"啊,自己是一个看守灯塔的人"时,我所陷入的职业两难困境似乎得到了慰藉。即使能从远处看到灯塔的光,但也不会划着小船过去说"请交灯塔使用费",由于这种职业的存在,也使自己所做的工作得到了某种肯定(笑)。这样的隐喻和故事,确实能够振奋人心。

刚才的讨论中提到"语言"和"货币"是类似的,我认为这其中包含了很重要的问题。我从大学的兼职教师转成专职教师时,第一次拿到了详细的工资单。看到那里有一项"学分认定补贴",觉得非常别扭。为什么要给"教育"成果起"学分"这样的即物性的名字呢? 在思考了几年以后我看到了一些答案。

笼统地说,价值包括使用价值和交换价值。我觉得所谓的"学分",是大学教育中交换价值的象征。我对学生说:"你们上我的课,通过我的学分发行权可以得到学分。根据学业成绩得到的学分的交换价值可能会很高,但是使用价值很低。作为使用价值,比起到这里来学习,不如想学设计就到设计事务所去工作、当学徒,那样可以获得更高的教育成果。这与你们今后的生活方式的选择有关系。"

也就是说,刚才金泰昌先生所说的"无论如何都能生活下去",我认为是因为比起交换价值来,对自身的"知识使用价值"(这又成了即物性的说法)更有自信,所以才能说出这样的话。但是,肯定也存在一些人,知道自己的知识装置完全没有使用价值,而只靠交换价值来生存。让人为难的是,大学在组织上也只存在一点对其进行支援的结构。

正因为"语言"和"货币"在根本上存在某种共通的结构,所以才出现了"学分"这样的用语。即事物的"价值"分为两方面。一个是像"学分"那样由经济性的交换体系来支撑的社会性侧面;另一个是体系性地支撑使用价值的语言以及理念侧面。这样,社会具有两种面孔。

247

我想从"经济学"中学习的是,把交换价值体系搞得如此精致而且庞大,并且即使在社会规模出现各种破绽,但还是能够发挥功能。与此相对,我们在语言上支持"虽然不能带来金钱,但却是有用的"这样的价值观时的技术,是否太过于原始了,是否远远地落后于经济学?

经济学这一庞大的知识装置体系,对教育以及其他我们日常生活的整体,都具有某种巨大的效力。我想知道它到底是什么。通过学习这些,或许支撑现在输给交换价值的使用价值的体系会恢复活力吧。

如果说结论,就是我最关注作为"市场"这一直接民主主义的购买机会。"卖出去了"或"卖不出去"是非常低俗的表达方式,但所谓"卖出去了",是得到了甚至包括金钱支持。因此,在这里交易的商品也好,服务也好,要综合平衡诸如地球环境负荷,或不伤害他人的人性的尊严等各种关系,并且那是由我们每天从钱包里拿出的钱来决定"支持"或"不支持"的。

经世济民的思想

吉田公平:在大学听我课的学生大约有 300 人,我每年出的小测试中就有"蚂蚁和蟋蟀"的问题。有可能因为是"考试的回答",绝大多数答案写的是传统地被灌输的"勤劳精神"。懒惰的蟋蟀不好。虽然可以同情它给一次食物,但要告诉它"明年就不能这样了",等等(笑)。

但是,大约每三年会有一两个学生给出与刚才金先生所说的意思相近的回答。"因为你可以一边听着音乐一边快乐地劳动,所以作为艺术家的支持者,请你帮助蟋蟀。"每当看到这样的答案我很高兴。

在日本经济新闻等使用的"经济"一词,含义是指生产物质产品,在竞争原理中获胜赚取利润。但是"经济"最初的意思是"经世济民",治理天下,救助或帮助人们。我经常在想,为什么这一方面的经济活动在日常生活中几乎没有成为话题呢?

"economy"这个横写的词传入日本时,最初用"经济"这个词将它翻译成日语,实在非常高明。实际上还有另外一个译语,那就是"理财学"。"理"就是管理的意思。最初中国也是用"理财"这个词,但现在还是用了"经济"。因此,"经济"一词包含着"自觉到某种责任的人们为了使社会安定,将人民引向幸福而努力"这样的原理性意义。但是今天,这部分内容被去除了,经济成为仅仅是"在国际竞争中获胜,增加利益物质上变得富裕",这不免让人觉得有点失落。

我所研究的儒教思想是在以农业为基础产业的时代成立的,也受此影响,一心想着经世济民的人的体会,不是自己比周围的人多占有很多东西,而是"不患贫,只患不均"。物质上即使有点贫乏,但只要和大家一样就可以了,是这样的观念。因此,在中国悠久的传统中,说"不,这样不行,必须赚钱",政府率先奖励赚钱的人物,在历史上只有两个人,那就是王安石和邓小平。

但是,在当今如果提倡"只患不均"在国际竞争中不就失败了吗?的确如此。但是,在考虑到"幸福"时又会怎样呢?现在社会在物质极大丰富的基础上欲望被煽动起来,这虽然使物质更加丰富,但这样的社会并不仅是向给人们带来幸福的方向运动的。难道没有一种即便在物质上并不富裕但也能带来幸福的经济学吗?

原田宪一: 说到这里,我也来谈谈。是关于刚才提到的"节约"。看看经济学的通俗读物,里面会出现很多"如果商品卖不出去就麻烦了,如果资金、商品不能周转就麻烦了"这样的话。但是现实中,如果商品卖出去了就会产生垃圾,因为这些垃圾引起了很大的问题。即使对将来的世代而言,也会出现现在这样使用能源是否可以的问题。还有原子能发电站那样的危险系数非常高的问题。这样一来,从经世济民的立场来看,为什么不能做出缩小经济规模的判断呢?

关西国际机场需要的水,在当时只需花几千万日元挖 500 米左右的井就能获得大量的水。但现实却是花 200 亿日元用铁管将挖在泉州陆地的水井的水引过来。经济学者的辩解是那样具有更高的经济效果。但是,工程所使用的铁、能源等成本又会返回到机场使用费。后来说如果降低使用费就会亏本,机场将无法维持。如果这样当初就应该花几千万来挖井。

另外,过去曾有过"下水道、下水道"的大合唱,最近终于认识到了合并净化槽更为便宜。我听宇井纯先生说,不花钱就能很好地进行水处理。这在通俗经济读物那里,也会说如果采用那样的方法,经济规模就会不断缩小,资金不能周转,经济停滞,如果停滞就无法得到幸福。但我总觉得有些不对劲。

刚才提到了芬理希梦,我对芬理希梦的一句话,即矢崎(胜彦)会长在书中写到的"客人享受着等待商品的喜悦"很有感触。在希望得到喜欢的东西时,能够提供与随意得到的喜悦所不同的喜悦。但是现在的经济学,无视人的这种深层的喜悦,站在个人可以作出对自己有利的决定这个大前提上。我认为这个大前提是错误的。在通俗经济学的书中,从来也没有出现过即使贫穷但大家平均就能够缓和不满这样的经世济民的经济。

也出现了"俭约"是否是恶的话题,我想考虑到将来世代及现在的环境问题,当前的对策只能是"俭约"。并且在外部费用的内部化时,如果其巨大化、复杂化就会增大风险。或者说越是消费能源,外部费用就越高。我认为,真正经济地来说,还是以小单位少制造、少使用才是合理的。

经济合理性

金泰昌:从经济学的非专家的立场出发,我想基于实际感触来谈谈我们在采取经济行动时的经济合理性是什么。

我女儿想要自己独立做生意,在纽约没有自己店铺的情况下开始通过互联网出售商品。她自己设计商品、制作商品、进行宣传,还真接到了不少订单,赚了一些钱。她为此非常高兴,扬扬得意。

比如一千美元的东西赚了一千美元,但是她没有考虑到商品生产过程中的原价计算内容。也可以叫做成本计算的内部完结性吧。她拜托母亲在大阪给她买原材料,母亲花了交通费去买,还要寄到美国。但女儿并没有把母亲花费的费用计算在内。她只是计算自己在网上出售商品而得到的钱,就说赚了多少多少。而母亲为了鼓励她也没说什么(笑)。

我对她说:"你是不是没有把母亲花费的费用计算在内?这样成立的事业根本算不上自立。你这样继续下去为难的是你母亲,就连支持你母亲的我也为难。你再重新思考一下什么叫自立。"

但是,现在的经济学所说的经济合理性,也非常欠缺像刚才说的"由母亲寄过来"的这一面。例如,对有限资源的浪费和环境问题等,存在很多未被纳入经济核算的费用、成本。以往的经济学,没有将这些成本考虑在内,而只讨论贸易中的成本与利润的关系。当然,近年来有的学者开始注意到了这个问题。

我看了几本金子先生写的书。他提到了自己是"反主流"、

"异端者",但是我想今后应该关注的问题,恰是一直以来未成为经济学主流的部分。女儿没把让母亲负担的部分放在心上,越是追求这样的经济合理性,虽然有可能保持经济内部的合理性,但是经济外部的问题会越来越严重。其会以垃圾、环境破坏等形式集中体现出来。

还想说一点。刚才,因铃村先生在发言中提到作为公共财富的事例的灯塔,我想到了一些问题。那是关于认识论或叫做真理观的问题。这能不能成为思考经济学(者)知识的公共性质与功能,以及公共的性格与功能时的一个切入口呢?我觉得,由光这一隐喻所代表的认识论(观),一方面设定了作为光源(或是发光体)的实体,另一方面通过设置对立面的黑暗实体,使照明、启蒙、支配被实行、强制、正当化这种结构固定下来。可以认为,其从根底上支撑着维持"公"对"私"的启蒙、指导、支配这样的公私关系的结构。

如果由我来解释金子先生所做的工作的话,感到好像对由"光"所象征的现在的经济学知识的存在状况,进行了相当的抵抗。听起来就像是在说不同的认识论。

那么,与基于光这一隐喻的认识论所不同的认识论又是什么呢?至少在我个人来看,那是基于"桥"这一隐喻的认识论(观)。从公私媒介观点来看,那是把焦点集中在"联系"、"连接"、"活用"这些作用上。将以往被切断、被断绝的事物和问题,用自己磨炼的知识联系起来。接着就要问:"双方得以活用的方法不正是在这里吗?"

从来人们都认为环境和经济是互不相干的。女儿自以为"自立"的买卖,实际上并没有考虑到自己母亲的负担,认为那完全是另外的东西。虽然不是什么了不起的父亲,但是作为父亲还是要告诉女儿:"不是那样的,实际上这是相联系的。"这难道不是"知识"吗? 虽然照亮黑暗的角落,启发蒙昧的人也是知识的一种形式,但我想如果仅限于此,就有可能带来知识的特权化。实际上这一点不仅限于"经济学",而是所有领域的学问的专家重新认识自身作用的一个契机。

"公共化的财富"

矢崎胜彦:我看了金子先生的《反全球主义》(岩波书店,1999年),它提示了自立弱者之间协作的方向性,给了我很大勇气。

我本身作为一个私人企业的经营者所想到的,是仅以现在的经济学理论来解释经济行为的话,恐怕作为各自拥有不同人格的人与人之间行为的整体形象,反而会出现难以看清楚的部分。从事现实的经营,如果没有企业的存续,或经营主体的存续就没有意义。但是即便看到了地球环境问题等在企业外部造成外部不经济的结构,如果企业具有下岗等内部非伦理问题的话,结果永久发展和持续发展的可能性就只能是幻想,现在这样的问题出现在所有领域里。

这次听各位先生的发言我尤其感到,如果只是追求经济合理性,那么意志决定的视野将会不断短期化。并且会形成不断积累外部不经济、拖延问题这样的近视眼观点。正如莱威特教授所说的那样,如果经营者的近视眼会带来最大的悲剧,那么经营者用超长期的观点来经营企业才是重要的。实际上,这在我自己从事企业经营过程中深有感受。走错一步,就会把所有是船员的从业人员,以及所有客户都带入无底深渊。因此我认为,作为企业的方向,比起仅仅重视短期的利害来,当然更应该对包括不断提高长期的社会意义而继续生存等加以考虑。

253

我直觉地感到,这与公共化是什么是相联系的。所谓通过现实的经济行为来教给人们经济学。我说的可能有点不太好理解,即每个人通过经济行为这样的直接参加体验的民主主义形态,使经济社会的存在形式朝着未来应有的姿态变革。比如给有机蔬菜起个什么名字。说有机蔬菜可能有人不明白,但是我个人认为这是"公共化的财富"。如果将它概括为"公共化的财富",那么它的对立面就可以有私密化的财富存在。比如,我们反过来可以看到,仅以价格便宜出售,也是只与私的经济合理性相联系,为了私的利益农户使用化肥、农药来生产的。

我们应该向客户提供的,也应是作为市民社会、客户能看得见的形式的公共化财富,即商品开发的方式或经济的运营。而且所谓提高我们自身的公共性,正是通过经济交流来提高公共化这样的自己和他人的应答能力。通过这种方式,我们自身在更长时期地生存下去的同时,也能够看到将社会公共化的道路。另外,将来世代是公共化所指向的方向,当致力于回答他们呼吁的企业的应有方式时,社会、经营与客户的立场就成为三位一体,更好的三维公共化这样的一个解不也就隐约可见了吗?

因此我有个问题务必请金子先生回答。我浏览过阿玛蒂亚·森的几本书,其中作为"个"的自由人模式,如果要面向将来世代,朝着拥有更超长期的公共化方向性的自由人模式转变的话,经济行为本身是否必须各自更为积极地朝着公共化的方向发展呢?如果是这样的话,我想就会看到无论是经济人还是经营者都充满活力,社会全体都充满活力的姿态,您是怎么看的呢?

我在企业内部将其定位为"内发的公共性发展经验聚集人"。因为我认为,我们本来就不是由外界所给予的强大的人类,应该也存在弱小的人类通过互相帮助来创造公共化社会这样的企业经营方式,或经济社会的应有形式。

对抗价值的必要性

金子胜:下面我来回答从西冈先生到矢崎先生的问题。在此之前,在提到应该把什么东西作为财产留给后世时金泰昌先生说是"教育",对此我的看法是,在战后发展过程中的日本,也许大家都有这样的实际感受。但是,如果问一问现在的年轻学生,每年大家都会回答"我们还算好的"。他们的下一届已经很吓人。在学级崩溃的一代进入大学时,当我们踏入教室的瞬间,大家都朝着后面。就连点名的课出现这种情况也没什么稀奇,这就是现在的现实。因此,我认为虽然想将它作为财产但是又不能成为财产的最大问题是"教育"。

关于"个人资产"与"公共资产",由于现在公共资产的不断损耗,所以不得不用个人资产来自我防卫。但是,运用个人资产的场所——市场却失去了控制。整体来说,世界也许正面临同时陷入景气减速的局面,这是我们的实际感受。以这种局面为前提,我们不得不提出问题。

那么,首先我对原田先生所表达的心情是非常理解的,但是对于清贫的思想也许不能接受。内桥克人先生所说的"无浪费的成长"也是一样,只说让大家忍耐,那么能不能忍受到底呢?

在考虑"自立"与"维持"时,比如为了地域社会的生存有多少地域资源库,比如让农业和渔业相结合能养活多少人口。如果站在什么都没有了还会从哪里重新出发那样的大胆想法的角度来考虑的话,反而会更轻松。但是,由于很难实现这样的思考转换,大家都在挣扎。是一边依赖着过去的辉煌,一边不断后退,乞求一点残羹剩饭的想法。坦率地说,可能形势再严峻一些,大家才能觉悟吧。

在迄今为止的历史上,战争是最大的公共事业,它破坏了一切,现在不能再采取这样的手段。由于战争是以空中轰炸为中心的,所以几乎没有刺激需求的效果。当今的状况是人类历史上第一次在"战争"没有成为公共事业的前提下,世界各国遭遇了拥有大量不良债权的经济。尤其是亚洲各国,现实是我们正带着负的资产迎接 21 世纪。

"市场",就像八木先生所说的那样,是单方面的(逆转几乎是不可能的)优胜劣汰的原则。像吉田先生提出的经世济民这一侧面,我认为在市场中是不存在的。照现在这样继续下去,单独获胜的人——宇多田光及模仿者仓木麻衣。让人觉得事情只能是这样了,就算把所有的歌唱者都加起来也比不上宇多田光。我想,这种经济会越来越发展。在服务化不断发展的同时,由于日本有着协调社会的体质,即没有尊重个性的规则,所以在市场中交换的东西,大家都是一样的。因此,造成了一味追求效率性的价值一元化经济。

这样一来,虽然市场是直接民主主义的,但实际上却开始否认多样的价值,这是现代的特征。为了让大家能买到多样化的商品,需要有相应的规则。即使是劳动力要想带着自豪与尊严来出卖,也必须在市场中导入某种规则。这就是我要说的。其中,重要的是交换价值。并且那不是一律地只排列效率性或物(商品)之类的,而是大家想要互相交换,大家能够实现多样性消费的价值。因而是一个享受着各自的个性的社会。现在日本所走的方向,不是与此正好相反吗?

要形成承认多样价值的社会,有必要在"市场"中导入这样的规则。使用商标品牌也可以。比如某个地域的、独特的小规模的商品,是大家都可以去买的社会吧。无论是 CS 播放还是 BS 播放,如果大家都自由化,那么小规模的播放局就会倒闭。当所有的都集中为有规模的、大型的、便利的东西的时候,遗留下来的只是能够适应大规模的才能。"市场"便不再是直接民主主义的表现,语言也变得极其贫乏。大家都使用同样的用语,实际上就成了在沉默中让对方明白这样的一种交流方式。从这个意义上说,"语言"与"货币"在发生史上有着同时的、类似的侧面。我总觉得无论是"语言"还是"货币经济"都在变得贫乏。

从经济学的游戏理论来看,非合目的性的语言游戏是最不适用的另一极。从现在的主流经济学来说,再也没有比语言游戏更让人为难的。因为其不是合目的性的语法决定的,而是偶然地发生变化的。在我们经济学主流模型中,为了利益和效用的最大化而合目的性地行动,最终必须达到均衡。哈耶克在关注这种语言与货币的类似性,但是(从经济学的主流来看)实际上是不同的价值观。现在成了交换价值随意行动,单独获胜的经济。从这个意义上来说,西冈先生所描绘的作为直接民主主义的表现的市场,只有在纳入某种规则以后才能发挥那样的功能。而且我认为必须如此,但这不是主流的观点。

另一个是"环境"问题。实际上,我现在说的是能出售的价值、"使用价值"的问题。我觉得,重视"环境"也许是在市场中绝对无法产生的道德。也就是说,人们必须通过与市场的直接民主主义所不同的渠道,才能表达"环境"。我之所以在谈到组织的时候评价 NPO、NGO,是因为非常重视如果没有"与市场相对抗的交换渠道",那么"市场"这一"直接民主主义"的交换渠道自身也不会改变这样一种关系。

也就是说,只有产生了对抗性价值才能顺利发展。就像柏户

257

和大鹏、杉山和釜本、阪神和巨人那样，只有存在相互竞争关系，才有可能带来市场自身的变化。这种渠道事实上越来越少。

因此，我在谈到"中间团体"时，很重视创造价值的功能，而不只强调设定短期的缓冲功能。比如，德国成立了绿党，由于没有学生运动所以一直坚持议论核电站、环境问题，在这个过程中，无论是 GM 还是奔驰，如果再生零部件达不到 70% 就卖不出去。企业也打出了这样的宣传。

也就是说，卖得出去的东西的"使用价值"发生了变化。因此，这种东西仅在市场中是无法制造的。我认为，通过把外部的"价值"带入市场来改变被交换的东西，无论如何也是必要的。这样一来，用"卖不出去就糟了"这样的理由来改变不使用再生零部件的经济世界，无论是用再生资源来制造的工业产品，还是从某处运来资源（矿石等）而制造的工业产品，在 GNP 上的统计是一样的。日本经济如何才能实现这种思想的转换呢？这正与矢崎老师所说的可持续性问题相关。

这样一来，原先本应该是公共性的公共事业的看法也要发生转变。修路、建桥、建新干线、建设工业基地，这样的想法和机制都还在起作用。但是大家知道，这已经不符合需求，不是"公共"了。

因此，今后的公共事业，应该在考虑将来永远留给后世的资产的景观方面，或建设福利型的城镇方面，以及工业基地的道路不是煞风景的而是让人愿意居住等方面增加预算。而且，为此地方分权是不可避免的。只有这样，才能像植树造林那样，通过将这些（文化）导入城镇中，使保护"个人"和保护"城镇"同时成立。

我们在这种意义上整顿街道，或进行环境·福利相融合的城市建设，以及刚才所说的养老金理念的转换等，都必须重新定义公共的性质。与此同时，由于身处市场的混乱之中，个人积蓄的资产不断减少。即如何从"性质"上对这两个不平衡进行再定义。

这就成为对"自立"与"维持"问题的回答。但是这种原理性的观点与判断,并没有从作为现在的标准而为大家所知的经济学的公理中产生。有人问我"为什么",我就回答"这是我的价值判断"。于是有人会说"不应该将价值判断带入经济学中"。但是作为问题意识,就像铃村先生所说的那样,由于主流派的学者们也必须纳入这样的问题所以才开始研究的,这也是事实。如果不提这一点是不公平的。但是,只要不转变框架本身我想就是绝望的。这是我的意见。

金泰昌:我所说的"教育"是指"学习能力"。时代改变的话,就会有与之相适应的时代要求和必要。此时,每个人在某种意义上与其相适应,又在某种意义上与其相矛盾的过程中生存,但是每次都会出现能够学习和不能学习的人。此时,怎样才能培养基础性的学习能力呢?如果在某个期间没有受到过某种教育,还是无法掌握其学习能力。

金子胜:嗯,虽然明白您的意思,但是现在日本的现状是朝着相反的方向发展。正在成为负的资产。

金泰昌:所以希望现在的这一代至少要意识到公共的东西并为此而努力。如果可能的话,希望能够改变对后代无限扩大负面影响的结构,哪怕一点点也好。

金子胜:遗憾的是,将自己的不负责任和道德崩溃搁置起来,而愚蠢地想要修改少年法或强制自愿者活动(通过强化刑罚和强制道德来改革社会),这只能越来越绝望地贬值。因此,对于这个方法,我认为有必要进一步进行深入探讨。

金泰昌:是这么回事。说起战争,包括"战争本身"和"战争的逻辑"。即使现在,不限于日本和美国,在想彻底解决各个国家所拥有的问题时,无论如何"市场的逻辑"和"战场的逻辑"还是在相互斗争着。无论国内还是国家间都是如此。

用语言来表达是"贸易"或是"通商关系"。那么,是否真的是运用贸易、经济、市场的逻辑来交流的呢?有些时候并非如此。以实力为背景,以军事力量来威胁,而且好像其是在以市场的逻辑来发挥作用。实际上,这不是"市场的逻辑",而是"战场的逻辑"。可怕的是,这种事情不仅在国家之间,就是在"国民"与"国家"之间也在反复出现。

另外,您说作为市场不能解决环境问题吗?

金子胜:市场本身并不必然地具备重视环境的装置,必须从外部引入市场。

金泰昌:瑞典、挪威等北欧国家采用的方法是从外界导入两个选项,一个是燃烧石油来发电的做法,另一个是运用风力等无污染的方法来发电的做法,基于市民自身进行的经济合理性的判断,在市场原理中转换为无污染的能源消费,这样的事例是实际存在的。

这可能不是您所说的市场在本质上具有的逻辑,但是作为市场中消费者的行动模式,带来了其成立的结果。因此不能说这完全不可能。只是,在按照日本人的思维方式的场合,不知道其能否成立。之所以这么说,是因为日本人比起"理性"来更重视"感性"。说到"感性"听上去还不错,但换个角度来说就是"心情"。心情是个人性的,有着很强的状况依赖性,并且经常发生变化。

在北欧,不仅考虑经济内部的成本·利益,还考虑到了经济外部的成本,所以作出了选择无污染能源的判断。这是逻辑性的、合理性的判断,并且根据这个判断作出实际行动。但是,如果是基于"心情",我想未必能够按照判断去行动。谁谁是这么说的,别人又是那么说的,很容易受这种"心情"的支配,所以像北欧那样的环境亲和性的行动,最终能够作为每个人的行动而成立吗? 通过市场能够将其实现到什么程度呢? 对此您是怎么看的?

金子胜:我认为在市场中也在发生变化,比如如果不是珍惜环境的产品就会销路不好等。如果想想十年前,变化相当大。从这个意义上来说是在渐渐发生变化。但是同时,无论是自然·无农药蔬菜等的产地直销,还是环境保护运动,如果没有某种与"市场交换"所不同的规则作为与市场相对抗的文化而一直存在,市场本身是很难改变的。

金泰昌:正因为如此,广义上的"教育"或者"学习"不是越来越有必要吗?

金子胜:我想是这样的。

金泰昌:我于 1970 年获福布赖特奖学金赴美。之后,爱德华·肯尼迪上议院议员召开环境问题的公众意见听取会,那时有人对我说,这是讨论环境问题你去听听吧,所以我就去了。在那以前,我从没在正式场合听过关于环境问题的讨论,也没有和别人交换过意见。参加者的反应很冷淡,有驳斥,也有对立。但是,从那以后过了将近 20 年,不谈论环境问题反而变得很奇怪。无论在德国还是别的地方,最长也在 20 年到 25 年之间,人们的行为模式和思维模式发生了如此巨大的变化,是因为什么呢?

原因可能是各种各样的,但我想其中很重要的一点就是"教育"。好坏暂且不说,环境教育多层次地展开了。其结果带来了人们思维模式和行为模式的变化,这应该给予重视。因此,这与日本的大学生一般是怎样的问题在层次上是不同的。

只有好的意义上的"教育"才是"公共善"。正因为这与不考虑环境破坏的经济合理性倾向是相反的,所以今后应更加认真地重新思考"教育",在这个方面顺利实现世代间的继承是很重要

261

的。即使没有进入经济原理中,经济也并非是独立的。与其他的领域全有联系。我认为对此相互进行更为深入的讨论、增进了解,是作为"桥"的知识的存在方式,也是知识分子的存在方式。

"来自外部的价值观"

小林正弥:"市场"与"环境"的关系,与这个研究会初期阶段所讨论的有关联。总之,我觉得对于"市场经济是私人性的"这种经济学观点,我们从"可以将市场公共化吗"出发进行讨论(参见第2卷《公与私的社会科学》),现在又回到了这个问题。

我现在觉得这次的研究会适合经济学专家们,使用了很多经济学用语,所以很难懂。那么,极其简单地来说,金子先生提出了"市场经济的现状不明朗",作为现状认识我也有同感。

只是,我认为在这里成为重点的,是"来自(经济)外部的(公共)价值观"。它既是"复兴公共性",又是与政治、经济学整体相关的问题。从这个意义上说,"来自外部的(公共)价值观"正在出现的征兆,就是 NPO·NGO 的出现。环境问题也是如此。在这一点上,市场经济的消极方面与积极的新价值观两方面都出现了。今后的问题是如何对其进行处理。

从本间先生等来看,可能会说"太理想主义了",但我们认为,"向积极的方向赌一把,即使描述理想主义乃至乌托邦式的远景也是有意义的"。"新乌托邦经济学"以及"友爱经济学"的目的就在于此[小林弥六《新乌托邦经济学》多摩(田间)出版,1993 年;同《二十一世纪的新经济学》文艺社,1999 年等]。树立来自外部的公共价值观,描绘理想。必须通过描绘,改变现实的经济。无论是企业家还是消费者都是如此。呼吁"人应该那样改变"。我个人认为,"如果没有这个契机,就无法使积极的契机展开"。

当然,这不仅限于经济,而可以一般性地来说。那么,"经济学"在这当中具有什么样的特殊意义呢?我认为那是"从'财富'出发来考虑"。曾经风靡一时的(就像马克思主义)唯物论虽然错了,但是从"财富"来看问题这一观点本身很重要。人有了"财富"才能生存。与此相对,政治并不总是从"财富"出发考虑问题的。刚才,吉田公平先生讲述了"经世济民"即经济这个词的来源,实际就是从"财富"方面来解救民众吧。这还是经济学的特性。在思考这些时,我觉得这两天的讨论中有几点非常有趣。

第一点,刚才矢崎理事长在谈到"公共财富"时使我瞬间想到,如果使用"公共财富"这一表现,就会和经济学的公共财富的用语相混淆。总之,那像空气或灯塔的光那样,大家可以自由使用的东西。

由于刚才举的例子是有机农法,所以在这个财富上附加了价格。因此,在经济学的定义中不属于"公共财富"。那么,如果采用我的"公共财富/公共良/公共善"这样的用法的话,实施有机农法普及无农药蔬菜,这非常接近于公共善。因此,我想如果从体现了"公共善"的"财富"这点上来说,称其为"公共善财"是不是可以很好地表达呢(笑)。

"公共善财"这个概念是听了矢崎理事长的话刚刚想到的概念。如果仅仅是"公共善",由于是很久以来的哲学的概念,未必将焦点放在"财富"上,有着不能直接和经济相联系的一面。如果在这里加上财富(goods),就变成了"good goods",虽然这个英语短语很奇怪,但"公共善财"既有"公共善"也有"财富"。我想,这也符合"从财富方面解救民众"这一经济的本意吧。将多方面体现了这种"财富"的经济(学),也可以叫做"公共善经济(学)"吧。

第二点,是关于"清贫的经济",我和金子先生的观点一样,总觉得"如果过于强调清贫,经济就会没有活力"。虽然"可持续发展"是很重要的,但因为是"可维持(持续)",所以未必会有"前进"。因为我们谈到了"创造性",所以在这里导入"创造"的概念是不是可以呢?即是"generative development"。这时,从与发展的关联出发,其日语可以翻译成"生成性发展"。在"不成为对环境以及其他问题的破坏性经济"的意义上与"可持续性"具有相同的意义,而且还增加了前进性、发展性生成要素。所以我想思考"生成性发展"这个概念。

第三点,所谓(非近视眼的)长期性的经营,我认为正是公共性的经营。那么,"公共性"的一个要素就是"与全体相关",所以在这个意义上,我想也可以叫做"全体性经营"、"全体性消费者行动"。这里包含了"时间的和空间的"两方面的全体性。从经济、经营的现场出现的议论可能是乌托邦式的,但是存在着把它重新整理成经济理论的形式而导入经济学中的可能性。

金泰昌:关于小林先生发表中第三点的全体性的部分,我觉得有进行若干补充的必要。那是在把作为"公共性"要素之一的"与全体相关",直接延长、适用于全体性经营或全体性消费者行动时,有可能会引起对概念性混乱和实践性危险的误解。至少在我看来,把与全体相关向着"为了全体"的方向而收拢的矢量理解为"公",把向着"为了自己"的方向而集中的矢量理解为"私",而想把在这两极之间,与任何一方的矢量都保持距离的同时,又在其中间对两方起媒介(连接、联系、活用)作用的另一个矢量理解为"公共性"或是"公共时空间"。通过将向这个方向的运动暂且称为"为了彼此",应该同时考虑向"为了全体"和"为了自己"这两个力学的接近以及与其保持距离,这是我的观点的根本所在。因为尤其是用全体性这个形容词来表现经营方式时,"与全体相关"是谁通过什么方法、程序、过程来决定,并把以此为基础的方针和指针反映在运营上呢? 不同的情况就会形成"公"的、"私"的或"公共"的。比如,最高责任者或其身边的什么人决定了"这是与全体相关的",并通告全体公司成员将其作为公司运营的方针,那么这就是过去的统制管理型的公共性(公)。话虽如此,但如果只是强调最终作为公司的"私"的营利事业的一环的话,也可以认为不过是"私"。是否"与全体相关",这不是他人的事情,而是每个人要有一种"这是自己的事情"的当事者意识,"为了彼此"共同一起讨论,无论是对于公司全体来说,还是对各个公司职员来说,把这作为"与全体相关"来理解,并认可以此为基础的方针、指针作为经营的基本反映在运营上,只有这样才可以说是"公共的"。

公共哲学与经济学

八木纪一郎:我位于经济学者的角落。由于专业是经济学史,所以是经济学的观察者。因此很难说作为经济学本身的代表,但是对以"市场经济本身"这种形式来加以概括并判断善恶,作为经济学者还是觉得有些不妥。

在市场经济下有时会形成产生消极性东西的结构。那么,只有了解这个结构是什么,才有可能对此提出改正、改善和变化的方向。如果把其说成"市场经济好还是坏",那么势必会演变成"经济学以前做的到底是什么"的问题。

就算长期的持续可能是"善",但这时的问题是,就像在环境问题中所看到的那样,为此而努力的人未必就能得到那样(与善行相应)的结果。像"囚徒的困境"、"共通的悲剧"那样的结构在进入市场经济之中时,即使大家都认为"这是正确的,想这么做",但实际上谁也不会去做。如果大家认为经济学能对公共哲学起到一定作用,我觉得还是有必要理解这一点。

刚才提到了"蚂蚁和蟋蟀"的故事,我顺便讲一些题外话。从进化经济学的角度来看"蚂蚁和蟋蟀"的话,在那之后又会发生什么呢?蟋蟀会成为蚂蚁的食物吧。如果蟋蟀死了,蚂蚁会把它运到巢穴里。如果蟋蟀灭绝了,蚂蚁跟着饿死。一旦失去了相互依存关系,蚂蚁就会灭绝。

在这里有着相互依存关系中的生态学的平衡,另外存在着机制的多样性。希望大家理解,经济学者所做的工作,就是在这样的相互关系(相互作用)中,在制度性构造或其他的变量发生变化时会出现怎样的结果。我认为这可以说是公共性议论的基础。

我站在社会经济学的立场上。在这一点上,不仅是市场的交换,还在长期的时间中思考再分配和相互性等。铃村先生等将广阔视野的问题群一般化为形式性的方式进行讨论。像这样,经济学者绝不只是进行关于市场的议论。

收入转移的问题

岩崎辉行:金子先生刚才提到了日本老龄化的问题,我想这个问题是成为对经济活动改变看法的契机的重要问题。

根据人口预测,日本将在 2010 年左右迎来 1 亿 2700 万左右的人口的高峰,之后将逐渐减少。并且在 2010 年左右,65 岁以上的人口将达到约 22% 。这时会产生什么问题呢? 就是作为一国经济的整体,不可能为 65 岁以上的人口照顾自己的生活创造足够的收入。这样一来,就必然导致劳动的一代不得不养活受教育的年轻一代以及 65 岁以上的人口,即如何维持从属人口的生活的问题。

也就是说,必须从劳动世代向从属世代转移收入。我做了一个收入转移的模拟实验模型。把65岁以上人口的生活水准控制在劳动世代生活水准的50%。这是一种契约。在2020年左右，劳动世代必须把收入的50%转移出去。即自己劳动所得的一半，不容分说被拿走。恐怕在21世纪不会有抛弃老人那样的习惯，所以无论如何都必须维持65岁以上的人口的生活。

这又会引起什么样的问题呢？现在的经济活动的基础中有私人所有权，保证我们所创造的收入是属于我们自身的。私人所有权，是使竞争规则即有效地实现生产要素组合的游戏规则成为可操作的重要因素。自己创造的东西属于自己，自己可以自由地支配。即只有有了收入的请求权与支配权这两者，竞争这种游戏的规则才能生效。

但是，必须将自己创造的收入的一半转移到从属人口身上。到底使其成为可能的伦理是什么呢？也就是说，不是一开始就有伦理，而是经济的实态本身不得不产生出伦理。

这是假定65岁以上人口不产生任何收入的情况。假设他们平均能够自己创造自己生活水准的20%的收入。这20%，不仅仅是自己劳动所得，还包括从过去的积蓄中产生的收入。这样一来，转移的比例大约减少了30%，大约相当于现在的水准。问题在于，65岁以上的世代如何创造收入。

65岁以上人口的劳动条件到底怎样呢？在65岁以上的人中，有很多人拒绝电脑。这意味着什么呢，意味着老年人为了能工作，由于技术进步太快而感到为难。如果考虑到有效利用他们以往积累起来的经验与知识的社会，技术进步过快使他们难以适应。

但是现在的世界，为了创造收入，技术进步是必要的。前面被作为问题的现在的环境问题，就是减少成本的技术进步。因此，必须改变技术进步的方式本身。也就是说，必须创造出对于技术的思考方法,和以何种理由来转移收入的伦理观。因此,我想说的不是我们现在把什么当做伦理而拥有,而是在仅仅十几年后,就会达到不得不拥有那样的伦理观的状况。

金泰昌:这很重要,但我认为岩崎先生把经济与科学技术太放在中心了。现在虽然是经济突出的文明,但仅仅从经济与技术方面来把握人,作为其结果而产生的问题正是我们现在在各个层面上所遇到的问题。我想,如果使用那样的把握方式的话,只能是扩大问题。

岩崎辉行:现在我们对私人所有权这种思考方法并没有任何怀疑。在法律中恐怕是作为绝对性的东西被承认的。但是,必须改变私有制这种思考方法本身。这样一来,就不仅是经济问题,还会有相当广泛的波及效果,这是我的预测。

金泰昌:就像刚才讨论的那样,市场经济不仅有长处还有短处。因此,从"经济"之外,直截了当地说就是把伦理、道德、哲学、理念的一部分纳入经济,来修正市场功能的短处,应该重视这个方向。我觉得今天在这里进行的讨论,就是以前这样的事太少了。

岩崎先生的话,按照有些人的理解方式,是不是比现在更加倾向于经济、技术中心的想法呢? 我对此多少有点担心。

岩崎辉行:"收入转移"是不适应市场的交易的。因此,不得不考虑市场以外的那种经济交易。

经济与科学技术

林胜彦:对于岩崎先生所说的科学技术,我觉得受到了很严厉的批判。比起金先生所说的来,我认为还是更要重视科学技术。因为如果没有科学技术经济就不会发展。

但是,如果弄错了方向性,只会有害而无益。比如之所以产生公害、地球环境问题，就是由于把科学技术的方向搞错了。我想经济、经济学也是如此。学生时代，在讨论会上曾使用过克劳士比的《富裕社会》，其错误的方向性被当做了问题。比如，在汽车产品开发中最重要的是提高安全性和减少向社会排放尾气等危害。但是现在却在尾翼的时尚等外观的美感上相互竞争，勾起人们的欲望，走向了推销主义。这样的"依存效果"很明显是错误的方向。实际上，由于这次的共同研究会是带着这样的问题意识来参加的，所以经济学和经济学者对地球环境问题能给予怎样的启示、回答，我对此一直抱有期待。但是我想，仅仅靠经济学是无法解决问题的。另外，日本成为世界第一的借钱王国，经济也变得这样不正常，这是为什么呢？经济学和经济学者是怎样发表意见的呢？我对"经济学者的社会责任与作用"到底是什么抱有疑问，所以在中间休息时直接向矢崎会长提出了这个问题。而矢崎会长也立刻责备说："你们记者做什么了？媒体也完全尽到社会责任了吗？"这样看来，虽然觉得在传媒界工作的我们和经济学者是同罪的，但我认为关键的是，只能从各自在自己的岗位上做到最好这点开始。

但是我想说的是，无论是记者还是经济学者，不要只提出那些不太重要的问题，做鸡蛋里挑骨头那样的为了学问的学问或采访，而应该从正面抓住有重要价值的问题，做能指示正确方向性的独创性的学问和节目。例如公共哲学共同研究会邀请的宇井纯先生就是其中的一个人。

我能与宇井纯先生直接见面，是从 1970 年左右调到东京工作后开始的。宇井先生当时在东京大学每周搞一次自主讲座"公害原论"，是在本乡以市民为对象的公开演讲。我进入 NHK 后在山口播放局一直负责公害、环境问题，但我对宇井先生把握问题的深度和广度十分佩服。宇井先生的专业是城市工学。工学系的人大都对任何事情比较乐观,那样的人受到政界、财界和官僚吹捧的例子有很多,但是宇井先生却以记者都自愧不如的数据和真实事例为基础,对政界、财界、官僚、学者的错误之处进行了尖锐的批评。我认为他是个了不起的人,但遗憾的是,他在学者中间和产业界等基本上没有得到评价。在东大也是被称为万年助手,奋斗了11年。在日本也有这样的脚踏实地的科学技术研究,在看到本来应有的经济社会面貌的基础上,能够作出贡献的伟大学者。

那么,日本这么不景气这么不正常是因为什么呢? 1980 年代,在美国出版了叫做《日本名列第一》的书。那是日本被吹捧,制造业正兴盛的时期。美国担心被日本追赶、赶超而提出"杨格报告"得出结论,是推进积极意义上的产学联合,旨在确保"知识所有权"和"专利权",大力推进科学技术,重建经济。实际上通过采取这样的政策,以及产官学合作进行了将近 20 年努力的结果,使美国在国际经济社会中,在 IT、遗传基因等方面取得了重大成果。虽然应该坦率地承认这个事实,但另一方面,在与美国采取对科学知识给予专利的经济政策的关联上,金子先生提到了遗传基因的共有化,我对此也很有同感。遗传基因也是人类共同的遗产,即使对照联合国教科文组织宣言,蛋白质结构的研究等不能成为专利的对象。但现实却朝着相反方向发展。希望金子先生从经济学的角度也来好好发表意见。

由于受到经济全球主义竞争潮流的影响,日本在平成 7 年打出了"科学技术创造立国"的旗号。我认为这个精神是正确的。尽管科学知识应该是人类共有化的东西,但如果在注重科学技术的产业中落后就会失败。因为不是追赶,而是只有成为领头人才能领导世界经济,这也是事实。

但是,如果"科学技术创造立国"的方向性只是从单纯地保卫国家利益的视点，仅仅在制造东西上出类拔萃是不行的。必须以新的、独自开发的科学技术，为包括南部国家的世界经济作出贡献，另外，解决地球环境问题。就像顺利通过美国防止大气污染法审查的本田汽车等那样，如果不能在尽快而不断地开发出与地球环境相协调的科学技术，或普及与个人生活紧密相关，不危害生态系统的安心安全的科学技术的方向上保持领先的话，日本经济就无法成立。即"无恒产则无恒心"。

生活者的视点

金泰昌：沃诺罗夫·园子（Woronov Sonoko）女士作为一个生活者，听了这两天的谈论，我想听听您有什么感想。

沃诺罗夫·园子（主妇）：因为学习了太多的东西，所以信息在脑子里都超容量了。我只能谈点简单的感想，谈点作为一介平民或一个普通消费者，作为一名女性、一位母亲、一位妻子的感想。

作为现在成为主流的潮流，我认为有一个比起个人的多样性来更支持多数派，而排除少数派的很大的体系。怎样建设尊重不进入平均之中的各个多样性的社会呢？是我在这个会议上所听到的讨论。

但是，这里所讨论的话题与我们每天的生活之间有着太大的背离，让我无法抓住重点，总感觉到这样的两难境地。虽然我想把它拉到自己身边来理解，但总也无法拉近。

271

决定那种社会体系或经济的潮流的领导人，当然或者是政治家或者是学者，但让我感到少许安心的是，即使是少数派但也存在有心之人，不知道用道德这个词是否正确，但他们会进行相应的思考并制定各种政策。但是这些人仍然是少数派，这点没有变化。

只是，我想，我们作为一个母亲所能做的，虽然不是改变世界这样具有很大意义的事,但是想培养出有心的孩子。对我来说,我只能做由自己来培养有心的孩子那样的事情。但是,我觉得我们必须在日常生活中,各自站在各自的立场上努力做好自己能够做到的事情。

金泰昌:虽然刚才园子女士说得很平静,但我认为是很严厉的批评。我一直觉得愧疚的是,学者所说的根本没有接近生活者。我多次听人说,这完全是不沾边的话。我之所以希望大家尽量在尊重学者专业部分的同时说一些切实的话,原因就在于想尽量把这个鸿沟填上。

今天园子女士虽然也非常有礼貌地谈到了这一点,但实际上这里所包含的正是问题所在。如果知识分子只是在自己之间相互讨论并以自我满足而结束的话,那么这就成了与社会脱节的、完全没有意义的对话。将其(与生活者)联系起来,才是所谓的学问的公共化,也正是基于这一点,才一直举办这个研究会的。

消费者的经济活动与公共性

金泰昌:虽然在这次的论题和讨论中没有出现,但有一个问题我认为很重要。那就是我们每个人在最近的地方切实体会到与经济的关系,是从自己作为消费者的立场。在这个意义上,务必请松原隆一郎先生从与消费者的关联上来谈谈公共性的问题。

松原隆一郎:如果要考虑消费者在进行经济活动时的公共性,首先有必要明确"是关于消费者的什么的公共性"。在此,我把它分为两个问题来谈:是维护消费者在进行消费活动时的公共性呢,还是消费者维护经济社会的公共性呢?

在市场经济中,双方达成一致的契约是有效的,并且如果经济人是合理主义的,在完全竞争或是与此相似的条件下,这样的契约能够带来最恰当的资源分配。但是在现实的经济中,消费者选择的结果,有时会带来有效需求不足,或由于企业对消费者在信息上的优势和市场的不安定性使消费者无法作出合理选择,并且消费者本身的活动有时会给经济社会的公共性带来不良影响(外部不经济)。

首先,市场宏观上的表现有时会受消费者选择的影响。虽然在此不讨论分配的公正性,但是雇用不安定会抑制消费支出的倾向正在变得显著。尤其是在 20 世纪 90 年代以来日本的"消费不景气"中,一直持续着这样的恶性循环,即由于雇用的不安定储蓄率增高,这又导致不景气的深刻化。在作为新古典派消费论定论的恒常所得假说看来,与 I. 费雪的消费论一样,由于知道自己一生收入总额的消费者会对其进行合理的分配,作出每年的消费选择,因此这样的问题以及消费不景气的情况是不存在的。但是在各种调查中,却出现了由于未来的雇用不安而增加储蓄的明显结果。这种雇用不安,直接产生于叫做下岗的解雇的蔓延,和对终身雇用制这一"安心体制"的不断崩溃的担心。在这个意义上,可以说能够安心的雇用制度是具有公共性的社会资本。

第二,再来看看是否维护了进行消费活动时的公共性。比如第一次买电脑的人,会面对多种机型不知道选择哪一种才好。随着经济的发展技术不断进步,商品不断高端化,疏于商品知识的一般消费者都很难一看就能作出商品是否符合自己要求的判断。所谓"消费者问题",就是这样由于消费者无法完全获得商品信息,或即使获得了也无法理解和评价而产生的。并且,技术革新所带来的关于商品的新信息,虽然多是关于物质方面的新技术的,但并不限于此。由于宣传方式和商品开发频率也在变化,也产生了商品与从企业宣传中得到的印象不同,或由于频繁地更换类型缺少零部件的不便。

虽然技术革新使销售战略也进步了,但在这过程中也产生了利用消费者心理的恶德商法。向他人推销商品、传销、在繁华街道上以调查为借口接近行人进行兜售等,只不过是其中的一部分。这些是在销售技术革新下,想利用消费者与制造、销售方不对等立场的现象,由于在购买商品时很难满足必须收集信息来作出合理判断的条件,所以消费者的自我责任原则不能有效地发挥功能,就是从这里产生的问题。即使是信用卡,虽然能够使用很方便,但是反过来,由于无法战胜超越支付能力的购物诱惑而导致破产的人也在增加。

正如克劳士比所提示的"依存效果"那样,如果企业能够单方面操纵消费者的欲望,那么消费者的自我责任原则就根本不成立。但是,一般认为那样的操纵是不可能的。因此,消费者就有必要采取手段对抗企业的销售战略,或去填补信息的差距。在日本,以有害食品、药害事件引起人们注意为契机,消费者结成消费者团体,通过不买运动来对抗企业的生产活动。为了保护消费者,1968 年设定了确保商品安全性和内容标示的基准,也制定了要求公平竞争等的消费者保护基本法。即使在行政方面,1970 年设置了国民生活中心和作为其地方机构的消费者生活中心,来进行商品检测和处理投诉。由于不断出现在访问销售中没有阅读合同书中所记载的事项而在签订合同后后悔的事例,因此也制定了在购买商品后一定期限内可以解除合同的解约制度。

消费者问题是由于企业在商品销售时比消费者处于优越地位而产生的。因此,1995 年实施了制造物责任(PL)法,要求企业根据对社会的影响力来自觉承担社会责任,因而开始不断推出公益活动、非营利活动等"社会贡献活动"。

消费者与公共性相联系的第三个方面是外部不经济。消费者丢弃的垃圾给环境带来不良影响是其中最典型的。环境问题并不只是产业界带来的,是消费者也应该共同致力解决的问题。但是,外部不经济并不仅仅是生态学意义上的对环境的影响。外观新奇的房子和虽然是合法的高层公寓,或者破坏传统街道或者给居住环境带来不良影响,在各地成为引起诉讼的问题。消费者也是与环境这一公共性相关的。

金泰昌:非常感谢。您特别从环境问题的两个方面,给我们讲述了作为消费者的每个人,在具体的生活现场进行公共状况的消费活动时的公共性以及外部不经济。我认为,作为今后的课题要对这两个方面进行认真的思考。

经济与公共性

山胁直司:将这次的"经济"纳入这个公共哲学系列,是以今年(2000年)的7月,我和金泰昌先生一起开始的思考为契机的。在科学技术和环境问题之外,与我们生活实态密切相关的"经济"是什么? 从关于"经济"和"公共性"的讨论在这个系列中是不可缺少的认识出发,把重点放在"经济学"到底能够在多大程度上谈论"公共性"上,因而邀请了活跃于世界范围的各位先生。

其结果,这次与各自立场不同的四位提出论题者一起彻底地探讨了"经济学"。金子先生将自己定位为非主流派,暂且不论这个定位是否妥当,至少精通"经济学"这门学问,并且不是从笼统的立场上来批判,而是以在其内部边研究、教授"经济学",边论述"公共性"的方式,各位先生坦率地指出了自己的范式的局限。从这个意义上来说,我认为这次的讨论取得了很好的成果。另外,法学、政治学、思想史、科学论的各位先生所参与的讨论,也是很有建设意义的。

　　不管怎么说,希望以此为契机,关于"经济与公共性"的各种对话或讨论能够开展下去。尤其是"经济学"的范式在世界上从各种意义上遭到怀疑,其也是很容易成为全球争论点的一门学问。如果这次讨论成为某种刺激,在经济学者、社会学者以及一般市民层次,能够自觉地将"经济与公共性"作为争论点,仅此就可以说这次的研究会具有很大意义。

后　记

金　泰　昌

0.0　这次的第 28 次公共哲学共同研究会（2000 年 12 月 16—17 日），是以"日本经济与公私问题"为中心议题而召开的。在这里听了论题，参与了提问讨论，在展开讨论的过程中重新有所实感，在此后也一直进行了种种思考。如果把问题点归纳一下的话，大致内容如下。

0.1　在经济（意识、活动和体系）中，"公"、"私"具有怎样的意义？另外应该怎样把握"公共性"？或者，这样的问题设定只会使问题复杂化，使讨论混乱？

0.2　作为关于经济（意识、活动和体系）的学问（学术）探究的经济学，所谓"成为公共的"意味着什么？经济学者以及经济记者的大部分著作和发言远离一般市民的健全的常识和切身感受，听起来好像是别的世界发生的事一样，这是为什么？经济学仅限于经济学者（专家）专业内的对话可以吗？

0.3　专家之间的专业性讨论当然是宝贵的。希望作为专业领域的经济学能够为人类及世界作出更多地贡献。与此同时，也有必要促成专家与非专家之间，专家与一般市民之间的更有意义的对话。为此，用普通人的视角来看问题，而且运用相互能够理解的语言来交流，这比什么都重要。因此，在问题意识、课题设定以及观点调整和讨论展开方面,有必要修正轨道。

0.4 几乎所有的经济学者和经济记者的著作和发言,是以既存的经济体系为理所当然的前提来展开的。即便不是这样的场合,也是始终在追究既存学说或理论的正确与否这一脉络中进行论争,这种倾向很明显。另外,主要的话题都是"国家"的政策和"企业"的盛衰。在那里不存在"生活者"。无数的话题中谈到了股票、货币、景气和金融,但最重要的"人"的话题却蒸发了。虽说景气没有恢复是因为消费没有增加,但却不想正视作为消费者的生活者的实际层面上的具体问题。

0.5 所谓经济是"人"的经营,还是具有不可抗力的怪物?每个生活者对经济只能处于受苦的位置吗?经济学者和经济记者只把焦点放在政府、官僚或是企业、经营者上来讨论,在他们的主张中有多少公共性的意味呢?与此在观点和方向上相异的市民参与型的讨论不也是必要的吗?

0.6 经济是与所有"人"直接相关的重大生活问题。如果把问题只交给经济学者和经济记者的专业讨论和判断,那么生活的安全与生活质量的提高是无法保障的。在这一认识不断明了化的事态发展基础上,我确信拥有在市民主导的生活者经济这种体系水准上的想法的讨论,是必要而且妥当的。我认为今后越来越需要从这个方向进行共同研究,怎么样呢?

0.7 面对经济的全球化的浪潮,作为与其对立的理念与社会气质,以内向性的、保护性的民族经济来应对到底行不行?这种对策中有多少现实的妥当性与开拓未来的实际效力呢?全力投入IT 产业(全球新经济),真的能够开辟日本经济再生的道路吗?与此相反,仅以把重点放在国内市场的保护与对企业的公共支援上的国家经济战略,能够对抗全球化吗?

1.0　基于以上的问题意识,我从作为一个学者或是一个市民的立场,对经济问题以及"公"、"私"、"公共性"与经济的关联性,谈谈自己的一点看法。

1.1　首先是经济的公共性问题。我认为经济(意识、活动和体系)基本上包括"公"、"私"、"公共性"这三个侧面。

1.2　当经济的承担者主要是国家、政府或是其相关辅助机关时,我认为这样的经济就是"公"(的)经济。包括制度、政策、法规、指导、调整,等等。比如税制问题也是其一个基本侧面。福利等也主要作为公的问题来理解。但最近这个议论的方向有所动摇。

1.3　如果经济的承担者为企业,基于其追求私的利益这一目的突出的现状,我把它理解为"私"(的)经济。只是这里必须注意的是,巨型企业往往会说它们的经济行为才是"公",这正是把国家的企业化当做对时代要求的回应而将其正当化的逻辑的弊害。说是一心为了国家(的防卫与繁荣)而竭尽全力,但是在这样的大义名分之下,"私"不用说,甚至很多时候连"公共性"都被否定了。

1.4　这种状况直至最近都没什么改善。但是,我们在必须观察、思索、判断、决定事物时,如果没有某种尺度就容易陷入思考混乱、判断中止的状态。我想还是应该有一个浅显易懂的、有意义的(不是绝对不变的,而是补充状况判断的)某种基准比较好。因此我认为,如果把"公"定义为"为了国家(大家)",把"私"定义为"为了自己"的话,那么是否可以把公共性看做"和大家一起"来讨论、决定、实施"为了互相"呢? 因为以往的公私二元论观点中最大的问题点,可以说是存在着这样的倾向,即朝着把"为了大家"和"为了自己"无媒介地加以统一的方向运动的力学,压倒了"共同"这一朝着(来自)横向上作业。

　　1.5　那么,"互相"到底又指的是谁(什么)呢?所谓"互相",指的是对国家与代理其存在理由的所有组织、团体、机关——使用"为了大家"这样的修辞法是一般的倾向——与一般市民或生活者再加上环境,多层次地把握它们之间的相互关系的视角。这在意味着每个市民或生活者及其环境的同时,包括根据具体问题状况而扩大或缩小的、一定范围内的市民或生活者全体及其环境,设定其与国家(公)之间(= 中间)的多样的相互媒介的空间、领域、活动、基准和含义。也就是说,不仅是现在活着的人及其环境,把将来世代及其环境也纳入其中进行考虑。如果这样来设定思考、判断的框架的话,那么我们马上就会明白,以往关于经济的讨论和论点是过于偏向"公"或"私"的哪一方了。

　　1.6　到现在为止,对"公共"的存在理由及其功能与作用都没有进行充分的考察。其理由就是对市民和生活者及其环境的评价太低,这不得不说是由于从国家、市场中自立的生活空间这种想法还没成熟。无论如何,应具有这样的当事者意识:不过分依赖"公"(国家和政府)或"私"(市场和企业),为了自己的生活的自立与生活质量的提高,必须集合、确保、促进自己的能力、思考、信念,以这种觉悟与意志而行动起来。

　　一边相互补充地作用于"私"与"公"的同时,一边开辟"生活者"自立的活动空间。因此,公共的市民意识的学习与领会成为必要。即在每个人的生活经济中,形成为了集团自卫的自发性、自主性集团是必要的。

　　1.7　在这里我想强调的是,自发性、自卫性集团形成并不是指向反国家、反政府或反市场、反企业的方向,而是从对国家和政府、市场和企业的过度依赖中自立,致力于改变以及自发地、自主地重新构筑与国家及市场的关系。因为这是今后时代的要求,也是对应情况变化的课题。

2.0 接下来我想到的是从经济体系的基本结构的观点来看日本经济的课题与展望。那么首先想采取这样的顺序,即在与日本经济的关系上,从其基本结构来比较、考察三个经济体系,从这里来透视日本经济的改革课题。暂且不提长期历史的详细经过,在基于第二次世界大战后的状况来考察时,可以假定这么三种类型:国家官僚主导命令指导经济体系(苏联的经济体系)和巨大企业中心自由市场经济体系(美国的经济体系),以及混合经济体系(特别是当考虑到工会的政治力量足以与政府和企业相匹敌情况下的利弊,可以说是在部分欧洲国家所看到的经济体系)。

2.1 国家官僚主导命令指导经济可以说是"减私奉公"型的经济。国家的经济繁荣是凌驾于所有价值之上的至上价值,其他的所有行为、活动都不过是为实现至上价值这一终极目标服务的手段。从这个意义上说,在斯大林的苏维埃和战前的日本,市民、生活者的存在、作用、价值仅仅具有为国家经济服务的工具的意义。那么,所谓国家官僚主导命令指导经济体系是怎样的呢? 如用图来表示的话,则如图 1 所示。

图 1 的基本结构可以概括如下:

①代表事例:苏联型经济模式。

②活动范围:基本上是民族经济。

281

③命令指导:根据国家(政府)的计划、命令、指导来生产财富。

④公共性的欠缺:国家(政府)以及国家辅助机关的福利服务即使是公的但不是公共的。不存在共同媒介"公"与"私"的"公共"。

⑤"私"的否定:作为生产者及商业体的企业与作为生活者及

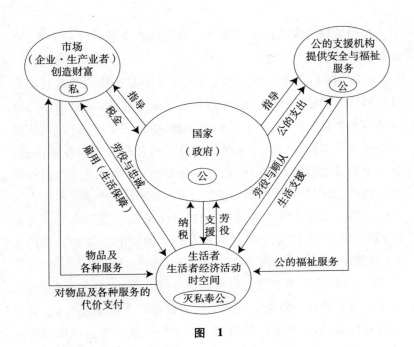

图　1

消费者的个人通过市场进行的经济行为,基本上被置于与国家(政府)的"公"相对的"私"的位置,只有在国家(政府)制定的规制下基于其的指导才被承认。

⑥生活者的生活:生活者的生活行为及生活质量的提高完全由国家(政府)的指导与公的支援机关来保障。国家与市场维持、强化了生活者的依赖。

2.2　接下来的巨大企业中心的自由市场经济怎么样呢?这次企业取代国家,凌驾于一切之上。这可以说是"减公奉私"的经济。人的价值只有在为企业的利润最大化目的作贡献的范围内才得到承认。这是无论什么,只有与企业的经济利益一致时,才承认其的存在与价值。二氧化碳排放量的自主限制,尽管是关乎地球与人类乃至将来世代利益的重大课题,但布什政权却以违反美国(此时明显是巨大企业)的经济利益为由,拒绝签署达成国际性一致的京都议定书,这个行动最雄辩地显示了巨大企业中心自由市场经济体系的实态。

这只能说是"私"篡夺了"公",完全无视"公共"的极端反公共的行为。"公"无法超越国境。"私"虽然可以跨越国境去追求私的利益,但到哪里也是执著于"私"的扩张。在那里没有跨越国境而且是"公共"的基准和观点。更根本地来说,对股东利润分配的极大化这一方向的执著,是优先于其外的一切考虑的。

巨大企业中心自由市场经济体系的基本结构用图表示的话,则如图2所示。

图2的基本结构可以概括如下:

①代表事例:美国型经济体系。

②活动范围:基本上是全球经济。

③企业中心:国家(政府)把重点放在对市场中的企业活动进行支援、辅助的作用上。另外,股东利润分配的最大化优先于一切。这在原理上是"灭公奉私"。

④自由市场:以企业活动的最大限度的自由与无限制的竞争为原则。极力抑制对弱者的关照。

⑤公共性的欠缺:在为了国家天下(公)的名目下,比起人的生活和环境的保全(公共性)来,企业活动的扩大与利润最大化(私)优先。

⑥放宽规制:为了企业的利益扩大活动的效果活性化,朝着废止有关雇用关系规制的限制(企业的负担)的方向发展。这即使是企业营利活动的自由化,但几乎不存在以生活者的经济自立和提高生活质量为目的的视点。

283

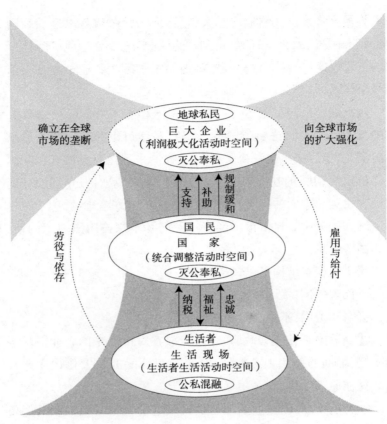

确立在全球
市场的垄断

向全球市场
的扩大强化

地球私民

巨 大 企 业
（利润极大化活动时空间）

灭公奉私

劳役与依存

雇用与给付

支持　补助　规制缓和

国 民
国 家
（统合调整活动时空间）

灭公奉私

纳税　福祉　忠诚

生活者
生 活 现 场
（生活者生活活动时空间）

公私混融

图　2

　　2.3　混合经济体系可以说是公私竞争的经济。作为其最初
的形式，从国家官僚的专断和企业经营者的横暴中维护劳动者的
人权和生活，是其存在的理由。但是，从现实来看，以工会（特别
是特权化了的上层干部）的个人的、集团的私益为基础的独断专
行和非妥协性要求贯彻，频频引起经济体系的一部分或整体的功
能停止。当然，也有积极的功能。但是，暂且不论其政治作用，关

于其经济作用有必要进行更为诚实的探讨,这是我坦率的感想。如果工会的领导者真正忠实于代表劳动者立场与权益的功能与作用,而且劳动者的勤劳精神和健全的公共意识提高的话,肯定能为理想的经济民主主义的实现作出贡献。

2.4　还有一点想说的是公共市民主导生活者经济体系的构想。而且是关于其基本构造和日本经济体系水平上的改革课题。

那么,所谓公共市民主导生活者经济是什么呢? 如果首先按我的理解来归纳其特征的话,我想大体可以整理如下。

①21 世纪型经济:不是国家中心命令指导经济和巨大企业中心的自由市场经济,而是由市民主导可以实现生活者的经济自立和提高生活整体质量的经济体系。

②活动范围:基本上是全球区域化(作为全球化与区域化的共进体的)经济。

③私民:把生活者作为生产者或消费者参加市场,满足私的利益或欲望的相位理解为私民。

④国民:对国家(政府)的经济活动(安全与福利)的创造,通过纳税来合作、参加。

⑤公共市民主导:生活者通过自主地、自发地共同作用于国家(公)和市场(私),为实现经济生活上的自立而进行各种个人的、集体的活动,把这种当事者的相位理解为公共市民。这样的公共市民在经济体系的运营中担当主导的作用。

⑥复合性相位:生活者为了生活的自立和生活质量的提高,根据必要与场合具有作为国民、市民、私民的相位。

⑦公共活动:通过共同媒介公的支援机关活动与私的支援机关活动的公共市民联合活动,来促进为了生活者的经济自立和提高生活质量的各项活动(自助活动)。

⑧财富的合作生产:不是企业创造财富,而生活者不过是消费者,重要的是将生活者对生产的合作与参与当做必需。另外,从比起量的扩大更重视质的提高的方向上来把握财富。比起金钱和物质的增加将重点放在内在的、外在的潜能的再生与其机会开发上,以此作为概念来理解。

⑨安全与福利的合作创造:来自国家(政府)对安全与福利的创造和提供,也必须将生活者对创造的合作与参加作为必须,这样的视点是重要的。

如果用图来表示这个公共市民主导生活经济的话,则如图3所示。

2.5 日本最近的有关经济讨论的主流,是从国家官僚主导命令经济体系向巨大企业中心自由的市场经济体系的范式转换,再加上体系转换。但是作为一个学者以及作为一个市民,从我来自生活现场的实感来说,总觉得哪里不对头。这不仅仅是理论或学说的问题。这样真的能让日本经济变好,日本社会成为好的社会吗?

我认为巨大企业中心自由市场经济体系,是与20世纪后半期的时代要求相适应的经济体系。但是,它在与20世纪前半期以前的国家官僚主导命令指导经济体系的对立竞争关系中是有意义的,其优越性无论在功能方面还是在理念方面都大体得到了证实和承认。虽说如此,其能否适应21世纪的时代要求还是个疑问。无论是基于从经济学的学说及理论中学到的东西来考虑,还是基于朴素的生活者感觉来判断,都不能认为巨大企业中心的自由市场经济体系会使日本成为更好的社会。

那么,我把我关于日本经济的改革课题的问题意识作如下的整理。

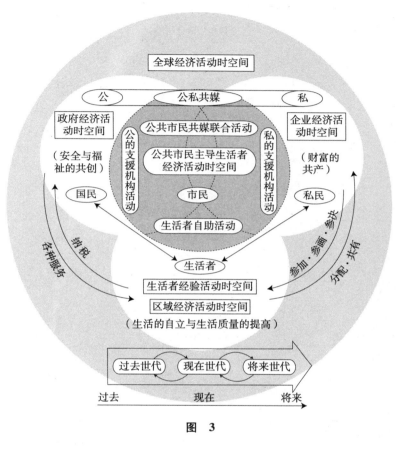

图　3

①现在日本经济进行的结构改革,应该从是 20 世纪以前的支配性体系的国家官僚主导命令指导经济体系(苏联型)、巨大企业中心的自由市场经济体系(美国型)或混合经济体系(欧洲型),向公共市民主导生活者经济体系的方向转变。

②所谓公共市民,是指通过"公"(国家、政府和官僚)与"私"(市场、企业和金融)的生成性相互媒介(共同媒介),拥有通过形

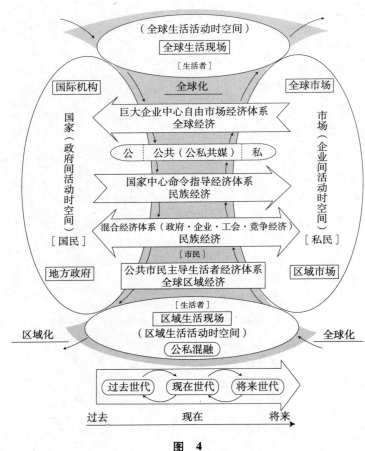

图 4

成自发性集团来确保生活的自立及生活质量提高的自觉与意志，积极参加从国家和市场自立的活动空间（公共空间）的生成与活性化的生活者相位。

③公共市民主导生活者经济体系，既不是美国型经济体系的全球化（全球经济），也不是彻底的苏联型一国中心体系（民族经

济），而应是在克服双方的封闭压抑性的同时，把实现每个人的生活自立和提高生活质量的途径与生活现场的条件及状况充分对应，在促进改善（区域经济）的同时，以全地球、全人类的视野，致力于协调的相互关联的对应、对策和推进（全球区域经济）。

④21 世纪的经济体系不是单一世代单位，而应从世代横断性、世代相关的关系来考虑。尽量避免给将来世代的利益、安全和生活质量带来损害，这种将来世代的观点是重要的。

如果用图来表示上述我的问题意识的话，则如图 4 所示。

我个人考虑的日本经济的改革课题，就是从巨大企业中心的自由市场经济体系向公共市民主导的生活者经济体系的转换是必要的。那么其具体内容是什么呢？将其概括出来作为表 1 加以提示。

表 1　从巨大企业中心自由市场经济向
公共市民主导生活者经济的转换

经济体系的类型 经济活动的类型	巨大企业中心的 自由市场经济	公共市民主导的 生活者经济
基本逻辑	资产增大的逻辑	提高生活质量的逻辑
基本目标	满足欲望	满足必要
主要标语	"为了"大家	"与"大家一起
活动主体	巨大企业	中小企业
活动范围	全球化	区域化
活动内容	金钱游戏	意义实现
社会费用	外部化	内部化
所有形态	不在者所有	当事者所有
交易原则	自由交易	公正交易

经济体系的类型 经济活动的类型	巨大企业中心的 自由市场经济	公共市民主导的 生活者经济
调整方式	基于阶层意识的中央统治	自己组织的网络
协调形态	为避免外部竞争相关企业方的协调	为实现公共善与市民的协调
正当化方法	大规模宣传广告	小规模实践活动
政府的作用	保护个人资产	提高市民生活
政府意识	精英志向　资本家民主主义	市民志向　生活者民主主义
对经济发展的贡献	高额收入者	生活者(市民)
强调德目	自由、权利、能力、消费	相互扶助、义务、勤勉、节俭
目的志向	自我满足	幸福共创
社会伦理	优待强者	照顾弱者
公私关系	灭私奉公	活私开共
世代意识	现在世代中心	重视世代间公正性

3.0　那么,为什么认为向公共市民主导的生活者经济体系的转换是必要的呢? 下面把我个人的想法分要点加以略述。

3.1　首先,在从来的国家中心命令指导经济和巨大企业中心自由的市场经济下,国家和企业的财富创造可能在一定程度上获得了成功,在此基础上达到了基本目标,但问题是各个生活者(市民)是否真正感受到了生存价值,过着充实的生活。当然,这是极其多样、复杂的,所以无论在认识论还是在方法论上,都存在着事实确认以及说明样式难以整理、确立的问题,但某些有意义的企划还是有可能实行的。首先来看一下图5。

图5的问题点说明如下。

①由于近代以来的经济被限定于自由市场经济,人的幸福作

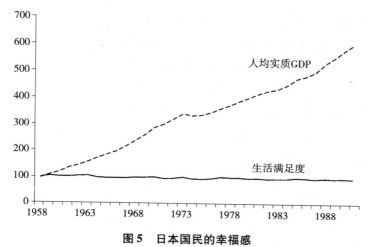

图5 日本国民的幸福感

时间系列生活满足度与所得增加的相关关系。
引自 Penn World Tables and World Database of Happiness。

为经济外部的问题,没有成为关心的对象。

②无论是宏观经济的增长(GNP、GDP 增加)还是微观经济的增长(个人收入增加),都没有对人的幸福作出贡献。

③那么就产生了经济对于人的幸福来说是什么的疑问。

④即使在对指标项目的选定和设定文章的回答内容中,存在从文化影响的国民差异来推测的解释上的问题,但作为①、②和③的日本的实际情况,至少在 1958 年至 1991 年间,虽然个人的实际收入增加了 6 倍,但国民的生活满足感却没什么变化。是不是有必要去思考这是为什么吗? 暂时能够想象到的是:

a. 经济增长的成果并没能充分反映到国民的生活现场中。可以说,成果只是集中到了一部分人或组织、机关、团体,而没有被适当地分配给国民。

b. 以往的经济的存在方式本身,不是把目标放在了人的幸福

291

以外的地方了吗？增强国力、提高企业的销售额、增加股东的股票收益等目的，优先于国民生活的自立和生活质量的提高。

3.2　那么，每个生活者具体地追求什么，具备什么样的条件才能真正地感受到生存的价值，变得精神百倍，过上开心的日子，创造出更加美好的社会呢？我认为是否可以把这个问题放在"幸福共创的经济学"这一概念下来考虑。这是因为以往的经济学一直避开人的幸福这个问题。斯坦福大学的保罗·克鲁格曼教授在1998 年 8 月号《纽约时报杂志》的投稿中，明确提出"经济学最终不是关于财富而是追求幸福的学问"。在不丹王国（位于印度的阿萨姆地区以北的国家），不是把国民生产总值（GNP = Gross National Product）而是把国民总幸福（GHN = Gross National Happiness）的指标作为国策的基本的，都是从以往仅用货币及物质的量的增加来认识经济，转变为以质的富足和幸福为基本来认识经济。

详细内容要分阶段来补充，作为最初的出发点，我觉得有必要把以往被从学术研究排除的"幸福"问题（我认为这是终极问题），作为经济学的重要研究课题进行正面的研究。另外，迄今为止的经济学都是在国家、市场、企业的三角形中回转，能否从这样的经济学探索，向培养通过家庭—自然—市场—国家的相互媒介，来为人类幸福的实现作出巨大贡献的经济学想象力的学问研究以及教育实践转换呢？

发展性地把握人的内在层面上的幸福感（私的幸福）与以国家为单位来考虑的平均幸福感（公的幸福）之间的缝隙，以经济（意识、活动和体系）为原动力，使人与不得不在其中生存的世界（家庭、自然、社会、国家、地球、人类，等等）的相关关系在这个层面上生成的幸福（公共的幸福）现实化。现在所要求的正是探究这种可能性。

3.3　那么,经济怎样才能为人的幸福作出贡献呢?有必要对这个问题提起给予真挚的回应。我认为,只有公共市民主导生活者经济体系,才能诚实地把握人的幸福问题,对其给予回答。从这个意义上说,我重视体系转换的现实必要性。

3.4　那么,我为什么认为公共市民主导生活者经济体系会对人的幸福作出贡献呢?那是因为通过以往的思考、摸索与实践活动,我有了自己对人的幸福的看法和观点,由此形成了经济(意识、活动和体系)的存在方式的构想。

3.5　每个人的生存欲望、下一代的出生与养育、不同层次的"和"的生成(我认为这既是私的幸福也是幸福共创的原点),与从作为自然(环境)的伟大营生的万物生生、循环再生、相克相生的相关过程中产生及提供的食物(山珍海味)、太阳光、空气、水、动物、植物、矿物等生活资源,以及物质的和可见的财(货币和商品)富(尤其是指私有化形式的所有、财产、方便和服务、装置、制度),通过作为需求调整的价格来交换以满足消费者的消费欲望这种市场功能,以及国家对秩序、安全与社会资本的整备,等等,怎样才能相互连接而不是凌乱地向着增进人的幸福的方向联动和作用呢?这就是问题所在(参见图6)。

3.6　最后,尤其是在从与经济相关的角度来看时,幸福只有在对家庭、自然、市场、国家相互共媒、合作相生的方向上,通过积极致力于公共市民的自主的、自发的集团活动才能实现。为此,以生活者的经济自立和以此为基础的生活质量的提高为最优先课题的多种中间媒介集团的自主性、自发性活动的活性化是最为必要的。

3.7　我在这里重新认识到,从近代日本的文豪幸田露伴的幸福三说(措福、分福与植福)——幸福的"幸"的部分是与每个人

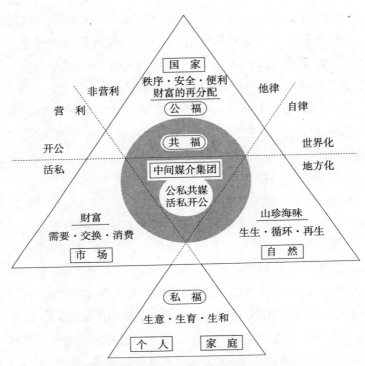

图6　幸福共创的经济学及其基本问题领域

的偶然依存性感觉心理有关的,只有"福"才是与大家一起繁荣(一棵树上开出各种不同颜色的花、长盛不衰),把为了创造其基础、条件、状况的人们的协作努力作为理念提了出来——中应该学习的东西太多了。

　　用我的话来说,措福就是幸福产出、积蓄论,分福就是幸福分享、共欢论,植福就是幸福世代生生论。而且我想说的是,这三点就是幸福共创的经济学想象力中的三个基本方向。

译者后记

本书是对佐佐木毅、金泰昌编《公共哲学 6·経済からみた公私問題》（東京大学出版会 2002 年）一书的全译。该书作为《公共哲学》丛书的一卷，从经济角度对公私问题、公共性问题以及经济学与现实的关系等问题进行了深入的探讨，是日本学术界关于经济与公共性问题研究的最新成果。翻译这样一本书，对我们了解日本当前公共哲学研究的前沿水平，进一步思索"公与私"、"公共性"、"经济与公共性"等问题，有着重要的意义。

公的本意是与私相背，即公正无私。《说文》："公，平分也。"《韩非子·五蠹》："背私谓之公，或说，分其私以与人为公。"公与私的问题是自人类社会成立以来就始终面临的一个根本性问题。如何认识和处理公私关系的问题，关系到每一个社会的稳定和发展；而且，随着时代的进步，也会要求对公私关系作出新的解释。另外，在不同的历史文化背景下，对公私问题的认识也有着各自不同的模式。

人作为社会性动物，其本性中有着追求私的一面，但同时也有着追求公的一面。应该说，追求私和公都是人的本质属性，人是追求私与公的复杂矛盾统一体。人的这种特性，是社会组织以及国家等公共权力成立的一个重要前提和基础。这样一来，作为个体的结合体的社会以及从社会共同体中发展出来的国家，其重要功能之一，就是在物质生产和人类自身的再生产过程中，调节个体与个体、个体与社会的关系,也就是调节公与私的关系。通过主动地调整自身与环境以及社会成员之间的关系,来创造自身生存与发展的条件。

就社会而言,任何社会如果完全抑制私的成长,一味强调公的价值,社会的发展就必然会失去动力和活力,陷于停滞;而如果一味放任私的发展,无视社会的公平和秩序,就会增加社会的不平等,从而引发社会的动荡和不安。因此,任何社会都不能无视和剥夺个体的私的要求,同样,也不能无视社会的公的利益和秩序。可以说,任何社会都是在公与私的紧张关系之中,在不断解决公与私的矛盾冲突之中前进的。如何妥善把握和处理公与私的关系,如何保持公与私的平衡,是每个社会所要面临的重要课题,是历代思想家和为政者必须认真思考和解决的重要任务。

当然,能够协调地把握和处理公私关系的社会,是最为理想的社会,但在现实中往往很难做到这一点。而且,随着人类历史的发展,人们对公私关系的理解和实践,也是不断发展变化的。在原始社会,受当时社会历史条件的限制,人们共同劳动,共同消费,在部落集团内部可以说是"无私"的。但到了阶级社会,公私出现了分化,个体的"私"有了发展的空间,同时,作为公共权力的社会组织和国家机器也逐步发达起来。尽管不能否认国家承担着公的职责,但本来作为"公器"的国家机器,却往往成了实现统治阶级利益,满足统治阶级私欲的工具。统治阶级打着"公"的旗号,通过对多数人的"私"的限制,成就了少数人的"私"。近代资本主义制度是建立在私有制和自由竞争基础之上的,因此从某种意义上说,资本主义实现了人类历史上对"私"的最大限度地解放。虽然随着现代资本主义的发展和成熟,资本主义国家也在致力于消除贫困和充实社会福利,但资本主义制度的本性决定了其不可能解决

"效率"与"公平"的矛盾,不可能解决社会贫富差距过大等社会公平问题。而只有社会主义制度的建立,才为协调处理公私关系,实现公平而又富有活力的社会提供了可能。

公私关系的发展,从一个侧面显示了人类社会历史的进步。在这里,有许多我们今天应该学习和加以吸收的历史遗产。但是,社会归根结底是由个人组成的,在从社会的角度思考"公"与"私"的同时,也有必要从个体的角度来思考这个问题。以往,人们往往把个人作为"私"的载体,把国家视为"公"的代表,而把二者对立起来,或站在国家的角度要求人们"大公无私",或站在个体的立场上提倡"放任自流"。实际上,这都是片面的。个人也有追求公的一面,国家也未必能保证始终代表着"公"。因此,在今天,我们有必要从各个角度重新思考公与私的问题,摸索新的公共性的可能性。

如"天下为公"、"平均主义"等所显示的那样,自古以来,我国有着发达的"公"的思想文化传统。然而,当代的中国人缺乏公共意识的表现也屡见不鲜,时常为人们所诟病。在我们建设社会主义和谐社会的今天,如何继承过去的优秀文化遗产,创造与新的时代相适应的公共观念,是一项非常重要而艰巨的任务。该书摒弃了"灭私奉公"的观点,从灵活运用"私"和开放"公"的观点来把握公共性;不同于以往的公私二元论观点,从作为公私媒介的角度来思考公共性;比起国家垄断"公"的观点来,更重视市民和中间团体的作用。对我们来说,这样的观点无疑也有着重要的参考意义。

经济与人们的生活息息相关,经济活动中也贯穿着公与私的复杂关系,通过经济思考公共性问题是非常重要的。该书汇集了日本经济学界的顶尖人物,他们在各自的领域有很深的造诣,或是

297

知名教授，或担任政府要职，在日本有着广泛影响。尽管该书是一个讨论会内容的结集，发表者以及讨论者的观点和风格并不一致，但通过他们的发言，相信会成为我们思考公私问题以及公共性问题的契机。

　　最后需要说明的是，该书是从经济角度议论公私问题的，涉及很多专业的理论和术语，难度颇大。由于笔者并非经济专业出身，虽然在翻译此书的过程中下了很大工夫，并就该书的有关问题向相关学者以及本书的作者多方请教，但由于水平所限，翻译中难免存在问题，敬请读者批评指正。

崔世广

2008 年 3 月

第28次公共哲学共同研究会

［**发题者**］

猪 木 武 德：大阪大学大学院经济学研究科教授

铃村兴太郎：一桥大学经济研究所教授

本 间 正 明：大阪大学大学院经济学研究科教授

金 子 胜：庆应义塾大学经济学部教授

［**讨论参加者**］（按五十音图排序）

足 立 幸 男：京都大学大学院人间环境学研究科教授

岩 崎 辉 行：日本大学国际关系学部教授

金 凤 珍：北九州市立大学外国语学部国际关系学科教授

金 原 恭 子：千叶大学法经学部法学科副教授

后 藤 玲 子：国立社会保障・人口问题研究所室长

小 林 傅 司：南山大学人文学部教授

小 林 正 弥：千叶大学法经学部法学科副教授

Singh Gurbakhah：东京大学客座研究员

长 谷 川 晃：北海道大学大学院法学研究科教授

原 田 宪 一：山形大学理学部地球环境学科教授

藤井真理子：东京大学大学院综合文化研究科副教授

松原隆一郎：东京大学大学院综合文化研究科副教授

八木纪一郎：京都大学大学院经济学研究科教授

森际康友：名古屋大学大学院法学研究科教授

薮野祐三：九州大学法学部教授

山胁直司：东京大学大学院综合文化研究科教授

吉田公平：东洋大学文学部教授

渡边干雄：山口大学经济学部副教授

[综合主持]

林　胜　彦：NHK"21 世纪企业"栏目高级策划人、制
片人

[主办方出席者]

西冈文彦：京都论坛策划委员、传统版画家

矢崎胜彦：将来世代国际财团理事长（兼任公共哲学共
働研究所事务局局长）

金　泰　昌：将来世代综合研究所（现为公共哲学共働研
究所）所长

[**发题者简介**]

猪木武德（Inoki Takenori）：生于 1945 年。大阪大学大学院经济学研究科教授·国际日本文化研究中心教授（兼任）。《经济思想》（岩波书店，1987 年），《人才形成的国际比较》（合编，东洋经济新报社，1987 年），《自由与秩序》（中央公论新社，2001 年），《雇佣政策的经济分析》（合编，东京大学出版会，2001 年）。劳动经济学专业。

铃村兴太郎（Suzumura Kotaro）：生于 1944 年。一桥大学经济研究所教授。《日本的产业政策》（合编，东京大学出版会，1984 年），《微观经济学 I，II》（合著，岩波书店，1985、1988 年），《日本的竞争政策》（合编，东京大学出版会，1999 年），《阿玛蒂亚·森》（合著，实教出版，2001 年）。福利经济学专业。

本间正明（Homma Masaaki）：生于 1944 年。大阪大学大学院经济学研究科教授。《租税的经济理论》（创文社，1982 年），《日本财政的经济分析》（创文社，1991 年），《NPO 的可能性》（合著，鸭川出版，1998 年），《地方财政改革》（合编，有斐阁，2001 年）。公共经济学专业。

金子胜（Kaneko Masaru）：生于 1952 年。庆应义塾大学经济学部教授。《市场与制度的政治经济学》（东京大学出版会，1997 年），《安全网的政治经济学》（筑摩书房，1999 年），《市场》（岩波书店，1999 年），《经济的伦理》（新书馆，2000 年）。财政学专业。

责任编辑:洪 琼
封面设计:曹 春

图书在版编目(CIP)数据

从经济看公私问题/[日]佐佐木毅,[韩]金泰昌主编;崔世广译.
 -北京:人民出版社,2009.6
 (公共哲学丛书/第6卷)
 ISBN 978-7-01-007439-9

Ⅰ. 从… Ⅱ. ①佐…②金…③崔… Ⅲ. 经济学:哲学-研究
 Ⅳ. B0-02

中国版本图书馆 CIP 数据核字(2008)第 168637 号

从经济看公私问题
CONG JINGJI KAN GONGSI WENTI

[日]佐佐木毅 [韩]金泰昌 主编 崔世广 译

人民出版社 出版发行
(100706 北京朝阳门内大街 166 号)

涿州市星河印刷有限公司印刷 新华书店经销

2009 年 6 月第 1 版 2009 年 6 月北京第 1 次印刷
开本:880 毫米×1230 毫米 1/32 印张:11
字数:260 千字 印数:0,001-3,000 册

ISBN 978-7-01-007439-9 定价:36.00 元

邮购地址 100706 北京朝阳门内大街 166 号
人民东方图书销售中心 电话 (010)65250042 65289539

原 作 者：佐々木毅、金泰昌　編

原 书 名：経済からみた公私問題

原出版者：東京大学出版会

　　　　　我社已获东京大学出版社（東京大学出版会）和公共
　　　　　哲学共働研究所许可在中华人民共和国境内以中文
　　　　　独家出版发行

著作权合同登记　01－2008－5126